U0937308

斯托夫人的教育

【美】斯托夫人　著
宿文渊　编译

中华工商联合出版社

图书在版编目（CIP）数据

斯托夫人的教育 /（美）斯托夫人著；宿文渊编译
. -- 2 版 . -- 北京：中华工商联合出版社，2017.7（2021.6 重印）

ISBN 978-7-5158-2046-0

Ⅰ . ①斯… Ⅱ . ①斯… ②宿… Ⅲ . ①儿童教育－家庭教育 Ⅳ . ① G781

中国版本图书馆 CIP 数据核字（2017）第 161101 号

斯托夫人的教育

作　　者：【美】斯托夫人
译　　者：宿文渊
责任编辑：林　立　崔红亮
装帧设计：北京东方视点数据技术有限公司
责任审读：郭敬梅
责任印制：迈致红
出版发行：中华工商联合出版社有限责任公司
印　　刷：唐山富达印务有限公司
版　　次：2018 年 1 月第 1 版
印　　次：2021 年 6 月第 2 次印刷
开　　本：710mm × 1020mm　1/16
字　　数：220 千字
印　　张：16
书　　号：ISBN 978-7-5158-2046-0
定　　价：78.00 元

服务热线： 010-58301130
销售热线： 010-58302813
地址邮编： 北京市西城区西环广场 A 座
19-20 层，100044
http: //www.chgslcbs.cn
E-mail: cicap1202@sina.com（营销中心）
E-mail: gslzbs@sina.com（总编室）

Preface 前言

《斯托夫人的教育》是一本影响全世界亿万母亲的伟大读物。作者斯托夫人，1881 年出生于美国宾夕法尼亚州，后担任匹兹堡大学语言学教授。在上大学期间，斯托夫人接触到并研究了《卡尔·威特的教育》一书，书中的教育观念和方法令斯托夫人倍感震惊和叹服，由此，她对家庭教育产生了浓厚的兴趣，并逐渐形成了自己独特的教育思想。在女儿出生后，她的教育思想得以实践并取得了良好的效果。她的女儿维尼芙雷特 5 岁时就能够熟练地运用 8 国语言，并能将各种语言翻译成世界语。斯托夫人在本书中详细地记述了维尼芙雷特的成长经历，并极力阐明她的教育理念。她的“伟大始于家庭”的观念深入人心，并使越来越多的家庭从中获益。无数父母按照书中的方法成功地教育和培养出了优秀的孩子。

现实生活中，有很多家长都是依照着想象和所谓的经验来完成对孩子的教育。许多为人父母者都认为听话是儿童的美德，而听话的孩子虽然能够使父母省心，却往往不能很好地完成自我的实现，长大后成为不独立、不自主，或是心理有缺失、人格有障碍的人。甚至有不少家长坚持认为教育孩子就是喂养和管教的结合，他们不懂得教育的方法，又不屑于学习，以为孩子诞生的同时，自己也就一并拥有了为人父母的知识和权威，用自以为是的一套准则不断地在孩子成长的路途中设置各种障碍，最终误了孩子的一生。

父母爱其子，则为之计深远。如何培养子女，其中大有学问。如果只注重孩子的才能，他有可能变成一个身体羸弱或没有是非观念的愚人；如果只注重孩子的身体，他有可能成为一个无知、粗鲁的人；如果只注重孩子的品质，他又有可能成为一个只有想法而无法付诸实际的废人。那些艺术家、大文豪和大科学家的产生，都离不开合理的早期教育。对于教育工作者和父母来说，本书既是包含教育大师经典教育理念的智慧盛筵，又是一本通俗易懂、极具操作性的实用教子手册，从对孩子的身体养育到与孩子的心灵沟通，再到对孩子品德的培养，内容涵盖了儿童教育的方方面面，希望能够给所有爱子心切的家长们以切实的帮助。相信很多家长看完，都会有醍醐灌顶之感，有必要来重新对自己的教子方略做一番考量和调整，同时掌握教育的精髓和养育孩子的新方法。

阅读本书的过程也是一个自我反省的过程。书中提出了不少教育的具体方法，但并不是唯一的“标准答案”，因为每个孩子都有其独特的个性，家长们完全可以在领悟书中精髓的基础上，根据实际情况加以灵活运用。

Contents 目录

序

1907 年，全美世界语大会在纽约召开。在会上，我 5 岁的女儿维尼芙雷特和年过七旬的著名语言学家马库罗斯基教授用世界语作了会话表演，引起了人们的赞叹。马库罗斯基教授对维尼芙雷特的语言能力大为惊讶，他问我是怎样教育女儿的。当我向他介绍了我的教育理念之后，马库罗斯基教授非常感兴趣，并当即劝我把它系统地记录下来，整理成一本书，以便能够让更多的孩子从中受益。在当时，虽然我也有这样的想法，但由于女儿仅仅 5 岁，还不足以证明我的教育方法是成功的，所以写书的事就迟迟没有进行。后来，维尼芙雷特逐渐长大，并在各方面都取得了非常突出的成就，这时我才确信自己的教育方法不仅正确，而且独具一格，是非常值得推崇的。1914 年，在威斯康星大学教育学教授奥谢博士的鼓励下，我开始着手写这本书。

在我开始向大家讲述我的教育方法，以及女儿维尼芙雷特的成长之前，我必须先说一说老卡尔·威特博士，因为从根本上说，他的教育思想是我的教育理论的灵魂。

记得在我上大学的时候，有幸读到了《卡尔·威特的教育》这本书，其中的教育观念和教育方法使我大为震惊，特别是老卡尔·威特博士在书中提出的早期教育的精辟理论，更是让我叹为观止，而他对儿子卡尔·威特教育的成功可能也是大多数人都望尘莫及的。在当时，我就已经萌生了这样一个念头，假如我有了孩子，一定要用这样的方法来教育他。如今的事实再次证明，这种教育理念是极为可行的并且有效的。可以说，我对女儿教育的成功在很多方面都受到了这本书的启发。不过，由于卡尔·威特是一百年前的人物，当时的社会时代与现在有很大的差别，我在对女儿的教育上运用了许多新的理念，所以也会有一些不同的地方。

我的女儿维尼芙雷特 3 岁时就开始写诗歌和散文，4 岁能用世界语写剧本，从 5 岁起她的诗歌和散文就被刊载在各种报刊上，其中有的已经汇集成书，颇受好评。事实上，她在 5 岁时已能够熟练运用 8 个国家的语言，并能把不同的语言翻译成世界语。斯坦福大学的罗曼斯语教授加德勒博士曾这样评价维尼芙雷特翻译的一本歌谣集："把这本歌谣集翻译得如此优美，大概只有语言学家兼诗人才能够做到。然而，我听说译者是个年仅 5 岁的小女孩，这真是令人震惊。"不仅如此，维尼芙雷特在其他方面，诸如数学、物理、体育、品德等，都大大优于其他孩子。

有人说，维尼芙雷特的成就完全来自于她的天赋。然而，我认为这是一种误解，因为这不仅否定了我的教育思想，同时也否定了人类教育事业的伟大。

在这本书中，我将通过结合维尼芙雷特的成长过程，来阐明我的教育思想和方法。我打算以生动的事实来说明问题，而并非单纯枯燥乏味的理论。因为我相信事实胜于雄辩，要想证明某种事情的真实性与合理性，最好的方法就是陈述事实。

最后，我希望这本书能够对那些望子成龙的父母们，以及他们的孩子有所帮助。同时，我也希望大家知道，我的成名，是因为培养了一个出类拔萃的女儿。

第一章

学做一个聪明且有独创性的母亲

我认为，要想成为一个合格的母亲，不仅需要积累育儿知识，心理的、生理的知识和实际应用技巧都应当吸收。诚然，与别人交流常常会学到很多东西，读有关书籍更是一个重要途径，但最重要的还是要把学来的知识与技巧加以创造性地运用。每个孩子都是不同的，这就要求母亲具有独创性，不断在实践中摸索和思考。要知道，善于灵活运用知识的母亲，做起事来才会事半功倍，也能使自己摆脱很多不必要的烦恼，避免很多不必要的失误。

从怀孕那天起，我就准备做个好母亲

我在阅读那些伟人的传记或回忆录时，总是禁不住感慨万千。因为在伟人的后代们身上，常常会有这样一种让人感到悲哀的现象：伟人的孩子大多是不肖之子，他们的成就比起自己的父辈来，简直让人为其汗颜。按道理说，伟人的孩子遗传了上一辈人所拥有的优质基因，理应获得更大的成就才对，但为什么事实却恰恰相反呢？实际上，这无非是伟人过分执着于自己的事业，从而无暇顾及自己的妻子儿女所导致的。

根据我做母亲的经验，我认为，一个孩子将来能否成为杰出人物，极大程度上取决于母亲对孩子所施行的教育如何。而事实上，现在有许多母亲几乎不知道应该如何去教育自己的孩子，所以有必要通过各种途径让母亲们普及育儿知识，尽管此时已经有些亡羊补牢的意味了。其实，从少女时代开始，就应当维护女子的身心健康，使其具有健康的体魄和纯洁的精神，以便做好成为一个合格母亲的准备。要知道，母亲的身体健康和道德修养，远比数学和天文学知识更为重要。诚然，这些知识也非常重要，但相对而言，如何养育优秀后代的知识则更为重要。

许多母亲忽视了胎教的重要性，她们认为一切顺其自然便是最好。其实，这是一种完全错误的观念，它对孩子健康成长所造成的损害是非常严重的。

根据生理学家的观点，胎儿的健康在很大程度上取决于母亲的饮食。因此，要想生出一个健康的宝宝，作为母亲应当多研读相关的营养学知识。我们知道，任何一个母亲都不会让婴儿去喝酒、吸烟、吃难以消化的食物，然而很多母亲却无形中让胎儿吸收这些有害物质——她们在妊娠期“享用”这些东西，实际上已经通过自己的身体将其传递给胎儿了，那么孩子出生之后会是什么样子也就可想而知了。

我在怀孕期间，特别注意读有益的书，想美好的事，听使心情平静的音乐，和丈夫一起出去欣赏美丽的自然风光和艺术作品，并且常常行善事。我之所以要这样做，是因为只有这样，我的身心才能始终处于良好的状态中，才能让未出世的宝宝将来具有爱美、爱正义、爱真理的精神和善良的品质。

我的母亲曾经语重心长地对我说，一个女人不生孩子就不能成为完整的女人，不能体会到作为母亲的幸福和价值。与此同时，她也让我牢记，做母亲必然会有许多出人意料的困难需要克服，没有准备好迎接这些挑战的女人，最好还是不要生孩子。做母亲并不是一件轻松的事，即将成为母亲的女人必须清楚地意识到自己要面临的困难，并且有勇气面对这些困难。只有这样，才能成为一个合格的母亲。

在我们的周围，有许多母亲由于各种原因，会雇人来照顾自己的孩子。而我则始终认为，雇人教育孩子的女人不能称其为母亲。要知道，母亲的天职不仅仅是把孩子带到人世间，更重要的是培养孩子。教育孩子的重任是不能委托给别人做的，只能由母亲自己来完成。也许，就只有人类才会把孩子委托给别人去教育，动物决不会这么做的。可以说，罗马帝国之所以会灭亡，很大程度上正是出于罗马的母亲们把教育孩子的责任交给了他人。

要想培育出千里马，就得有称职的马夫，而不称职的马夫即使面对最优良的品种，也会将其优势抹杀掉。因此，我们从来不会去雇用不称职的马夫。然而，很多母亲居然把孩子交给毫无知识的保姆养育，这样的保姆总是对孩子说不许这样，不许那样，因为这样做她最省事。

为了提前学习育儿经验，我在维尼芙雷特出生前便去拜访了女友安娜，她儿子已经 3 岁了。然而，见到小男孩之后我大失所望，并且差点失去了做母亲的信心。因为她儿子总是沉默寡言，郁郁寡欢，完全不像 3 岁孩子应有的性情。为什么会这样呢？对此，我很是诧异。

我后来才了解到，从儿子一出生，安娜就把他交给一个既没有文化又没有教养的保姆，这个保姆为了使孩子循规蹈矩，不捣乱，时常给他讲一些恐怖故事。保姆经常这样吓唬孩子：“如果你再吵吵闹闹的，魔鬼就会来把你抓走！”而且她还经常扮鬼脸吓唬孩子。我的天！这样的保姆怎么能带好孩子！知道这些事情之后，我责备了安娜，因为她实在是没有尽好一个母亲应尽的责任，我还极力劝说安娜辞掉那个保姆。

草率地把孩子扔给别人抚养，不但不能使孩子各方面能力得到发展，还会使其能力萎缩。除此之外，孩子会耳濡目染地学到保姆的一些坏习惯，这对于孩子的成长是极为可怕的。当然，家境比较宽裕的母亲可以把一部分工作交给保姆做，但是值得注意的是，对孩子的教育，母亲还是应当承担起大部分的责任，诸如吃饭、洗澡和穿衣服等，还是应该由母亲来完成比较好。

另外，如果非要请保姆，就一定要挑选性情开朗、乐观活泼、爱笑的妇女来担当此职。当然，作为母亲，也应对生活充满爱，对未来充满热情。因为母亲和保姆的性格十分重要，甚至她们的一个表情都会影响到孩子。

我把家里的居住环境布置得温馨优雅，以迎接我可爱的小天使的降生。因为，这一方面可以使我总是生活在欢快、清新的气氛之中；另外，我希望小宝宝一出生就能见到世界美好的一面。我想，如果女儿在美的环境中成长，那么她就会时时感受到这种美的熏陶。在怀孕期间，我便常常想象世上的一切真善美的事物。我认为，这种情绪可以在潜移默化中影响到未出生的孩子，因为想象所带来的美好感觉能使人心情愉快，从而使人变得更加美丽。我精心所做的这一切都是为了尽早开发孩子对美的感受能力。现在，每当有将为人母的妇女向我请教养育孩子的诀窍时，我首先会对她们介绍这个经验。

我给维尼芙雷特住的是家中最好的房间，那里环境幽雅，空气清新，阳光充足。墙壁选用的是让眼睛最舒服的那种暗色，床、床单和被子都是洁白的。我为她准备了又软又轻的被子和毛毯，这能让她感到舒适惬意。为了让女儿无时无刻不沉浸在美的事物与氛围中，我还在墙壁上挂了各种名画的临摹品，甚至连壁炉和桌子上都摆放着那些著名雕刻的复制品，这些东西既便宜又精致，都是很美的艺术品。这样一来，不仅让她感受到世界的美好，而且还能在无形中培养她对美的鉴赏力。

事实上，无论是书本中的间接经验，还是现实生活中的事实，都无一例外地证明了母亲对孩子教育的重要性。例如，远在东方的中国，是最早设立学校的国家，但现在他们的文明落后了。这是为什么呢？我很肯定，其中一个很重要的原因就是他们对妇女教育的不够重视。不仅是过去，甚至到现在，中国人在潜意识里还认为妇女没有必要接受太多的教育，因此，中国大多数妇女是文盲，而且连最基本的家庭教育也从未科学地施行过。如此一来，孩子会从母亲那里受到什么样的影响呢？

我认为，所有的人都应当是合格的教育者，至少所有的母亲应当是合格的教育者。最早对孩子进行积极教育的，不应当是学校和老师，而应当是家庭中的母亲。并且，孩子上学之后，母亲与教师应当相互配合，共同对孩子进行教育，这样才能达到最佳的教育效果。

弗卢培尔曾经说过："人类的命运，与其说是掌握在当权者手中，不如说是掌握在母亲手中。因此，我们必须努力启发母亲——人类的教育者。"可惜，真正理解这句话的人很少，而真正对这句话加以实践的人则更是屈指可数。否则，我们也不会每天都会从报纸和电台的新闻中看到和听到，无数堕落的母亲，正亲手葬送她们孩子的前程，将他们送进监狱和教养所！

不称职的母亲是怎样的

在现实生活中，有很多父母总是向孩子提出各种要求，命令孩子必须这样，不许那样，但却从来不肯先端正自己的言行。这样的父母是永远都不可能教育好孩子的。在教育孩子的艰辛过程中，我深刻地认识到这样一个道理：孩子是父母的影子，他们的一切善、恶品行都是从父母那里学来的，尤其是母亲。在孩子的心目中，母亲往往是最慈爱、最可亲的人，孩子总是把母亲当作学习和模仿的对象。然而，让人遗憾的是，我身边的许多父母并没有注意到这些，尽管他们无意中对孩子产生的坏影响都并非出自本意，但事实毕竟是事实，没有把孩子向好的一方面引导，那就是教育的失败。

以批评孩子为例。在生活中有许多"刀子嘴，豆腐心"的母亲，她们深爱自己的孩子，对孩子生活上关心备至。孩子在外面如果受了顽皮孩子的欺侮，她们会心疼得说不出话来，总要去讨一个公道；孩子受伤生病时，她们会不眠不休地照顾孩子。但是当孩子不读书或不听话时，她们却一点包容之心也没有了，好像要骂了才痛快。她们时常会骂得有些过头："怎么会有你这么笨的孩子？什么功课也不会做。你真是蠢死了！这样蠢，还不如死了好！"骂过之后，自己气消了，对孩子又爱护如前。但是她却不知道，也从未认识到自己对孩子心灵的伤害有多大！

我就认识这样一位母亲，她非常疼爱自己的儿子，在物质上尽最大限度的满足儿子的要求，但是只要孩子考试没考好，常常就是一顿乱骂，有时候实在是气不过，还会出手打几下，事后她总是认为这样是在帮助孩子。然而，结果却证明她是错的。她儿子的学习成绩不仅没有上去，而且还结交了一些不好的朋友，最后连学也不上了，整天在外面乱跑，成了一个十足的小混混。后来，有一次我遇到了这个孩子，和他进行了一番长谈，并问他为什么会这样，他的回答令我非常震惊，他说他恨自己的妈妈，他就是想让妈妈生气。一个母亲教育出这样的孩子，我想是非常可悲的。

我一直觉得，作为母亲，在任何事情上都必须检点。在孩子心目中，既不应过于随便，也不要太注重打扮。否则母亲的威信就会下降，而对孩子教育的失败正是从这里开始的。

事实上，人人都渴望尊重，没有谁喜欢听别人对自己发号施令，大人如此，小孩子也一样。因此，我在教育维尼芙雷特时，从不对她说不许这样，不许那样，而总是采取一种巧妙的方式：要她做什么，不用说就能让她自觉地去做；禁止她做什么，就让她自觉地不去做。我认为，用强迫的方式命令孩子学习是没有用的，并且这种做法往往会适得其反，使孩子产生对学习的反感情绪。尽管这一切都是出于母亲的好意，但最后只能事与愿违。因此，与其命令孩子去学习，还不如引导孩子正确地看待学习，让他们爱上学习并自主地去学习。

我的女友劳拉经常陷入某种苦恼的情绪之中。她经常向我诉说苦恼，因为她费尽心思地想要教育好女儿珍妮，为女儿尽可能地付出了一切，而结果不仅对珍妮的教育没有取得良好的效果，反而引起了珍妮的叛逆与反抗，母女之间常常爆发争吵，使彼此相处得非常不愉快。

劳拉告诉我，她努力了好几个月，想帮珍妮规范学习时间，因为珍妮虽然已经上学了，但对自己的学习时间仍然毫无计划，并且最让劳拉头疼的是，珍妮总是花很多时间和小伙伴一起玩游戏，以致常常不能按时完成规定的学习计划，晚上不能按时睡觉，这样一来，每天早晨让珍妮按时起床这个原本非常简单的事情就变得非常困难了。为此，劳拉已经费了很多口舌，她一有空就找珍妮谈话，向珍妮指出贪玩的坏处和睡眠不足对身体、学习的危害等。然而，这样的谈话一多，珍妮都能背诵出来了。劳拉只要一开口，珍妮就能学着她的样子说出后面的话："是啊，贪玩会影响学习……""没错，睡眠不足会影响身体发育，还会形成恶性循环……"这样说着，还做出一本正经的样子，让劳拉不知应当如何是好。

后来，劳拉为珍妮规定了玩游戏的时间，并要求她放学后先做作业。两个人较量了多次之后，女儿慢慢学会了控制自己，适应了有计划的生活。劳拉总算松了口气，觉得自己的付出终于有了一个满意的回报。最近，劳拉有些重要的事情要办，就专门雇用了一个女管家，在珍妮放学后陪她。渐渐地，珍妮又不按时回家了，晚上也很晚才睡。劳拉警告她一下，她就有所收敛，但母亲不在时，珍妮又开始我行我素了。

有一天，劳拉提前回到家，发现珍妮又在房间里玩她的玩具，并且没有先做完功课。

"珍妮！"劳拉吼了一声，生气地瞪着女儿。

看到妈妈生气的样子，珍妮赶紧把玩具藏了起来，很勉强地笑了笑，然后故作镇静地说："我做了一个小时的作业，刚坐下来休息一会儿。"

女管家也帮着珍妮说："是的，她刚坐下，讲好了只玩 20 分钟的。"

一时间，劳拉说不出话来，只感到内心的火气在不断上升，心里只想着这么长时间的教育和监督都没能改掉女儿贪玩的坏习惯，这些道理女儿明明全都知道，却还是这样没有自制力，将来长大了会变成个什么样，为什么自己的女儿就这样没出息。她突然想到了女儿的同学罗伦娜，那是一个多么可爱的孩子啊，自制力强、成绩优秀、活泼开朗，更难得的是，罗伦娜还非常体谅自己的母亲，不用让人太费心，就能按要求把学习生活安排得有条有理。

这些想法在劳拉脑海中纠缠在一起，就像滚雪球一样越来越沉重，她真想痛哭一场来发泄心中的郁闷和气愤。

“珍妮，你太让我伤心了，你怎么能这样对待妈妈，你知不知道这样做将来会有什么结果？”看到女儿似乎要辩解，劳拉更加生气地说：“你不用解释，我不想听任何解释，我失望极了，你难道不知道我这样做都是为了你好？”

“那你别管我好了。”珍妮回了一句。

“你说什么？”劳拉的眼睛瞪了起来，声音突然高了八度。

这时候，珍妮的眼睛里开始有了恐惧，她在寻找退路。

“不管你！我怎么能不管你！这是我的责任。回你的房间去想一想，还有……”劳拉突然想起珍妮这个周末要和几个伙伴到同学家过夜，“还有这个周末不准去凯瑟琳家过夜。”

“为什么？”珍妮叫道，愤怒和绝望使她的五官扭曲了，“我要去，我偏要去，你是个坏妈妈！”

看到女儿愤怒得有些发狂的样子，劳拉自己也有些不安了，她知道珍妮是多么期盼这个能与小伙伴一起过夜的机会。但是，她的愤怒和自尊都不允许她收回这道已经发出去的“命令”。

“是你自己取消了这次机会。”

“为什么？这和玩有什么关系？我偏要去，看你怎么办！”女儿暴怒道，她那困兽似的绝望表情让劳拉心痛不已。

“你马上给我闭嘴，否则我要发火了。”

“你已经发火了，我就是要这样，你能怎么样？”

“啪、啪”，劳拉不由地火冒三丈，在女儿背上狠狠地拍了两下。

“呜——”女儿放声大哭，冲进自己的房间，“咣”的一声把门关上。

两巴掌打完之后，劳拉心头的火气消了，但随之而来的却是强烈的内疚，并且越想越懊悔，有一种被打败的感觉。这时，女管家来向她告辞，并且告诉她：“劳拉，珍妮这几天都没有贪玩，今天确实是先做了一些作业，才请求我让她玩一会儿的，我觉得她确实是很在乎你的要求的。”

在这里，我不想讨论劳拉惩罚女儿的对与错，我要谈的是劳拉在看到女儿违反她的规定时的心理活动。在看到女儿趁自己不在玩玩具的时候，劳拉首先想到的是自己做了那么多工作，女儿仍然违反母亲的规定，不顾及母亲的感受，结果做母亲的辛苦和委屈便突然喷涌而出。再加上想到睡眠不足对女儿身体的危害，女儿以往不听话的事情也一件件在脑海中演映出来，从而造成了情绪的总爆发。

我认为，劳拉这种将愤怒和忧虑全部都带进目前局势中的思维方式是非常不明智的。这样一来，就会把母女间的对立提升到了一种不成比例的高度，从而让劳拉失去了对事情的判断力，甚至忘记了管教女儿最根本的目的，从而只顾发泄自己胸中的怒气。事实上，这是在报复心理驱动下做出的反应，她要惩罚女儿，让女儿失望难过，借以发泄自己的怒气。这种让愤怒的情绪来左右自己的行为当然是愚蠢的，如果这种事情发生在家庭之外，多数人也许会考虑到很多利害得失，从而告诫自己要冷静、不要莽撞，但是面对自己的家人却往往会毫无顾忌地发泄怒火，这种现象在现实生活中非常普遍，对于其背后的原因，我们暂且不去讨论，我在这里只是想说：假如想一想自己慈爱的本意和这样做对孩子带来的伤害，劳拉的确应该尽力控制自己的情绪。

诚然，一个母亲对孩子不管不问，漫不经心肯定是不称职的；但是那些过分溺爱、迁就孩子，或者粗暴地采用错误教育方式的母亲，不管她内心多么爱自己的孩子，为孩子着想，在我看来，同样是一个失职的母亲。

突破大人与孩子的壁垒

如何把女儿培养成为一个有用的人？这个问题在维尼芙雷特出生之后，便常常萦绕在我的心头，我最担心的就是我不能成为一个合格的母亲，从而影响到女儿的成长。要知道，生儿育女是我们做父母的选择，并不是儿女的选择，一个人有什么样的父母完全是命运来决定的，我们不能让儿女在长大之后为自己的父母感到失望，甚至厌恶。那么，身为父母，我们究竟怎样才能扮演好自己的角色，赢得儿女一生的敬爱呢？

父母生养了子女，为他们可以说是呕心沥血。但是，这是否就意味着儿女应该理所当然地对父母感恩戴德呢？或许，有很多父母可能都会这样想：我为你付出了如此之多，你就应当知恩图报，对我的意愿言听计从。在人类的传统道德观念中，孩子对父母有着与生俱来的尊敬和服从的义务。但事实上，时代在改变，许多传统的东西在消失，许多事情都要接受时代的审判。那么，现代的父母究竟应该怎样面对家庭角色的逐渐转变呢？

当我的女儿还小的时候，我一直觉得让她乖乖听话是一件易如反掌的事情，甚至有时要求她无条件地服从，她都没有表示过异议。然而，伴随着她的逐渐长大，这种情况变得越来越费劲了，甚至她还会无缘无故地制造很多麻烦。不知有多少父母曾经惊异于子女的巨大变化，从而发出这样的感叹："我为孩子尽心尽力，带来的结果是什么呢？不仅没有得到应有的尊重，甚至把我的话当作耳旁风，不愿意听从我的教诲。"让我感到欣慰的是，幸好维尼芙雷特并没有那样对我，事实上，我也不曾要求她绝对地服从我。我认为，一切事物都是相互作用的，你怎样对她，她就会怎样对你。

我认为，父母期待子女报恩的心理，正是导致父母与孩子之间产生矛盾的主要原因。为人父母，本来就是一件光荣而又艰辛的事情，如果不以虔诚的态度来对待，便很难得到子女的爱与尊敬。试想一下，如果总是对子女强调“我为你付出了那么多……你一定要好好报答我”之类的话，那么在孩子们的心目中，家的感觉何在呢？在这样嘈杂压抑的环境下，孩子们怎么能够健康成长呢？

另外，只有那些真诚地对待生活、事业、家庭，生活习惯良好的父母才能得到孩子的尊敬。否则，在父母对孩子的行为严加指责的时候，必定会被孩子的一句话问得哑口无言：“你自己不也是那样吗？”因此，我认为，父母能否得到孩子的尊重，最重要的在于父母本人的言行举止。那些有涵养的父母在教育子女的时候或许还可以为自己辩护，劝说孩子接受自己的教诲；而那些没有涵养的父母，则往往会因为被孩子戳到自己的痛处而更加恼火，从而说出一些极不理智却又貌似有理的话来：“你怎么能这样和你妈妈说话？不懂得尊敬长辈！我是大人，当然可以这样做，你还是个孩子，当然就不可以！你不听话，就要受到惩罚！”在这种环境中，孩子成了低等公民，哪里还有幸福可言？有的人认为，这样的训话是理所当然的，既然孩子的生命是父母给的，父母当然就应当握有“生杀大权”。可在我看来，这种观点极其荒唐可笑，为什么大人就一定要得到孩子的尊敬？为什么年龄大或地位高的人就一定应该受到年轻或地位低的人的敬爱？成年人也许为了利益得失，从而不得不对年长或位高的人表示尊重，这完全是成年人自己的选择，但千万不要把这种思想强加到天真无邪的孩子身上。对一个不值得尊敬的家长，孩子完全有权力表现出自己的反抗意愿。我认为，打着尊敬长辈的旗号强迫孩子服从自己，非但得不到他们内心的服从与尊敬，反而会加重孩子对家长的不信任与怨恨。

我认为，父母应当抱着一种理智的态度与孩子平和地沟通。如果我们真的认同某个观念并且以身作则，也必然能够得到孩子的理解与尊重。因此，我们在教育孩子之前，必须先反省自己的行为是否值得孩子们学习和尊敬。事实上，这种自我反省的态度，本身就是对孩子最好的教育。

在对维尼芙雷特的教育过程中，我从来不会以权威的身份去命令她做什么或不做什么，也从不以高她一等的姿态向她提出什么要求。因为我知道，说教永远是苍白无力的，只有严格要求自己，以自己的行为作为她学习的指引，才可以收到良好的效果。

在维尼芙雷特两三岁的时候，也是一个非常调皮的孩子。很多时候，她不是弄坏自己的玩具，就是来干扰我的工作。在这个年龄段的孩子，类似的事情是时有发生的，因为对他们来说，一切都是新奇有趣的，所以什么都想尝试摆弄一下。有一次，维尼芙雷特趁我外出的一会儿，偷偷溜进了我的书房，等我回来的时候，就发现整个书房已经陷入一片狼藉之中。也许是出于恶作剧，也许是出于好奇，她把我未写完的论文稿撒得满屋子都是，那些整理好的顺序全部都被搞乱了。对我来说，这简直是一场灾难。

然而，当时我并没有责怪维尼芙雷特，只是蹲下身去自己一页页将稿纸捡起来重新整理好。她就静静地站在旁边，看着我整理稿子，似乎没有想到要过来帮我。在我快要整理完的时候，她就静静地回到自己的房间去了。

一直等到晚饭之后，维尼芙雷特要我到她的房间去帮她收拾那些散落满地的玩具。我走到她的房间，看见那些玩具被扔得到处都是，而且床单也被凌乱地扯到了地上。

我看了看，什么话也没有说就准备离开，女儿突然回过头来，问道："妈妈，你不帮我收拾一下玩具吗？"

"不，这些都是你自己的事情了。"我回答道。

"可是，这些你平时都会帮我做的啊。"她疑惑地看着我。

"那么，今天我的资料散落满地，又有谁帮我收拾呢？"我问道。

这时，女儿不解地看着我，不知道该说什么好。

“维尼芙雷特，你知道我的论文稿是怎么撒到地上的吗？”我问。

“是被我弄下去的。”

“那么，你为什么那样做呢？”

“我觉得把它们撒下去很好玩。”女儿回答。

“是吗？那你觉得它们是玩具吗？”我又问。

维尼芙雷特似乎还没理解我的意思。

“孩子，你想想，那些稿子弄乱很容易，要整理起来却很麻烦。这就是为什么你玩的时候不需要妈妈帮助你，而收拾玩具的时候却需要妈妈帮助的原因。你玩玩具弄乱了需要妈妈收拾，但你可知道，你弄乱的那些稿子都是妈妈的心血，是好不容易才写出来的，你怎么可以随便乱扔呢？”

“对不起，妈妈。”维尼芙雷特低下了头，“我错了，我以后再也不乱动你的东西了。”说完，她走进自己的房间，轻轻关上门。过了一会儿，她出来叫我。原来，她已经自己把那些玩具捡了起来，并且整理了房间。虽然整理得并不是很好，但确实是她自己亲手整理的。看到这个情景，我真的非常感动，因为我觉得，在女儿幼小的心灵里，已经理解了我想告诉她的道理。

从那以后，维尼芙雷特再也没有乱动过我的东西，并且学会了收拾自己的东西。

让自己成为最好的母亲

事实上，在我那可爱的女儿还没有出生的时候，我就已经开始考虑将来应该如何教育她了。每当感觉到她在我腹中躁动，每当她在肚子里面踢我的时候，我就会想象到她出生之后的样子。在那个时候，我就已经深深体会到了即将成为一个母亲的喜悦心情，并且决心要做一个优秀的母亲。

第一眼看到刚刚来到人世的女儿，我真的不知道怎样爱她才好。我想，大概天下所有的母亲在看到自己孩子降临人世的那一刻都会这样的吧。我不知道世界上是不是有一个理想母亲的模式，如果有，我真想立刻成为其中的一员。

那么，什么才是理想的、优秀的好母亲呢？在我看来，有爱心、有责任心的母亲，就是最理想的好母亲。这样的母亲会真正关心孩子的成长，从而不断摸索和学习培养孩子的经验与知识，与此同时还会注重自身的成长，以自己的积极态度影响孩子。我一直认为，理想的母亲应该永远镇静自若，永远和善、充满爱心地对待自己的孩子，永远知道教育孩子的最好方式，永远有足够的时间花在孩子身上，永远对孩子抱有乐观、积极的态度，永远知道应当如何解答孩子各式各样的疑问。这就是我在女儿出生之前，在自己心中构建的理想母亲的画像，我觉得我应当成为这样一位母亲。然而，当维尼芙雷特出生之后，我才深深地体会到，要成为这样的母亲简直比登天还难。

看着我的维尼芙雷特一天天长大，我开始感到压力莫名袭来，并且常常猜想，大概其他的母亲都比我做得好，但与此同时我也知道，其实没有任何一位母亲能够永远做到那种理想中的完美。因为即使做了母亲，也仍然处于人生的成长阶段，仍然面临着生活的各种考验，仍然有着各种各样的缺点。尽管如此，我仍然尽力做得更好一些，尽量向一个完美的母亲靠近。

我的女友爱琳娜是个不幸的女人，丈夫离开了她，生活的压力让她感到心力交瘁。有一段时间她简直已经到了崩溃的边缘，所幸她还有一个女儿在身边，于是女儿的欢笑就成了她的唯一的慰藉。然而，伴随着女儿一天天长大，她却发现女儿变得越来越不快乐，每天回家都郁郁寡欢，也从来不与朋友交往。

爱琳娜不知道究竟发生了什么事情，她几次追问女儿，但得到的回答都是“什么事都没有，你不用操心了”，然后就是一阵沉默。直到有一天，在与老师的交谈中，爱琳娜才发现了一点线索。老师给爱琳娜看了一篇女儿写的作文，在这篇作文里，女儿把自己描述成一个自卑的女孩子，处处不招人喜爱，头脑也不灵活，因此活得很不幸福。老师告诉爱琳娜，作文很可能反映了女儿内心的真实想法，希望爱琳娜能找她谈一谈。

爱琳娜看过作文之后，想了很久，她从中似乎看到了自己的影子，回忆起自己平时总是唉声叹气、自怨自艾，很少有开心的样子，难道这不正是女儿在作文中所描述的情形吗？此时，爱琳娜突然意识到，原来正是自己的态度造成了女儿的低沉和消极，自己平时的表现已经潜移默化地影响到了女儿的成长。因此，要想帮助女儿找回自信，形成乐观开朗的性格，只有先改变自己，让自己成为一个积极、乐观的人。

于是，爱琳娜开始积极寻找可以鼓励自己的方法。她首先对女儿讲述了自己的计划，并且请求女儿对她进行监督。每天晚上，爱琳娜都会写下一件第二天要实现的具体目标，比如和同事一起吃午餐以增进了解，以此来逐渐摆脱自己的孤僻形象，等等。写完之后，她会把纸条留在餐桌上，等到早上起来的时候由女儿念给她听，以此作为提醒，晚上共进晚餐时一同检查执行情况。

刚开始的时候，女儿对母亲的行为不太理解，甚至有点怀疑母亲是否出了毛病，但看到母亲坚持不懈、积极认真的态度，逐渐被母亲所感动，并且积极参与到母亲的计划中来。在用晚餐的时候，她们经常在一起讨论这些行动的效果，女儿开始给母亲提出建议。不久，爱琳娜的纸条旁边加上了女儿的纸条，母女俩开始相互监督。有的时候，她们还会回过头去做过去的条子上写下的事，因为她们感到从中获得了快乐和自信。最后，当女儿从低沉的情绪中恢复过来的时候，爱琳娜也精神焕发，仿佛获得了新生一样。

我一向认为，作为母亲必须要懂得，教育孩子的知识和技巧永远也不会有足够的时候，因为在现实生活中，时常会遇到各种新的问题，从而需要相应的新的解决方法。因此，要想成为一个优秀的母亲，就应该在不断探索与自我校正中改善自己的教育方法，而这一过程要延续到孩子长大成人，走出家门为止。

在养育女儿维尼芙雷特的过程中，我经常问自己这样的问题：我真的是一个好母亲吗？当我在没有弄清楚事情的真相，就怒气冲冲地训斥她，后来却发现她受了委屈；当我强迫她按照自己认为正确的方法去做事，结果得知自己的认识是错误的时候……都会不断引起我的自责，有时甚至让我怀疑自己作为母亲的资格。每当这个时候，我都会感到一阵阵心酸和难过，这种感觉真比自己受了委屈还要难过百倍。

有一次，我对女儿发了火，也许她觉得自己已经长大了，竟然表示出了对我的不满和反抗。“米莉的妈妈就不像你这样怒气冲冲的，她一向都很耐心地同米莉讲道理。”女儿冲着我吼道，并且模仿着我发火的样子。

在那一瞬间，我愣住了。女儿的表情和话语像一根钢针，深深地刺疼了我，使我作为母亲的自尊受到了伤害，也开始怀疑自己是否有能力成功地教育孩子。当时，在我的脑海中出现了这样一幅画面：我声嘶力竭、疲惫不堪地试图将女儿领入正确的轨道，却总是不得要领，结果招来的是强烈的反抗；反之，隔壁米莉的母亲却举重若轻、游刃有余地控制着局势，不失优雅地将孩子的一切安排得井井有条。我几乎丧失了所有的自信，开始对自己感到失望和愤怒，觉得自己是如此无能和缺乏爱心，我甚至怀疑女儿已经在背后嘲笑我这个无能的妈妈了。

第二天，我在路上遇见了米莉的母亲，我故作轻松地向她转述了维尼芙雷特的话，并且惴惴不安地希望听到她的建议，以鼓励我正在动摇的信心。让我出乎意料的是，米莉的母亲居然大笑了起来：“你不要相信她的话。孩子们都差不了多少，母亲们也都大体相同。想想吧，我是两个孩子的母亲，我怎么可能没有脾气呢？我只是从来没有在你的女儿维尼芙雷特面前发过脾气罢了。”

米莉母亲的话让我如释重负，一时间自信心也恢复了许多。我举这个例子，并不是要为我的“粗暴”辩解，认为父母可以理直气壮地向孩子发脾气。我只是想为年轻的母亲们打打气，即使在抑制不住的情况下做了一些不明智的事情，也不必因此而怀疑自己成为好母亲的资格和能力。我认为，只要自己尽了最大的努力，不断改进自己的态度和方法，就完全可以称得上是一个好母亲。

事实上，在以后的日子里，我不但没有再冲着维尼芙雷特发过脾气，还逐渐掌握了一整套非常有效的教育孩子的方法。在后面的章节中，我会详细地向大家介绍。总之，我为自己所做的努力而感到骄傲，并且也为我的女儿维尼芙雷特在成长过程中的每一个进步而感到欣慰。我相信，直到现在为止，我仍然可以称得上是一个好母亲。

每个母亲都必须有自己的一套

自从维尼芙雷特在学习上取得一些成绩之后，很多家长都跑来向我讨教养育孩子的方法，我也总是不遗余力地把自己的教育理念传输给大家。不过，这其中也遇到了一些问题。

我记得曾经有一位年轻的母亲这样对我说：“有时候，我为自己取得的成功而感到欣慰，觉得前途一片光明；而有的时候则又觉得很失败，似乎所有的努力都白费了。”我问她是怎么教育孩子的。她告诉我，她读了很多关于教育的书，但有的管用，有的却没有效果。于是，我告诉她：“孩子是你生的，你当然最了解自己的孩子，要教好孩子，你必须要有自己的一套，根据自己孩子的特点进行教育，不能总是人云亦云。”

我的朋友伊斯宾娜・杰克斯是一位心理学家，她曾经对我谈到过自己的一段经历：

“我学完心理学课程之后，就开始为有问题的少年进行心理和教育咨询。经过一段实习之后，我满怀信心地投入了工作。一般来说，向我咨询的孩子通常都是由父母陪伴的，而父母们问得最多的一个问题居然是：‘你有几个孩子？’我回答说：‘我还没结婚，现在一个孩子也没有。’”

“每当听到这个回答，父母们总是显得非常失望，接下来的咨询就明显是在敷衍了，因为他们压根就不相信我的诊断，对我提出的建议也持怀疑态度。这件事让我非常气馁，觉得自己辛辛苦苦完成了那么多课程，受了那么多专业的训练，没想到却遭到了别人如此轻易地否定，这个世界实在太不公平了。”

“直到后来，我结了婚，有了自己的孩子。起初，我对自己成为一个好母亲是非常有信心的，觉得凭我这么多年的专业知识和对孩子的一腔热爱，不可能做不好母亲。一开始，我便为我的孩子制定了一整套培养计划。”

“然而，结果却让我十分难堪。我不仅没有机会实施那些周密的计划，甚至孩子的日常生活就已经让我狼狈不堪了，只要能够相安无事，我就已经是谢天谢地了。我发现自己的专业知识根本派不上用场，只好跑到书店买回一大堆育儿方面的书，向它们寻求帮助。这时候我才明白，为什么那些父母会毫不重视一位从未做过母亲的心理辅导师的建议。”

不仅如此，伊斯宾娜还告诉我，即使自己读了那些育儿方面的书，也似乎并没有收到多大的效果，那些理论往往离孩子的日常生活非常遥远，她自己则常常感到培育孩子的艰难。

事实的确如此，虽然那些育儿专家的理论看上去很正确、很权威，但父母需要的却是具体详细的指导，而这些真正切实有效的指导则往往来自于那些有过亲身育儿体验的人。如今，我之所以要写这本关于教育的书，也正是因为有了教育维尼芙雷特的经验，并且取得了一定的成功，否则我是绝对不敢轻易动笔的，因为我深知其中的难度。还有一些人是让我特别敬佩的，他们不仅养育了自己的孩子，还收养了一些孤儿，组成一个大家庭。这样的专家自然要比只有书本知识的学者更有发言权，在我养育维尼芙雷特的过程中，也从他们那里得到了很大的启示。

我认为，养育孩子并不像有些人想象的那么简单，并不是仅靠一张写满计划的纸就能够完成的。它是一件非常严肃的事。诚然，世界上所有的父母都极其希望自己的努力能够对孩子的成长有所帮助，而不愿意看到自己的孩子失去任何可能的机会，而在实施教育的过程中却总是发现这项工作的艰巨性，以及后果的难以预料性。有些父母，不仅无法在智力、道德、能力上为孩子打好使其受用一生的基础，即使在处理一些日常生活的小事上，也会不知所措。甚至连那些受过良好教育的父母们，也会发现自己会常常失去理智，用无知、不理智的方法来对待孩子，而事后则又为自己的无能和粗暴而愧疚、自责。

在教育维尼芙雷特的过程中，我深深地体会到只靠书本知识是远远不够的，必须有意识地调动起母亲自身的潜力，理智而细致地培养孩子。

前一段时间，我又偶然遇见了前文所说的伊斯宾娜，她现在已经是一位颇有建树的儿童教育专家了。她在向我询问了一些维尼芙雷特的情况之后，给我讲述了下面这件发生在她自己身上的事情：

“有一次，我和丈夫带着儿子一起到外面吃饭，坐在邻桌一位女士走过来对我说：‘恕我冒昧，我只是忍不住要对你讲我多么羡慕你有这样一个聪明懂事的孩子。我认识你，曾经听过你的教育讲座。你的确是一个理想的母亲，看到你和孩子交谈的态度，我就明白了你的儿子为什么会有如此良好的表现。’”

“我还从来没有当着孩子的面受到过这样的称赞，这实在让我脸红。虽然儿子那天的表现确实非常好，但他绝对不是一贯如此。不知道曾经有多少次，他把我气得咬牙切齿，低声向他怒吼！”

“诚然，我也确实为儿子卡特尔感到骄傲，由于他在知识竞赛上的出色表现，他的名字经常出现在当地报纸上。但正是这个出色的儿子，时常给我带来了无尽的烦恼，我们经常发生争执，并且多半不是为了原则上的问题。我最不能容忍的，就是他无论走到哪里都会把房间搞得乱糟糟的，每当看到这种情形，我都会勃然大怒，忍不住冲他大叫‘卡特尔，我跟你说过多少次了！’我们之间的冲突是如此频繁，以致我很担心卡特尔是否会对我这个母亲充满仇恨。

“直到有一天，卡特尔到外地去参加夏令营，情况才有了好转。在卡特尔出门之前，我们产生了一点矛盾，也许卡特尔生我的气了，很久没有给我写信。当时，我真的很牵挂他，于是就主动给他写了一封信，除了表示关心外，还在信中表达了一些平时说不出口的想法，并特地向他道了歉，承认自己经常发脾气不对。”

“没过多久，卡特尔就给我写了一封回信，他在信中说：‘我在这里最想念的就是爸爸妈妈，我真的很爱您，妈妈。妈妈，您用不着向我道歉，本来就是我错了，本来应该我向您道歉才对。’”

讲到这里，伊斯宾娜激动地抓住我的手：“你不知道我读了这封信后有多么高兴！而且，卡特尔回家之后，我们就再也没有争吵过。”

在伊斯宾娜讲述的故事中，我注意到了那封信，她在信中向儿子说出了平时说不出口的真心话，从而获得了儿子的理解；相应地，儿子也在信中以不损尊严的形式承认了自己的错误，表达了自己歉意。这是一种非常好的沟通方式。

我认为，问题总会随着孩子的成长而不断产生，作为父母则要不断地学习，不断地提高自己，以此来应对这些不断出现的新情况。就以我的女儿维尼芙雷特为例，我刚刚帮她改掉吸吮手指的坏毛病，马上又得想办法制止她破坏物品；刚刚鼓起她和陌生人交往的勇气，结果又要防止她胆大包天，随意走出家门，擅自行动。总之，问题就是没完没了，解决完一个，另一个也就随之产生。

尽管这些问题会源源不断地冒出来，但我想，天下所有的父母都会愿意解决这些问题。事实上，最终让父母们懊悔不已的，并不是努力之后没有收到成效，而是该做的努力却没有去做。

有一位母亲，曾经这样对我谈到自己：“我真是一个大笨蛋，我怎么会这样愚蠢，居然让几个月大的女儿每天只睡那么几个小时，要不是你后来提醒我为她建立睡眠规律，我还会继续下去呢，不过现在已经晚了。”我对她说：“真的晚了吗？我想还没有那么严重吧，其实少睡点觉对孩子将来的影响或许没有你想象的那么大。”话虽然是这样说，但我还是能理解她的懊悔，因为那是她唯一的孩子，而且她由于身体原因，以后恐怕再也不会有孩子了。

这位母亲对女儿可以说是倾注了全部的心血。其实，孩子刚出生的那几个月，应该有尽可能多的睡眠时间，这对孩子的身体和大脑发育都有至关重要的影响，即使孩子喜欢哭闹，不愿意睡觉，也要想办法让他多睡，使他养成良好的睡眠习惯。然而，这位母亲不忍心看着自己的孩子哭，她一哭就抱起来哄，这样一来，孩子就睡得非常少，而当她意识到这个问题的严重性并开始为孩子建立睡眠与喂养规律时，最关键的几个月已经过去了。这件事情让她非常痛心，她常常自责，怪自己做了那么多的准备，费了那么多的心血，对这样关键的问题却没有注意到。

孩子的成长是有着不可违背的自然规律的，很多母亲本来不必做太大努力就可以使孩子顺利成长，但却由于没有意识到这一点而错过了孩子成长的最佳机会，从而造成了终生的遗憾，这的确是非常可惜的。另外，还有的母亲费了很多心血去纠正孩子的某个毛病，却由于方法不当或者认识有误而白费力气，甚至适得其反，这种情况在现实生活中实在是太普遍了，而由此造成的遗憾，同样会让母亲们为自己的过失而悔恨不已。

因此，我认为要想成为一个合格的母亲，不仅需要积累育儿知识，心理的、生理的知识和实际应用技巧都应当吸收。诚然，与别人交流常常会学到很多东西，读有关书籍更是一个重要途径，但最重要的还是要把学来的知识与技巧加以创造性地运用。每个孩子都是不同的，这就要求母亲具有独创性，不断在实践中摸索和思考。要知道，善于灵活运用知识的母亲，做起事来才会事半功倍，也能使自己摆脱很多不必要的烦恼，避免很多不必要的失误。

我希望世上所有的母亲都成为聪明且有独创性的母亲，只有这样，才能对孩子进行积极有效的教育和培养。在对维尼芙雷特的培养过程中，我深深体会到，一个母亲要想养育出优秀的孩子，就必须先进行自我教育。

第二章

喂养！从喂养起步！

在女儿还没有出生时，就有很多好心的人对我述说母乳的好处，尤其是我的母亲，她常常在我耳边念叨："金汁银汁，不如母亲的乳汁。"我的母亲告诉我，千万不能向那些不负责任的母亲学习，她们为了追求体态的美观，对母乳喂养有一种抵触心理，甚至放弃了母乳，这是十分不理智的做法。

金汁银汁，不如母亲的乳汁

在前面的章节，我讲了很多关于母亲的事。那么，从现在开始我想应该来谈一谈孩子了。为了让大家更好地理解我对女儿的教育方法，就让我从女儿的出生开始吧。

维尼芙雷特刚一出生，我首先考虑的就是她的健康问题，可以说，我从一开始就非常注意造就女儿强健的身体。对于还是婴儿的女儿来说，我也只能首先从喂养开始。

我认为，对于一个婴儿来说，最好的食物就是母亲的乳汁。母乳可以恰到好处地满足婴儿所需要的全部营养，其他婴儿食物即使某些方面的营养极为丰富，也无法与母乳相媲美。我们知道，母乳里充满了抗体，特别是初乳中含有大量的免疫物质，这是人工婴儿配方所无法替代的。当然，对于那些由于自身身体因素无法进行母乳喂养的母亲，我只能说这是非常遗憾的，但我还是要强调，任何一个母亲，在孩子出生之前，就应当做好充分的准备来迎接宝宝的到来，其中最主要的就是把自己的身体调养好。

事实上，进行母乳喂养不仅对孩子有益，对母亲也有好处。母乳喂养是母亲分娩后身体恢复的一次软着陆，能够使母亲从孕期状态向非孕期状态成功过渡。伴随着孩子吸吮而产生的催产素，不仅可以促进子宫收缩、减少产后出血，而且还能让母亲体内的蛋白质、铁及其他所需营养物质通过产后闭经得以贮存，从而有利于母亲产后的康复。

在女儿还没有出生时，就有很多好心的人对我述说母乳的好处，尤其是我的母亲，她常常在我耳边念叨："金汁银汁，不如母亲的乳汁。"我的母亲告诉我，一些母亲为了追求体态的美观，对母乳喂养有一种抵触心理，甚至放弃了母乳，这是十分不理智的做法。

女儿渴了、饿了，就会感到很不舒适，并开始啼哭。在她出生最初的几天里，自然还不知道感到不舒服是因为饥饿，更不知道吸进乳汁会使自己感到舒适和满足。因此，当她因为饥饿、口渴而哭闹的时候，我把乳头放进她嘴里，她总是哭叫着不停地躲开，即使尝到了初乳，也不能使她停止哭叫。我知道，这个时候千万不能着急，否则可能反而会弄巧成拙。因此，我没有强迫她吮吸，而是放心大胆地暗示她，用亲情和耐心唤起她吮吸的渴望，诱导她学会吮吸。

我知道，对于婴儿来说，吮吸是本能的反应，是天生的能力。因此，我没有强制地把乳头塞进她的嘴里，而是顺势运用这些反应，三番五次地反复诱导她吮吸。后来，只要乳头一放进她的嘴里，她就会轻松安详地吮吸起来，以至于凡是能放进嘴边的东西，无论是乳头、奶嘴，还是手指，她都非常爱吮吸。

我在为女儿喂奶期间，始终坚持这样一个原则：要充分满足她吃奶的需要，只要她饿了就给她喂奶。在最初的几天，我每隔两小时左右就给她喂一次奶，如果由于她哭累了，睡过吃奶的时间还不醒，我也就任其随便。因为我知道，醒来后她自然会找奶吃，无论是白天还是夜里，孩子的哭声仿佛都是我不定时的警报，只要她一哭就表示饿了，我就及时地给她喂奶。总之，在哺乳时期，我让女儿吃得很香，吃得很满足。

总之，在哺乳期间，我对女儿的照料一直都是极为细心的。我想，她现在能有这么健康的身体，以及聪明的头脑，和她在婴儿时期得到细心的照料是分不开的。

我从不把食物作为管教女儿的筹码

等到女儿长到 4 个月大的时候，每当我在喂她母乳之前，总是先给她喝一点橘子汁。再过一段时间之后，我便开始喂她汤、煮熟的鸡蛋和土豆等食物。营养学家告诉我们，谷类食物是孩子最好的食物，并且还我发现，这也是孩子最爱吃的食物。

我个人认为，对于孩子来说，进食既不应是一种奖赏，也不应是一种义务。实际上，我从不用食物来作为奖赏或惩罚女儿的工具，我觉得这是一件既浪费时间又浪费精力的事情，用这种方法来管教孩子，无论对家长还是孩子，都是有害而无益的。因此，对于维尼芙雷特，我从来不把管教和食物联系在一起，并且我还会放点柔和的音乐，为她营造轻松的进食气氛和环境，让她把进食当作一件愉快的事情。

在我的周围，经常可以看到一些这样的父母，他们总是害怕孩子吃得太少或者太多，一到吃饭时就如临大敌，绞尽脑汁想尽各种办法来对付孩子，从而无形中给孩子施加一种压力。这些父母总是要孩子这样不能那样，要吃这些不能吃那些，要吃饭速度均匀不能太快或太慢。久而久之，吃饭对孩子来说就成了一种负担。实际上，这不仅影响了孩子对食物的兴趣，也会给父母带来很多不必要的麻烦。

我表妹有一个儿子，名叫约翰，今年已经6岁了。记得两年前见到约翰时，他还是一个胖乎乎的小伙子，面色红润，而且充满活力，身体一直很健康，而两年之后再见到他，简直把我吓了一跳：他仿佛换了一个人，瘦得就像一只猴子！我赶忙问表妹这是怎么回事。表妹满脸无奈地告诉我，小约翰患上了厌食症。于是，我详细地向表妹询问了情况，这才知道小约翰生病的原因。

原来，小约翰生性顽皮，他的母亲为了让他听话，经常用禁止他吃东西的办法来管教他。有一天，小约翰和伙伴们在外面玩得太高兴了，等到天黑之后才回家，以至于错过了吃晚饭的时间。由于太饿了，小约翰一进家门就直奔厨房，寻找他爱吃的东西。这时，他的母亲出现在他的面前。

“约翰，你在干什么？”母亲严厉地问。

“我在找吃的东西。”小约翰回答。

“你还想找吃的，现在都什么时候了？”母亲双手叉着腰，气势汹汹的样子，“谁叫你错过了吃饭的时间？你一天到晚在外面玩，什么都不顾……简直太不像话了，今天我不给你点颜色看看，你这毛病是改不掉的……今天，我绝对不给你东西吃！”说着，母亲揪着小约翰的耳朵把他带回了房间，并且锁在了屋里。

后来，小约翰对我说，他那天实在是饿极了，真想把床单都吞下去。可是，无论他怎样哀求，都无法让母亲给自己食物吃，于是他就在饥饿中睡着了。直到第二天，约翰的母亲一大早就给他送去了牛奶和他最爱吃的点心，可是这时候小约翰什么东西也不想吃，按他自己的说法是“我已经饿过头了，对什么东西也没有食欲，并且也感觉不到饿了”。自此以后，小约翰似乎再也没有了以前那种好胃口。每天只吃一点点东西，有时甚至什么也不想吃，也不觉得怎么饿，以至于造成了现在这种骨瘦如柴的样子。

听完表妹的讲述，我把小约翰叫到一边，问他为什么不想吃东西。他说，那天晚上他梦见了很多好吃的东西，当他正准备吃的时候，母亲却突然出现在了面前。母亲身边有一条很大的狼狗，恶狠狠地盯着他的食物，似乎马上就要扑上来抢他的美食。后来，母亲很严厉地骂了他一顿，还让那条大狼狗咬了他。小约翰告诉我，他一想到吃东西的时候，就会想起梦中的那条凶恶的大狼狗，所以根本就不敢吃，渐渐地就变得对食物没有兴趣了。

看着小约翰瘦骨嶙峋的样子，我感到非常难过，就算孩子再不听话，也绝对不能用禁止吃东西的办法来惩罚他，而应该采用合理的教育方法。因此，我很严厉地责备了表妹，而她自己对当初的行为也非常后悔。后来，我们带小约翰去看了心理医生，费了很大的力气才治好了他的厌食症。

作为父母，一定要记住，管教孩子的方法有很多种，不管孩子有多大的错误，都不能用不许孩子吃东西这种方法来管教孩子，采用这种方法的父母真可以说是愚昧无知的，它给孩子幼小的心灵上留下的阴影，甚至可能会成为他一生的负累。而且，我们都知道，对待成年人应当就事论事，可为什么却总是以事论人呢？实际上，用这种愚蠢的教育方法来管教孩子，非但不能让他正确地认识错误并加以改正，甚至还会影响他的心理健康。小约翰的例子就是最好的见证。

我认为，孩子在小时候未得到良好的教育，最终都会在长大之后表现出来。在我们的周围，孩子们有各种各样的缺点，有的自私，有的贪婪，有的阴郁，有的自卑，其实很大程度上都是父母教育失误所导致的，而利用禁吃食物来处罚孩子，就是一种非常普遍的错误的教育方法。试想，如果我们用吃来奖惩孩子，他可能会认为生活的目的就是为了吃喝，就容易形成自私、狭隘的性格。并且，如果孩子因为犯了错误而挨饿，就会潜意识地认为父母不爱他，从而导致性格变得阴郁。一旦他有了这种错误认识，必定会对他的未来产生很多不良影响，我们当然不希望自己心爱的孩子被这种不良影响所困扰。所以，千万不要用食物来奖惩孩子。

鼓励女儿独立进食

在喂养女儿维尼芙雷特的过程中，我始终坚持这样的原则：鼓励女儿独自进食，让她觉得吃东西不仅是一件重要和愉快的事情，而且还是一件她想做和能做的轻松自然的事情。

在她很小的时候，如果她觉得用手指比较方便，那么即使她用手抓着吃，我也不会去指责和训斥她。因为我始终相信，只要给女儿提供足够的食物，她就完全不会挨饿。

也许有的母亲会认为，我对女儿采取这样一种喂养的态度，是对孩子的漠不关心，是一种不负责任的行为，而事实却并非如此，这是我在养育女儿过程中所得到的经验，我想它应该适用于世界上所有的孩子。我认为，对于孩子的饮食来说，最好应当采取多提醒、少训斥的方法，逐步培养他良好的饮食习惯。

因此，无论维尼芙雷特喜欢先吃什么，喜欢把哪些食物一块吃，我都由她自由地选择，只要她没有挑食或贪吃的迹象，我都会尽量让整个进餐过程变得和谐而愉快。

哈里斯·莱恩斯特博士是一位著名的营养学专家，他在自己的作品《关于大脑的营养》一书中这样说道：“任何一种营养不足都会降低某些神经信息传递的水平，并会影响到多种相应的行为，产生负面的影响。同样，身体或精神的失常也可以通过调节相关传递因素而得到矫正，这可以通过对饮食做简单地改变而做到。”

另外，他还在书中详细列举了损害大脑功能的其他营养不良的情况，并且特别介绍了一种人体自身不能生产出来的多元不饱和脂肪酸缺乏时所造成的结果。

与此同时，莱恩斯特教授还说道：“值得庆幸的是，同样很容易发现，一匙玉米油就足以满足一个成年人一整天的全部需要。但是，这一匙对正常大脑功能是至关重要的，没有这一匙玉米油，大脑就不能修复髓脂质鞘，结果可能会导致动作不协调，混乱，失去记忆，偏执，冷漠，发抖等症状。”

在现实生活中，类似营养不足引起大脑功能降低或损伤的情况并不少见。但是，如果父母想要孩子的大脑能高效运行，胜任所有形式的脑力劳动其实并不困难，只需要对饮食的合理安排，就能更适合于孩子的营养需求，从而维持其生理平衡。因此，我个人认为，科学的饮食可以供给大脑正确的“食物”，能够帮助提高孩子的脑力，是孩子发展智力必不可少的起始步骤。

自从维尼芙雷特出生之后，我就时常仔细观察她的一举一动。在这种观察中我发现，像她这样的婴儿生长得特别迅速，其中最初 3 个月当属最快，所以这一阶段的营养补充和摄取比其他任何年龄阶段都更加重要。

除了像前面谈到的那样，及时给她母乳喂养之外，我还用牛奶、羊奶喂她，并用各种米、面粉、黄豆等制成的代乳品喂她。

另外，在女儿 1 ～ 3 个月的时候，我还给她喂一些果汁和菜汁，如橙子汁、西红柿汁、胡萝卜汁、菠菜汁，等等。等到 4 ～ 6 个月的时候，我就给她喂香蕉泥、苹果泥、土豆泥、胡萝卜泥、蛋黄泥、鱼肉糊、青菜粥、牛奶粥等。7 ～ 12 个月的时候，我特别给她做了青菜末、牛肉末、鱼肉泥、鸡肉粥，还时常给她喝一些鸡汤、骨汤等。我发现，维尼芙雷特在吃这些东西的时候，好像比吃奶还要高兴。

维尼芙雷特在 1 岁多时，就已经断了奶。在刚开始的时候，我主要还是给她喂牛奶，并且在每天的正餐之间，会定时给她喂上一些辅助食物，如肉末、蛋羹、果菜等。

我知道，这时候母乳的营养价值已经大不如前，孩子主要的营养已经不是来自母乳，而是从每日的饮食之中摄取。因此，我更加注意食物的调配，从而保证营养的供给。

在维尼芙雷特 2 岁时，我主要喂她菜、肉、鱼、蛋、豆制品，同时辅以面包、薯类等食品。那时候，小维尼芙雷特非常不喜欢吃蔬菜，我经过仔细观察才发现，她不喜欢吃的主要原因是由于蔬菜纤维过长，味道和口感都相对差一些。因此，我就会尽量把菜肴做得更加精细一点，使她愉快地接受。

在维尼芙雷特 3 岁时，我认为这时各种类型的营养对她极为重要，尤其是那些基本的营养类型一样都不能缺少，而那些特殊的营养则能为孩子的成长提供必需的重要能量。

比如，脂肪吃得过少、导致热量不足，就只能依靠糖类来补充，但是一定要适量，因为过多地吃甜食会造成孩子食欲不振、蛀牙等不良后果。所以，我从来不会给女儿吃太多的糖，即使确实需要，也会让她有节制地食用。

从女儿 3 岁的时候起，我便开始注意她的饮食规律。一般情况下，在每日三餐之间会加一些不影响正餐的辅助食品，从而让她全面、无遗漏地摄取各种营养。

到了 5 岁，小维尼芙雷特的乳牙已经出齐，咀嚼能力大大增强。这个时候，我认为她的饮食要求已经大体接近了成人，因此就给她吃各种成人吃的食品。

不过，我很少让她进食刺激性强的食物，因为这些食物可能会对她那娇嫩的器官造成致命的伤害。另外，在那个阶段，我在为她安排食物的时候，还会注意各种食品的花色种类，注意粗粮和细粮，荤菜和素菜的搭配。

在教育孩子的过程中，很多父母可能都遇到过这样的情况：孩子在吃饭的时候会特别爱说话，有时候还会边吃边说话边比画。

我们都知道，这样一来，不但吃得慢、吃得不专心，长此以往还会对孩子的身心发育不利。因此，当家长们遇到这种情况，就会严厉斥责孩子，告诉他这是一种坏习惯，希望他能改掉。然而，这样做的结果固然能够让孩子不说话，但同时也打消了孩子对食物的兴趣，使整个过程变得死气沉沉，同时也会影响孩子的表达愿望和能力。

维尼芙雷特在成长的过程中也有过这样一个阶段，但我与其他家长所不同的是，一般女儿边吃边说话的时候，我不会干预她，除非她做得太过火。

不过，即使是干预，我也不会对她进行斥责，而是及时加以引导，让她自己意识到这是一种不好的习惯，从而自己加以克制。这样一来，不仅不会影响她的进餐兴趣，更不会激起她的逆反心理，使局面变得无法控制。

另外，食欲对我们人类来说是非常重要的。调节和控制食欲，可以帮助父母巩固和加强孩子成长发育的成果。然而，值得注意的是，孩子食欲旺盛固然是件好事，但如果食欲过于旺盛则未必值得高兴了。我认为，孩子如果贪食，其中必定有问题，所以，调整好孩子的饮食对他们的成长至关重要。

对于人来说，吃是天性，孩子偶尔嘴馋也是难免的事，但关键是在这种情况下应该如何去引导他们。

当然，小维尼芙雷特也有贪吃的时候，每当她在不适当的时候想吃东西，我就会想一些办法引导她忍耐，等那股馋劲过去，以此来减少食物对她的诱惑。

我认为，孩子的饮食方式是多种多样的，作为父母应该充分考虑一下孩子的年龄、体质、营养等各方面的因素，认真选择适合于孩子的方式，从而加以适度调控，并且循序渐进地帮助和引导孩子建立起健康的饮食心理。

事实上，也只有这样，才能让孩子健康地成长，而不会白白浪费父母的精力，最终劳而无功。

第三章

打开孩子的感官之门

经验告诉我们，婴儿的确需要相当长一段时间才能听懂父母所讲的话。但是，自从孩子来到这个世界上，就会对父母不同的话做出各种各样的反应。对此，我也有着深刻的体会：每当我对女儿温柔的讲话时，总会看到她非常愉快的神情；但是，如果我大声斥责，她就一定会不停地哭喊。因此，我奉劝年轻的父母们，如果你了解到这些知识后，一定要有意识地培养并训练孩子的听力，并且尽早和孩子讲话。

用音乐唤醒女儿的耳朵

我认为，任何能力只有认真开发并加以利用之后，才可能有所发展，否则便永远不会得到增长与提高。所以，对孩子的教育必须尽早开始。而我对维尼芙雷特的教育，是从训练她的五官开始的。

对于孩子五官的训练，我认为最好从听力训练开始。科学研究发现，婴儿听力的发展实际上要比其他方面发展更早，甚至比视力还要早。实际上，早在母亲怀孕的时期，婴儿就已经能够听到声音了。我想，如果父母能意识到这个问题，尽早对孩子实施合理有效的胎教，孩子的听力就会得到更早更好的发展。否则，孩子听到的很可能只是母亲单纯的心跳声。

正是由于这个原因，我在女儿还没有出生的时候，就已经给她取好了名字，并且经常对着腹中的孩子这样讲话：“小维尼，小维尼，妈妈正在跟你说话呢，你听到了吗？”除此之外，我还时常给她唱一些动听的儿歌。我相信，她一定能够听见。

很多父母可能都有过这样的经历，当孩子听到尖锐的声音马上就会受到惊吓，而且声音越是尖锐，孩子的反应就会越强烈。于是，当我发现维尼芙雷特有这样的举动时，我就知道她已经具备了足够的听力，因此我便开始抓住时机对她进行听力训练。

我发现，维尼芙雷特在很小的时候就非常讨厌刺耳的声音，反之，对有韵律、有节奏的声音，如歌曲、有节奏的鼓声和“嘀嗒”的时钟声却非常感兴趣。所以，当看到女儿有这样的表现时，我就用听音乐和朗诵诗歌来开发她的智力和潜力。

可以说，小维尼芙雷特幼年的时光，实际上完全是在音乐旋律中度过的。作为我个人来讲，一直有着对音乐方面的特殊爱好，并且时常在家里弹一弹钢琴，于是我就发现，每当女儿听到悦耳的琴声时，总会流露出激动的神情，似乎完全沉浸在美妙的音乐之中。

我想，大概维尼芙雷特对音乐的敏感在这个时候就已经得到了很好的启蒙。记得有一段时间，我正在练习贝多芬的《致爱丽斯》，而小维尼芙雷特则自己在隔壁的房间里躺着玩。有一天，在弹完钢琴之后我去看女儿，还没有进门的时候，就听到她在“咿咿呀呀”地哼着什么。于是，我就在门口停了下来，贴着门认真听她在“咿呀”什么。让我大为吃惊的是，她居然在哼《致爱丽斯》前面的几个乐句。虽然并不是那么标准，但还是能听出个大概来。

当时，我非常激动，突然感觉自己好像获得了一个小小的知音，而这个知音居然是只有 8 个月大的小女儿，这让我觉得简直太不可思议了。

于是，为了让女儿对《致爱丽斯》前面的部分加深印象，尽管我已经弹得很熟练了，但仍然反复弹奏着那几个段落。果然，我的工作并没白做，不久之后，小维尼芙雷特就可以把那几个乐句完整地哼出来了，而且旋律和节奏都是准确无误的！后来，维尼芙雷特3岁的时候开始学钢琴，她很快就把《致爱丽斯》这首曲子的大部分学完了，除了几个特别难的地方，她几乎可以说是一气呵成。我想，这一定和摇篮时期的学习有很大关系吧。

那时候虽然女儿很小，但已经在脑海中记录下了许多乐曲。除了给她弹琴之外，我还经常放一些经典的乐曲给她听。慢慢地，我发现女儿对不同风格的乐曲会有不同的反应。比如，当听到莫扎特的小夜曲时，女儿会显得非常愉快而高兴；当听到巴赫的乐曲时，女儿则会显得很安静；然而，当听到贝多芬的乐曲时，女儿又会表现得非常激动而兴奋；当听到舒伯特的《摇篮曲》时，女儿又会安详地入睡。我想，每一个孩子对音乐应该都有着超强的天赋，都能从音乐中获得积极的成长元素，只不过有些父母错过了用音乐锻炼孩子的好时机。

为了进一步培养维尼芙雷特对音乐的敏感度，我除了让她接触不同的乐曲外，还让她自己玩钢琴，每次当她敲响那些黑键或白键时，总会咯咯地笑个不停，由此表现出她内心的喜悦。基于这样的经验，每当维尼芙雷特不高兴或哭闹的时候，我就会抱着她到钢琴前面弹上几个音，或者让她自己来弹几个音听一听。我发现，她对钢琴有一种特别的情愫，只要琴声一响，无论她哭得有多么厉害，都会立刻平静下来，认真地倾听。有时候，我觉得给她太多琴声的刺激会影响她的成长，因而把她抱开，结果她又哭闹起来。

为了让女儿对各种音形成一个准确的概念，我特意在钢琴C大调的七个基本音的琴键上分别贴上红、橙、黄、绿、青、蓝、紫七种颜色的纸条，并告诉女儿，这些键的名字叫红色的声音、橙色的声音、黄色的声音等。我几乎每天都会抱着女儿来到钢琴前，敲响这些琴键给她听，陪她一起识别这些音。真是功夫不负有心人，在女儿还不到6个月大的时候，就已经能把这几个音准确地区分开了。

随着小维尼芙雷特的成长，她慢慢地开始学会讲话了，我就告诉她这些颜色分别代表着什么音。有时候我还会随机地问她：“红色代表什么音？绿色代表什么音？”女儿总是能够迅速灵敏地回答出来：“红色是 do，绿色是 fa。”有时候说得高兴了，甚至连我没有问到的音也一口气说出来。每当这个时候，我就会不失时机地对女儿进行由衷的表扬。

虽然我自己从小就有对钢琴的爱好，但毕竟不是专业的。为了让女儿能在一开始就接受完整的专业知识，在她 3 岁开始学钢琴的时候，我就特地请了一位音乐教师来教她。没有想到，第一节课上完之后，老师就非常惊讶地看着我说：“这简直太不可思议了！你的女儿有一定的乐感也是正常的，因为你本人就非常喜欢音乐。但是，她的音准概念简直太好了，而且还能把每一个标准音都记得那么清楚！你要知道，对于任何一个学音乐的人，要想培养标准音的概念，都需要花费大量的时间和精力来练习的啊！”

于是，我给这位老师讲了自己培育女儿所用的方法，老师不禁感叹道：“如果所有学音乐的孩子的父母都能够像你这样，在婴幼儿时期就对孩子进行合理有效的训练，那么这些孩子将来在音乐的道路上一定会倍感轻松。这样的话，这个世界上真不知道还会拥有多少音乐家呢！”能够得到音乐老师这样的评价，我想这是对我关于女儿音乐教育的最好肯定了。

我认为，孩子来到这个世界之后，父母应该尽早和他们讲话。所以，在维尼芙雷特还是个小婴儿的时候，除了让她沉浸在音乐中之外，我还经常和她说话。

从我的教育经验来看，女儿其实是最喜欢我同她说话的声音了。我经常发现这样的情况，每当女儿啼哭的时候，只要我走到她旁边和她讲话，她就会立即停止哭泣，静静地看着我，好像她真的听懂了我想要表达的意思。有时候，女儿安静地躺着，并没有让我爱抚的意思，但只要她一听到我的声音，立刻就会动起来，并且非常渴望我能爱抚她。同样，有时候，在我讲话之前她还在蹬腿，但只要一听到我的声音，就会马上平静下来。

各种各样的经验告诉我们，婴儿的确需要相当长一段时间才能听懂父母所讲的话。但是，自从孩子来到这个世界上，就会对父母不同的话做出各种各样的反应。对此，我也有着深刻的体会：每当我对女儿温柔地讲话时，总会看到她非常愉快的神情；但是，如果我大声斥责，她就一定会不停地哭喊。因此，我奉劝年轻的父母们，如果你了解到这些知识后，一定要有意识地培养并训练孩子的听力，并且尽早和孩子讲话。

有经验的父母可能都有这样的认识，初生的婴儿除了会哭之外，还会发出一些其他的声音，比如，有时候可能是饭后高兴的“咯咯”声，而有时候则是哭泣前伤心的“呜呜”声。尽管这些声音并非有意发出来的，但却是他们正常的生理反应，而且这些声音也传达出了一些特定的信息。对于这些信息，做父母的也应当引起注意。

女儿维尼芙雷特在刚出生 6 个星期时就对声音有所反映了，特别是对我的笑声和说话声，好像非常敏感。等到两个月大的时候，她不仅学会了微笑，而且还能发出一些“咿咿呀呀”的声音。这让我非常高兴，于是我便抓住时机和她讲话。我相信，这对孩子的成长来说，是非常重要的。我认为，如果照顾孩子的大人不喜欢说话，而且也不愿意搭理孩子或者和其他大人说话，那么这个孩子说话的时间就会减少了。况且，除了和大人说话交流之外，孩子有时自己也会自言自语。我希望所有的年轻父母，都能抓住这个关键的教育时期，尽可能多地与孩子进行言语交流，从而使孩子的听力得到更好的发展。

为了让小维尼芙雷特的听力发展得更好，我还想了另外一些有趣的方法。当我发现玩具发出声响时，女儿就会扭头寻找声源，找到之后便瞪大眼睛很好奇地盯着看，所以我在女儿两个月大的时候，就给她买了一些可以发出声音的玩具，如小鼓、铃铛之类的东西，以帮助她增强对声音的辨别能力。除了这些之外，我还常常用轻柔的声音为女儿朗诵诗歌。我想，毕竟诗歌和音乐在很多方面还是不同的，一个完全是声音，一个则包含意义。实践证明，朗诵诗歌非常有帮助，在女儿刚满一岁的时候，她就已经可以流利地背出维吉尔的某些诗句了。后来，女儿也养成了每天晚上背诵诗句的好习惯，也正是因为喜欢，她很快就能背诵得非常流利了。我想，这也无形中对她的表达能力产生了一些积极的影响吧。

用色彩培养女儿的视觉

在我们周围，很多人认为孩子的听觉和视觉是自然形成的，因此不必在这方面花费太多心思。然而，我认为这种看法是错误的，是不科学的。如同对婴儿的耳朵和眼睛进行训练，在其成长过程中也是至关重要的。有些人可能错误地认为，婴儿的眼睛形同虚设，根本看不见任何东西。但事实上，婴儿只要睁开眼睛就能看见东西。在现实生活中，可能不少父母会有这样的经历：婴儿醒着的时候，总是呆呆地看着窗帘或明亮的窗户，根本没有什么反应。其实，这并不是孩子看不见东西，而是根本没有东西可看。

记得有一次，小维尼芙雷特呆呆地盯着天花板，眼睛里一片茫然，样子显得有些呆傻。我便走过去逗她："怎么啦，我的小维尼？"然而，她还是没有反应。我就感到非常奇怪，女儿今天为什么这么迟钝，是不是生病了？当时，我的手里正好拿着一本红色封面的书，恰巧在她的眼前晃了一下，突然，我发现她的小脸蛋上露出了笑容，并且使劲地挥舞着小手，不停地蹬腿。我这才恍然大悟，原来女儿最喜欢看鲜艳悦目的东西。那天，我到外面买回了许多颜色鲜艳的东西：美丽的图画，五颜六色的布娃娃，甚至还特地把窗帘换成了黄绿相间的花窗帘。总之，为了提高女儿对色彩的观察能力，我把她的房间布置成了颜色亮丽的小公主房——四周墙上挂了各种漂亮的图片，其中有名画的临摹品，还有美丽大方的装饰画。

也许正是那样一次偶然的经历，我深刻地意识到了色彩对于孩子视觉成长的重要作用，同时也领会到了图画对孩子智力开发的重要意义。我想，在善于绘画的母亲培养下成长的孩子，一定是非常幸福的。正是由于这个原因，我在女儿还不懂事的时候，就为她准备了许多美丽的花草和鸟兽的图画，时不时地拿给她看。除此之外，我还会给她看一些有着漂亮插图的小人书，并不时读给她听。这时候，小维尼芙雷特总是饶有兴趣地看着，静静地听着。我想，尽管她那时候还什么都不懂，但已经对母亲的声音和图画的颜色感兴趣了。

等到维尼芙雷特稍大一点之后，我除了给她看更多的图片外，还给她买回了颜料、画笔和纸，开始教她画一些简单的东西。非常有意思的是，或许因为当时她的手太小了，根本握不紧画笔，总是掉下来，但她仍然对画画表现出巨大热情，每次掉下来都会急忙去拾，看着她用力抓笔的样子，我都会忍不住笑起来。

有时候，维尼芙雷特看着一大堆花花绿绿的颜料，却又不知该怎样去用它们，便会就急得咿咿呀呀地叫，一副不知所措的样子，看起来简直太可爱了。记得有一次，我索性把各种颜料都给维尼芙雷特挤在调色板上，让她自由自在地玩。这样一来，她显得高兴极了。结果，让我没想到的是，她居然把自己弄得一塌糊涂。当时，我帮她做好准备工作之后，就到别的房间去了，而当我再次走进女儿的房间时，情形已经大不一样了。小维尼芙雷特满脸都是颜料，本来洁白的衣服也成了花衣服，连地板上都是五颜六色。

我想，如果这种情况让别的父母碰上，大概早就火冒三丈了吧。但是，我并没有这样，我觉得脸和手脏了可以洗干净，床单弄脏了可以再换，但是如果女儿在我的斥责声中失去了玩耍的乐趣，失去了对色彩的感觉，那可能就再也无法挽回了。

“啊，我的小维尼，你看你，把房间搞得多脏啊。”我虽然嘴上这样说，但语气却是很温和的，并且很细心地帮她收拾，不让颜料进入她的眼睛或嘴里。这个时候，我猛然发现，在旁边角落的墙壁上，有一个淡黄色的图案。我仔细一看，竟然是一只小鸭子！当时，我真是太激动了，不管是有意还是无意的，维尼芙雷特毕竟在墙上画出了她的第一幅画啊！

女儿画的“小鸭子”给了我很大的勇气和信心，于是我决定教她使用画笔。我把画笔放在她的手上，耐心地教她怎样握住笔。在很多次的失败之后，维尼芙雷特终于能牢牢地握住画笔了。会使用画笔之后，女儿就不再用手去抹颜料，而真正开始了她用笔画画的道路。

为了增强维尼芙雷特对色彩的感觉，我还给她买了色谱，并且安排时间耐心地教她区分不同的颜色。没过多久，女儿居然记住了很多种颜色，除了红、黄、蓝、绿等这些基本色，她甚至还能说出不同灰度的颜色的名称来。这真的让我非常高兴。直到今天，维尼芙雷特一谈到色彩，还会说出一些专业的名称来。

对于一般人来说，如果没有接受过专业的训练，看到颜色之后通常只会说“那是红色，那是橘黄色”，或者“那是灰色”，但维尼芙雷特从小就会说:“哦，那是紫红，那是普鲁士蓝，那种灰色有点偏黄，哦，那块黄色有点偏绿……”虽然她后来没有成为画家，但她对色彩的认识却远远超过了一般人。记得维尼芙雷特曾经对我说:“妈妈，我真是太幸福了，因为我能看到大自然中各种各样美丽的色彩。不仅是多变的天空和五颜六色的花朵，我还能在别人不经意的地方看到色彩的细微变化。看那张旧桌子，它的色彩变化有多么复杂啊，简直就是紫灰色和蓝灰色组成的色彩乐章……”

维尼芙雷特学会走路之后，我经常带着她出去散步，并让她观察大自然中的各种色彩。事实上，那时候她已经是一个小小的色彩专家了，她对色彩的认识甚至比我还要强出许多。每每看到天空的颜色、原野的颜色、森林的颜色、海水的颜色、建筑物的颜色，以及人们服饰的颜色，她都会陶醉在这些美丽的色彩当中，同时还会对周围的色彩品头论足。所以，每一次散步，我都会听到小维尼芙雷特不停地评论周围的色彩。

“妈妈，你看看那片天空。上面是深蓝色，左边有点湖蓝，右边在向钻蓝过渡了。快看，快看，接近地平线的地方在向紫灰和蓝灰过渡。”“妈妈，你看那位阿姨的衣服，颜色搭配很不协调，一点也不好看……”总之，维尼芙雷特不会放过任何一次评论的机会。而每当这时候，我都会感到欣慰，并且积极参与她的观察和评论，有时还会和她发生一点小小的争执。

不过，更多的还是高兴。看着女儿正沉浸在周围事物的美丽之中，我认为女儿是幸运的，也是幸福的，她不像有些人那样对身边的美视而不见，而是在尽情地享受它们。

我觉得，女儿通过对周围色彩的观察，不仅得到了美的享受，更重要的是形成了敏锐的观察力，建立起了一种独特的视觉感受力。并且，这种善于观察的习惯和能力，对她智力的发展和本身内在潜力的开发都是非常有帮助的。

多种方式塑造孩子丰富的情感

游戏，除了交流感情，还有一个重要功能，那就是培养孩子健康的心理。游戏的功能不在于让孩子知道多少知识，那是课堂上应该完成的事情，其重要作用在于，让孩子有众多的情感体验：快乐、幸福、激动、紧张、恐惧、同情、宽容等，也就是在模拟的世界中成长，逐渐塑造出丰富、成熟的不同情感特点。

我的好友丽莎有一个 3 岁大的女儿，这个孩子非常可爱，很喜欢自己玩，除了打扮娃娃之外，她最常玩的游戏就是模仿丽莎了。刚开始的时候，丽莎还很高兴孩子会自己玩耍，不会打扰大人。但有一次，丽莎仔细观察女儿的游戏模式，赫然发现她反复模仿和演练的竟是妈妈的日常活动：买菜、做饭、梳妆打扮、电话聊天、匆匆忙忙出门去上班等，甚至会边穿衣服边拿东西，嘴巴里还会忙不迭地喊着：“来不及了！来不及了！宝贝再见！要乖……要听话……”

孩子惟妙惟肖的动作、表情，既令平时忙碌的丽莎哑然失笑，又让她隐隐的多了一些忧虑：规律、单调的生活环境——家庭，和唯一的模仿对象——妈妈，使孩子的玩耍模式也变得一成不变，缺乏创造和想象的空间。但是孩子却从中体验到照顾他人、安排事情的乐趣。

其实，想要让孩子有更多的情感体验，就需要抽出时间来陪孩子一起活动。家长可以在家中模仿幼儿园的教学模式，设置一些特殊的“游戏角落”，布置玩具。玩具不一定要有多精巧多高科技，家中安全的废弃物也完全可以利用起来，如大纸箱、旧布、坏掉的门把手，都可以变成孩子的宝贝，在孩子的游戏中变身成各种各样的角色，创造出各种不可思议的效果来。例如，纸箱变城堡、火车；旧布变云彩、巫婆斗篷；门把变喇叭、假鼻子……孩子的想象力一旦被开启，往往连大人也望尘莫及。在玩的过程中，不但孩子的动手能力会得到很大的提高，他对感情的理解也会越来越丰富、深刻。

另外，户外活动对孩子来说，也是必不可少的。孩子是属于大自然的，美丽的自然会让孩子感受到壮阔、沉静、真实等在家中无法体会的情感。

多让孩子和其他人接触，也是培养孩子丰富情感的好方法。与陌生人交流会为孩子创造更多学习和玩耍的机会与空间，迈出社交的第一步。

多种方式综合运用，孩子的情感心理会有很大的进步，这就需要父母看到这种进步，正确地理解孩子体验情感、表达感情的方式。例如，陪孩子玩耍，除了创造多元机会与空间，更应确切掌握幼儿的听觉与理解特性。许多爸妈会用“大人”的角度，和“小孩”互动，间接或直接安排甚或命令孩子怎么做、怎么玩、玩什么。其实小孩就是小孩，并不是“小大人”，他们是独立的个体，也拥有自己的想法，就像是一个隐藏的“神秘宝盒”，我们只能逐步开启和循序引导，不能掌控。

一味争强好胜的孩子的情感并不健康，不能坦然面对失败的孩子日后也会因此承受更多压力和痛苦。从小就去体验生活的多面性，游戏是当之无愧的启蒙老师。想让孩子成为出色的人，首先让他成为情感健康的人；要想让孩子拥有宽阔的心胸和坚强的意志，就需要从转变家长的游戏态度开始。

如何培养孩子的注意力

注意力是意志的一种表现。事实证明，注意力在创造性劳动中具有很大的作用。一位教育家说：“注意力是我们心灵的唯一门户，意识中的一切必然都要经过它才能进来。”善于集中注意力的人，就等于打开了智慧的天窗。谁的注意力不集中，谁就不可能自觉地做好他所从事的工作。因而，培养孩子的注意力，是教育孩子的第一步。

作为家长，可能经常会发现孩子注意力不集中，一会儿做这件事情，一会儿又跑去做那件事情，尤其是在做功课的时候，总不能静下心来一次做完，常要每隔 5 分钟便出来喝水或上卫生间。如果不准他出来，孩子便在房间里看漫画书或玩小汽车。

其实，对于几岁的孩子来说，他对于一件事情的注意力大概只能维持在 10 分钟左右，一旦原来的事物不再有新的趣味，或改变了可以吸引他的注意焦点时，孩子便很容易将注意力转移他处，这是很正常的现象。如何让孩子对原有的事物保有持续的兴趣，需要靠父母从小培养孩子的注意力。

我们都知道注意力是一个人成功的关键，只要能够集中精力、专心致志，许多事都能事半功倍。当孩子进入幼稚园或小学，在学校的大团体中，老师授课时不再只是单独教学，而是面对整个班级的学生，如果孩子在上课时分心，不集中注意力，很容易跟不上进度，相信这不是家长所乐于见到的现象。

那么，如何培养从小专心学习的态度？

培养孩子专心的态度，首先得先找出孩子不能专心做事的原因。例如：小学生不能专心做功课的原因，有时是孩子学习环境不佳所造成的，外在的干扰使孩子分心，导致孩子不能够集中注意力。

而家长常犯的错误便是要求孩子在房间里写功课，自己却在客厅谈话声音很大，这不仅会影响孩子做功课的专心度，而且不了解孩子究竟是在房间里玩还是读书。

曾有位妈妈告诉我，他每天花一个小时的时间陪孩子做功课，不仅让孩子在做功课时有不懂的地方可以请妈妈帮忙，还可以增进母子感情。所以要培养孩子注意力，我们可以先将容易引起孩子分心的事物排除，甚至可以陪同孩子一起念书，多培养孩子在各方面的能力与兴趣，从户外活动、郊游、参观到美术、音乐的学习，慢慢让孩子去发觉自己的兴趣在哪一方面，幼小的孩子甚至可以让他多玩一些启发性或具挑战性的玩具，让孩子专心、独立地去学习，而不要强迫或干扰他们。

父母也可以利用游戏来培养孩子的注意力。例如，和孩子玩听写游戏，你可以念三五组数字，然后让孩子一次写下刚才念过的数字或者让孩子看几张动物图，然后收起来，请孩子说出有哪些动物。如果反复的练习，不但可以增加孩子对一件事物的注意力，也可培养孩子的专注力。

其实，训练孩子专心的方法很多，陪孩子一起玩拼图或组合模型都是很好的方法。玩拼图可以让孩子学习留意每一块图片之间的图案，并能够培养耐心，从小图案拼到全部完成，组合模型也有同样的作用，能让孩子在玩乐中学习如何克服困难、如何自己寻求解决之道，最重要的是孩子在整个独立的学习过程中能得到成就感，并能培养耐心和专心。

集中注意力的另一种方法是在学习中不断提出问题。例如，当学生们学习美国历史时，他们可能会问自己这样一些问题：“美国历史上那一阶段的真实情况是什么？让我想象一下工厂的工人的情况，想象他们在决定成立工会之前生活究竟是怎样的？假如我是工人中的一员，那么我会支持还是反对工会呢？让我想象一下，导致工会成立的这一连串事件。”

还可以向孩子提出建议，让他们问自己这样一些普通的问题：这段短文说的是什么事情？其中谁做了些什么事？为什么这样做？短文中哪些论述说了中心意思？它所谈论的是正确的还是错误的，为什么？文章中提出了什么原理？

让孩子自己提问题有两个目的。第一，能帮助孩子们把分散的注意力集中到功课上来；第二，能帮助他们把注意力保持在自己的功课上。

另外，运用适当的赞美比指责更有效，尤其孩子在专心做一件事情时，若有好的表现，家长可就好的表现加以赞美。

其实，学习能力每个人都不一样，有的孩子心智发展很快，有些则较慢，但专心认真的学习态度则是通过后天训练的，因此从小培养孩子专心的习惯，对孩子未来的学习、生活都会很有帮助。

感觉能力要和实物联系起来

我那可爱的维尼芙雷特，不仅有着非常惊人的感受能力，而且，在她很小的时候就能恰当地运用词语来表达自己的感受。我想，这与她从小受到良好的感觉能力训练是分不开的吧。在这一节里，我想要对大家讲一讲我是如何通过有效的方法培养女儿的身体感觉能力，并且在这一过程中，使她逐渐学会一些有意义的词汇的。希望能给那些不知从何着手的母亲们一些帮助。

记得在小维尼芙雷特 6 个星期大的时候，我就给她买来了五颜六色的气球，并把这些气球用线轻轻系在她的手腕上，只要她一动，气球就会随着手的动作而上下摆动，而她总是好奇地盯着那些动来动去的气球，当她意识到自己的行为可以左右气球的摆动之后，便很兴奋地晃动自己的手臂。看着她那可爱的样子，我心中的欢喜难以用语言表达。这时，我会不失时机地轻轻对她说：“这个叫气球，它既圆，又轻。这一只是红色的，那一只是绿色的。”她就这样被深深吸引住了，我可以感觉到她体会到了红、绿、圆、轻这些概念，同时，也使她在不经意中学会这些形容词。

小维尼芙雷特稍微长大一些之后，我又给了她一些小木片，有粗糙的，也有光滑的，我想，这些东西一定能帮助女儿感受物体的质感。

在那段日子里，只要是女儿感兴趣的东西，我都会尽可能提供给她，除非某些东西对她有害。并且，在教育女儿的过程中，我从不强迫她去接受什么。我认为这才是教育孩子应有的方式，要知道，孩子是鲜活的生命，只有在自然的情况下才能充分发掘她的潜能。我之所以努力对她进行各种引导，是因为不希望让她的精力无谓地消耗掉。

我的邻居卡丽特丝夫人曾经向我诉苦，说她的小儿子要么就整天哭闹，要么就垂头丧气，或者吸吮自己的手指头，因而她总是担心儿子是不是生病了。然而，请医生来检查过很多次，结果都说什么病都没有。她很想知道，为什么我的女儿总是生气勃勃的样子，并且希望我能够给她一些带孩子的好建议。

于是，我便到卡丽特丝家看望她的小儿子。当我走到孩子身边时，他毫无反应，只是呆呆地望着天花板，而且不停地吮着手指头，而当我试着去抱一抱他的时候，他居然像受了惊吓一样，放声大哭起来。

“亲爱的，你难道平时没有让孩子玩玩具吗？”我问卡丽特丝。

“玩具？难道这么小的孩子也要玩具吗？”卡丽特丝不解地问我。

“当然，我看你儿子整天没有精神，主要就是因为生活太单调了。你不要小看了孩子，别以为他在摇篮里就不需要玩具。你应该为他准备一些能引起他注意的东西。”我对卡丽特丝解释说，并向她介绍了一些维尼芙雷特平时喜欢玩的东西。同时，我还告诉卡丽特丝：“那些有趣的玩具，不仅可以让孩子心情愉快，而最重要的是，它们对孩子早期智力的开发有着很好的帮助。”

“什么，这么小就要开发孩子的智力？”卡丽特丝一脸的诧异，仿佛看到外星人一样。

“当然，我从维尼芙雷特出生那天起，就已经开始教育她了。”然后，我又详细地向卡丽特丝介绍了我的教育方法。

为了训练维尼芙雷特的感受能力，我这个做母亲的可真是费了不少心思，绞尽脑汁要让她懂得一些感知的概念。在生活中，我经常和女儿玩的另一种游戏是“蒙眼睛”，其实这是为了训练她在不用眼睛的情况下去感受身边的事物。方法同样很简单：我用一块布蒙住她的眼睛，把各种物品摆在她面前，让她用手摸，并说出摸到的物品的名称和她的感觉。比如，当她摸到一个玻璃杯时，我就问她：“这是什么？”

“是一个小杯子。”她回答说。

“杯子是用什么做的？”我接着问。

“是玻璃做的。”

“那么，玻璃是什么样的呢？”我又问。

这时，维尼芙雷特会回答：“它很光滑，冰冰凉，还很硬……”

我继续问下去：“那么，还有什么东西是光滑、冰凉，又很硬的呢？”

她回答说：“还有金属勺子、叉子，吃饭用的盘子。”

“那么，它们有什么区别呢？”

这时，维尼芙雷特把杯子仔细地又摸了一遍，但还是回答不上来。

“你再仔细想想，”我开始提示她，“假如你能看得见的话………”

于是，她马上答道：“我知道了，玻璃是透明的，而勺子和叉子是不透明的。”

游戏结束之后，我会让维尼芙雷特记住刚才说过的形容词：光滑的、冰凉的、透明的、不透明的。

总之，我就是用这一类方法来培养女儿的感受能力，同时还教会她一些形容词。女儿上学之后，能写出非常漂亮的文章，并且善于使用修辞。我一直认为，这与在她小时候受到的这种有趣的训练是分不开的。

当然，在这种游戏和训练之中，还会发生许多特别有趣的事，而这些事往往让我们母女俩终生难忘。后来，女儿在她的日记中曾经有过这样的回忆：

今天，我的作文得了第一名，这真令我兴奋。我想，我能够取得现在的成绩，要完全归功于我亲爱的妈妈。我还记得，自己 3 岁的时候，有一次妈妈和我玩“蒙眼睛”的游戏。妈妈把我的眼睛蒙上之后，把我带到了厨房，并把我的手放进一盆水里。

妈妈问我：“维尼芙雷特，你摸到了什么？”

我当然知道那是什么，便立即回答道：“这是水。”

妈妈又问：“那么，你有什么感觉？”

我回答说：“冰凉的，而且很湿……”

妈妈问我：“还有什么是冰凉的，什么是很湿的？”

我想了想，回答说：“冰淇淋是冰凉的，也是很湿的；还有铁，也是冰凉的，但它不湿。”

妈妈接着问：“那么，和冰凉相反的有什么呢？”

我回答说：“牛奶。”

妈妈问：“那么，牛奶给你什么感觉呢？”

那时候，我还不知道牛奶有冷热之分，由于每次喝的都是热牛奶，所以在我的印象中它是热的。但是，我不知道应该怎样去表达那种感觉。我想了很久，还是不知道如何回答妈妈的问题。这时候，我感到妈妈用毛巾把我的手擦干，并把我的手放进了她的衣服里。顿时，我感到了妈妈身体的温暖。

“哦，我知道了，是热的，温暖的！”我兴奋地喊了起来。就在那一刻，我不仅明白了冷和热的概念，并且还学会了使用温暖这个词，我更明白了我的妈妈有多么好。妈妈是那么爱我、关心我，在我的心目中，妈妈是最体贴我的人，因为是她让我感受到了温暖的力量。

今天，老师夸奖我说，我的作文里有一个句子特别美，那就是：母亲用体温培育了像小鸡那样刚刚破壳的孩子们。老师认为，我有写作的天赋，虽然这让我感到很高兴，但是老师不知道，我所谓的天赋都来自于从小妈妈对我潜移默化和循循善诱的引导。

我从心底里感谢我的妈妈。

第四章

过人的语言天赋，须从小培养

在我的周围，经常可以听到有些可爱的孩子说出错误的语言，比如，他们会把猫叫“喵喵”，把狗叫“汪汪”。显而易见，这些话都是他们长大之后完全用不上的语言，他们幼年时期的宝贵生命被这种错误语言包围着，成年后浪费掉大量时间和精力来学习标准的语言。与其这样，倒不如从一开始就学一套正确的语言体系，让以后的他们能学到更多更好的东西。

语言是提高智力的垫脚石

作为一个母亲，当听到女儿说出第一句话时，我的内心是多么的高兴啊。尽管她的发音还是那样含糊不清，但就是在这一刻，我感受到了母亲教育孩子的神圣使命，我觉得自己有责任从现在开始，不失时机地发掘女儿的语言能力。因为我知道，语言能力是开发孩子头脑最有力的手段，是提高孩子智力必不可少的垫脚石。

一般来说，大多数父母都会关注孩子的身体健康，但却往往忽视对他们智力的开发，这种做法是极其错误的。在我看来，很多父母仅仅是让孩子顺其自然，而不是有意识地鼓励孩子说话，这显然是一种无知的表现，可以说对孩子也是极不负责任的。对于这样的父母，我为他们，以及他们的孩子感到遗憾。

我认为，如果不尽早地开展对孩子的语言教育，孩子的头脑就得不到很好的发展。大量事实证明，如果能在孩子 6 岁之前及时教其准确的语言，那么这个孩子的发展就一定会很快，而且其速度是其他孩子无论如何也赶不上的。然而，一旦错过了这个黄金时期，那么孩子的这一功能就会退化，至少会学起来非常困难，甚至有的时候还会反应迟钝。

当我对维尼芙雷特进行语言教育时，是将听和说的能力同步培养的。在我看来，听与说就是孩子学习语言的双翼，只有同时扇动才能展翅高飞，忽视了任何一方都是不可以的。所以，我竭尽所能为女儿提供听的环境和说话的机会。

在维尼芙雷特小的时候，听话的主要对象就是我和她的父亲，我想大部分孩子也都是这样的吧。在女儿很小的时候，我和丈夫都会有意识地同她交谈，让她倾听我们的声音。而且，从一开始说话，我们就对女儿使用准确的语言。我的发音清楚、缓慢，并且不断地重复和再现，因为我知道，女儿这个时候的反应速度不如大人那么快，只有耐心地慢慢和她说，才能够有利于帮助她理解。

每当女儿听到我说话，就会有一些反应，或者微笑、眨眼睛，或者摇手、蹬腿，这时我就会马上给予她鼓励，以增强她对语言的兴趣。当女儿能够开口说话的时候，我就会想尽一切办法保持女儿说话的热情。后来，当她能够说出双音词、短语时，我就给她说一些简短的句子，让她慢慢地理解和体会。

我总是在想，当孩子开口叫出“爸爸”“妈妈”的时候，这是一个多么巨大的进步啊。从此以后，孩子就可以用自己的语言与父母进行交流了。因此，父母应该在这个时候全力鼓励孩子说话，为他们制造说话的环境和条件。我认为，如果把握好孩子的听和说两个方面，就抓住了教孩子说话的关键，孩子因此就会变得越来越聪明，从而向更高更远的目标迈进。反之，如果错过了孩子说话的时机，可能会造成孩子一生智力的障碍，这绝对不是危言耸听。

在维尼芙雷特幼年时，有一个叫克拉夫特的玩伴。他是邻居的孩子，比维尼芙雷特还大 1 岁，但两个孩子相比起来，简直有天壤之别。

事实上，当维尼芙雷特已经能够运用世界语写剧本的时候，克拉夫特甚至还不能写出一个完整的句子来。我的维尼芙雷特伶牙俐齿，而克拉夫特说起话却面红耳赤、吞吞吐吐。不仅如此，与维尼芙雷特比起来，克拉夫特在其他方面也显得有些反应迟钝。

在我的印象中，克拉夫特是个很自卑而且非常内向的孩子。记得有一次，年仅 3 岁的维尼芙雷特拿着她刚刚写好的诗歌朗诵给小伙伴们听，虽然那些孩子看上去也不怎么懂，但仍然不停地拍手喝彩，而只有克拉夫特毫无反应。当维尼芙雷特问他，是否不喜欢自己写的诗歌的时候，克拉夫特羞愧地低下了头。因为他根本听不懂一句，更谈不上喜欢不喜欢了。看见克拉夫特羞涩的神情，我真的替他感到难过，于是便去找到他的母亲询问克拉夫特的情况。

经过询问我才知道，原来克拉夫特的父母工作都非常忙，在孩子小时候根本没有空暇时间来陪他玩。可以说，他的幼儿时期简直就是在孤独中度过的。我问克拉夫特的母亲，为什么不尽早地给他实行早期教育？他母亲则说，一方面是因为没有时间，另外其实也不知道应该怎样去教育他。更加让我感到失望的是，克拉夫特的父母根本就没有意识到早期教育的重要性，甚至认为如果让孩子过早地学习，可能会影响他大脑的发育。当听到这种话的时候，我简直痛心极了，正是由于父母错误的认识，才最终导致了克拉夫特没有能够健康地成长。

我决定尽我所能改变克拉夫特父母的观念，让孩子能够尽早地接受教育。于是，我便问克拉夫特的母亲，现在克拉夫特能够认识多少字，他母亲的回答让我感到吃惊：“现在嘛，他还几乎不识字，我想等他上学后再去学习也不迟。”

当时，维尼芙雷特只有 3 岁，已经能够写诗歌和散文，而 4 岁的克拉夫特居然一字不识，这真是让我无法接受。

后来，我还特意问过克拉夫特：“克拉夫特，你想识字吗？”

“当然……只是……恐怕……”克拉夫特小心地和我说话，很长时间也没有将自己的意思清楚地表达出来。

当时，我看看在一旁玩耍的活泼可爱的维尼芙雷特，再看看木讷地站在那儿出神的克拉夫特，心里说不出有多难受。同样的孩子，为什么一个聪明伶俐，一个迟钝蠢笨呢？这就是不同的教育所产生的不同结果啊。当然，克拉夫特根本就谈不上受到过教育。其他的都不用说，克拉夫特的父母没有意识到早期教育的重要性，也没有意识到教会孩子语言是开发孩子头脑的手段，所以才让孩子的天赋在不知不觉中消失了。

我记得，当时克拉夫特的母亲站在我身后，看着活泼的维尼芙雷特，充满羡慕地说：“你的女儿是一个多么聪明的孩子啊，比我的儿子还小一岁，居然懂那么多的东西……我真羡慕你有这样的女儿……唉……”

这时，我不失时机地对她说：“那么，你就赶快对克拉夫特进行教育呀！”

她说：“现在恐怕不行了，早期教育就算果真如你说得那样好，而现在也已经太晚了。你要知道，我的克拉夫特比维尼芙雷特还要大呢！”

我注视着她，认真地说：“不晚，你的孩子才 4 岁，正是进行早期教育的时候，不要放弃。我想，只要你肯努力，一定会有好的成绩。再说，我还可以帮助你呢！”

于是，我便把教育女儿的方法毫无保留地教给了克拉夫特的母亲，并且建议她从培养孩子的语言能力开始对他进行早期教育。没过多久，在克拉夫特的身上就发生了巨大的变化，他在仅仅一年的时间中，不仅学会了读书和写字，并且性格也变得开朗起来，比起以前的木讷，简直判若两人。

最终，克拉夫特变成了一个聪明的孩子，并与维尼芙雷特成了最要好的朋友。在他们六七岁时，我经常看到他们在一起读书、学习，并且时常在一起讨论诗歌和音乐的话题。

教孩子完整的语言会事半功倍

我在前面曾经提到过，在维尼芙雷特还很小的时候，我就一直坚持用大人的口吻和她说话。最关键的是，从那时起我便注意用完整的语言和她进行交流。尽管我心里非常清楚，在当时她还不能完全理解我所说的话，但是，这又有什么关系呢？重要的是我要培养她将来用完整语言说话的习惯。

我是那么爱我的女儿，当她还在摇篮的时候，我就一直细心地观察着她。我发现，维尼芙雷特从小就对人的声音和物品发出的响声有着天生的敏感性。我想，也许别的孩子也是这样吧。据我所知，有些父母也认识到了这一点，并且他们也因此制订了一些教育规划。但让我感到遗憾的是，他们中的很多人却忽略了一个关键性的问题，即没有意识到应该用完整的语言和孩子进行交流。

我认为，即使孩子还非常小，如果你不用完整的语言去与他们交谈，那么你的语言教育一定是收效甚微的。因为，如果孩子在早期学到的不是完整的语言，那么对孩子们来说，就意味着他们必须要学会两套词汇，这无疑是对时间和精力的极大浪费。当孩子们长大后为自己不正确的发音苦恼时，父母们将会发现自己曾经的教育失误带来的不良影响。这种效率极低的教育方式，我认为是极不可取的。

根据我的观察，现在很多受过良好教育的人因为自己发音不准，语法不对而伤脑筋。我有一位好朋友，是我的大学同学，也是一位心理学博士，他就常常被这种发音不正确的麻烦所困扰。由于他本人就是做心理研究的，所以非常清楚自己的问题所在。有一次，在我们的巧遇中，大家探讨着儿童教育的问题，他向我分析了自己发音不准的原因，并一再劝我不要用错误的方法来教孩子说话。

他对我说:“当我还在很小的时候，我的母亲就开始同我说话了。也许，她以为我听不懂完整的语言，所以一开始就没有教我正规的英语。每当她想要我注意某样东西的时候，不是说:‘你看这个东西。’而是模模糊糊地对我说:‘瞧，瞧瞧，球球……’其实，她是想叫我看那个玩具皮球，但她并没有明确地教会我这个词。于是等我再长大一点之后，我还是一直把球称作‘球球’，因为这样，还在小伙伴面前出了洋相。在我小时候，不知接受了多少这样的词，比如，‘果果’‘圈圈’‘碗碗’，诸如此类。后来，我不得不花大量的时间和精力去纠正它们。你现在看到，我学语言的速度有多慢，大概就是把时间都花在纠正错误的语言上了，所以到现在为止，我还不能完全掌握两种以上的外国语。”

“于是，我对这个问题进行了仔细的分析，由此得出，母亲的教育方式不恰当，使我在不知不觉中耗费了大量精力，学会了一套毫无用处的语言，也就是那些半截子话，把苹果称作‘果果’，把汽车称作‘车车’。虽然，这对小孩来说非常形象，也比较容易记住，但那毕竟是错误的语言表达方式，对现在的我来说一点用都没有。你以前经常嘲笑我发音很古怪，这都是儿时那些不正确的语言教育方式所导致的啊。”

我觉得，我这位老朋友讲得的确很精辟，那些不完整的语言，就仿佛病毒一样占据着孩子的大脑空间。从表面上看，这种语言貌似暂时有利于年幼的孩子理解周围的事物，但实际上它却是在破坏孩子的语言感觉，这对他们未来的语言学习会造成巨大的障碍。因此，自从我女儿出生起，我就尽量用标准的英语和她对话，从来不用那些半截子话来损害她的语言感觉。

总之，我认为没有任何理由去教孩子不完整的话。事实上，根据我的经验，教一岁的婴儿拼音是一件非常容易的事，因为幼儿接受知识的能力非常强，他们一旦接受了，就会记得特别牢。当然，如果你教给孩子的是不完整的话，那么孩子也会把这些不完整的语言记录到自己的大脑中，伴随着孩子的成长，等到你想用标准的语言来纠正他的发音，就会变成一件非常困难的事了。因此，作为父母，就应该从小就向孩子传授正确而有用的知识，同时应避免使用错误的知识给他们以后的学习造成难以克服的障碍。

其实，有很多父母就像我那位朋友的母亲一样，仍然在用一套不完整的话教着孩子。这种现象不仅仅存在于英语语种当中，其他任何一种语言环境下，父母都会建立一种与成人世界不同的语言系统来教育孩子，似乎孩子就应当有孩子的语言。事实上，这让我感到非常难以理解，难道孩子们一开始就被灌输正确的语言知识不好吗？何必非要费尽心思建立一套错误的教育系统，让孩子们将来花费大量时间和精力来纠正这些错误呢？

现在，在我的周围，还是经常可以听到有些可爱的孩子说出错误的语言，比如，他们会把猫叫“喵喵”，把狗叫“汪汪”。显而易见，这些话都是他们长大之后完全用不上的语言，他们幼年时期的宝贵时间被这种错误语言包围着，成年后浪费掉大量时间和精力来学习标准的语言。与其这样，倒不如从一开始就学一套正确的语言体系，让以后的他们能学到更多更好的东西。

我认为，我们应该对孩子采用高效率的语言教育——即从一开始就灌输完整的语言体系。在维尼芙雷特还很小的时候起，我就一直教她规范的英语，所以她完全掌握英语只用了很短的时间，并且在没有浪费任何精力的情况下轻松掌握了世界语。我想，维尼芙雷特并没有什么过人的天赋，她只是用人家纠正半截子语言的精力又多学了另一种完整的语言。

虽然我自己很明白一开始便教孩子完整语言的重要性，但我周围的人，无论是有过教子经验的还是没有教子经验的，大部分都固守着那种对儿童要用所谓的“儿童语言”这种传统观念。因此，我很担心自己的女儿会受到这种环境的影响，因此每当有人试图用这种语言和维尼芙雷特说话时，我总是很委婉地向对方表示：你可以和她说完整的语言，我相信她能听得懂。不过，伴随着维尼芙雷特的成长，我发现我确实没有必要这样紧张，因为一个母亲对孩子的影响力往往比其他任何人都要重要得多。

我记得，在维尼芙雷特刚刚 1 岁多的时候，她的一位小伙伴曾经对她说："看，维尼芙雷特，天上有一群飞飞。"没想到她却立即纠正说："不，那可不是什么飞飞哦，那是一群可爱的小鸟。"说完，她还把这个句子用法语完整地复述了一遍。听到女儿这样完整的发音，作为一个母亲，还有什么比这个更值得骄傲的呢？因此，我想再次提醒各位年轻的妈妈，一定要用完整的语言和孩子交流，不要担心他们听不懂，他们慢慢会听懂的。

充分发挥实物的魔法

我一直坚信，孩子在婴儿时期的语言教育决定着他一生的语言发展。因此，我从一开始对维尼芙雷特说话就特别注意使用标准的发音、精选的语法和词句。虽然在小时候，女儿可能还无法完全理解某些词汇的意义，但我还是坚持这样做，并且很耐心地帮助她去理解那些难懂的词和句子。

现在想起来，真是多亏我采用了这样的教育方法。因为在女儿稍大一些之后，就表现出了惊人的语言能力。很多人曾经问我，这是不是由于维尼芙雷特的天赋，并且还询问我或者我丈夫的家族当中是不是曾经有过很著名的语言大师。对于这样的问题，我总是报之一笑，同时告诉他们说，其实维尼芙雷特并没有什么过人的语言天赋，只不过是在婴儿时期受到了正确的语言训练罢了。结果，这样一来，就有很多人不时来向我请教教育女儿的方法了。

事实上，我的教育方法非常简单，就是让维尼芙雷特时刻保持对周围事物的好奇心，并从中学习必要的知识。我认为，学习是孩子的一种天性，孩子从出生那一刻起，就已经开始自觉地学习和探索了。并且，不仅仅是我们人类，就连动物也都是如此，否则这个物种就可能要面临灭绝了，更不要谈什么进化。

作为一个母亲，在教育孩子的过程中我发现，其实孩子的好奇心和求知欲非常强烈，只要父母善于利用和引导，那么无论什么知识他们都能学得很轻松。记得维尼芙雷特还不会说话的时候，我就开始抱着她在屋子里到处走动，我一边让她看屋里的摆设，并一边缓慢而清晰地说出这些物品的名称。我经常指着某件东西对她说："椅子、桌子、苹果、窗、床……"可能有的人会说，那时候孩子听觉和表达能力都还没有健全，这样无非是在做一些无用功。然而我却认为，虽然那时维尼芙雷特或许还不能说出来，甚至听不大懂，但这些词汇必定在她的脑海里留下了深深的痕迹，而这些痕迹就是帮她开启智慧的钥匙。另外，由于我当时说的全部都是标准语言，等女儿能开口说话时，脑海中的记忆就立刻被唤起，因此她很自然地就能说一口标准语言。

我发现，孩子们其实都非常喜欢说话，他们从小就常常独自把学到的单词反复地说着玩，维尼芙雷特也不例外。自从她开口说话以后，我经常会发现她独自一人坐在地毯上嘟囔，把自己刚刚学会的词句翻来覆去地念。比如，有时候，她一边玩玩具，一边说个不停，"桌上的苹果，宝宝要吃苹果"，等等。从那时起，我就有意识地利用孩子普遍存在的这种念单词的爱好，把我认为女儿能理解又有趣的故事，用精选的词句组成小短文，让女儿记住。由于那些故事都非常有趣，维尼芙雷特不仅能够很快记住，而且总是饶有兴趣地复述着。在她大致掌握了英语之后，我就把这些短文译成各国外语让她记。我发现，这种做法非常受维尼芙雷特的欢迎，因为同一个故事居然能用不同的语言来表达，这让她感到好奇，于是就尽力去记住它们。由于维尼芙雷特很感兴趣，而且觉得好玩，所以很自然地就把另外的语言也记住了。这是我在教女儿语言时候的一个小窍门，拿到这里来与大家分享，希望能给年轻的父母们带来一些帮助。

另外，根据我个人的经验，以及我所接触到的一些材料来看，语言的教育是有一定的阶段性的。一般来说，在人的一生中 1 ~ 5 岁可能是语言能力最强的时期。所以，我还要奉劝那些年轻的父母，教孩子语言一定要趁早，不要错过孩子学习语言的最佳阶段。

我认为，在教孩子语言的过程中，语法其实并不是那么重要。因为在实际应用的时候，用到语法的机会比较少，尤其是对孩子来说，更是没有太大必要。因此，在维尼芙雷特 8 岁之前，我从来没有教过她语法。我觉得，通过听和说来教孩子语言，远比教她枯燥的语法更有效。比如，我在教她主语和宾语时，并不是向她讲解句子的结构，而是通过直接对话来达到目的。

记得有一次，她说了一句有语法错误的话。

“Give I an apple（给我一个苹果）。”她想表达自己的愿望，却用错了词。

我告诉她：“不是 give I，而应该说 give me.”

她说：“I want you give I an apple. ”

我知道女儿没有搞清“I”和“me”之间的区别，但如果给她讲语法，只会使她更加糊涂。

于是，我就边说边做手势，不停地让她理解。经过多次讲解和举例，最后她终于知道了“I”和“me”的用法。

于是，当她说出“Give me an apple”的时候，我特别奖给她一个大大的红苹果。

总之，对于孩子的语言教育，还是越直接、越简单越好。复杂化不是一种好方法，因为他们的理解能力还没有达到那个程度，这样只能让他们背上沉重的负担，从而产生对语言学习的厌恶情绪。我认为，最好的方法就是利用实物来不断重复，加深孩子的印象，把正确的表达方式像刀痕一样，深深地刻在孩子的脑海当中，让他们能够一生铭记。

循序渐进，让孩子登上外语的天梯

我认为，无论学习什么都必须要循序渐进，不能急于求成，学语言也不例外。在女儿的语言教育方面，我的想法是让她尽早学好一门主要的外国语。

尽管有些语言学家认为，孩子完全有能力同时学会两三门语言，但根据我的经验，这样很容易使孩子感到学习的负担和压力，而一旦孩子对学语言失去了兴趣，就连一门语言也学不好。因此，在维尼芙雷特没有很好地掌握英语之前，我坚持不教她任何一种外语。

在维尼芙雷特已经完全能流利地说英语之后，我便开始教她西班牙语。我觉得，要想教孩子外语，在外语的选择上同样需要讲究，而我之所以选择西班牙语作为女儿学习的第一门外语，主要是因为西班牙语相对于别的语言来说是最简单的，女儿肯定能够轻松地掌握。

在教维尼芙雷特西班牙语的时候，我还是采用教她英语的方法，先从训练听力开始，一步一步发展到说话能力。在维尼芙雷特掌握了西班牙语之后，我又教了她法语、德语和拉丁语等。我逐渐发现，她在语言的学习上越来越轻松，这可能是由于语言之中有一些共通的东西，只要能够触类旁通、举一反三，就能很容易在原有的基础上再搭建一层。经过不懈地努力，维尼芙雷特 5 岁的时候就表现出了惊人的外语才能。这时，她已经能够用 8 个国家的语言表达自己的想法了。

我深切地感觉到，如果我再继续教她，她也许能学会 10 个，甚至 20 个国家的语言。

在维尼芙雷特学会几种外国语之后，我便把她学语言的重点放在了世界语上。在教女儿世界语的时候，我觉得有些后悔了，因为世界语是一种特别简单的语言，据说托尔斯泰只学了一个小时就能写信了。所以，假如我再培养孩子的话，我会首先教她英语，然后就只教她世界语，而不再教其他的语言。

我认为，任何一个孩子在摇篮时期都能够学会世界语。经过我的教育，维尼芙雷特 4 岁时不仅能用世界语读写，甚至能熟练地用世界语说话了。为了发展女儿在其他方面的语言能力，我决定让她尝试用世界语写一些作品。

没过多久，在尤利雅·比阿巴娜女士的帮助下，维尼芙雷特写的一个剧本在一个慈善会上演，并且获得了强烈的反响和广泛的好评。据我所知，这可能是在美国上演的第一部世界语剧。

维尼芙雷特从 5 岁开始，便俨然成了一个小老师，她很热心地教其他孩子世界语。她的教法不仅借鉴了我教她时所发明的各种游戏，而且为了达到教学目的，她还自创了各种新的语言游戏。这不仅锻炼了她的表达能力，而且增强了她的创新意识。

维尼芙雷特 5 岁的时候，我曾在在纽约的肖特卡居住过一段时间，为了宣传世界语的优越性，我经常到外边演讲。每次维尼芙雷特都会与我同行，并且积极地配合我的工作。她向听众背诵用世界语写的各种诗歌，或者给大家讲故事。

这样一来，越来越多的听众开始了解世界语有多么简单易学，并且开始接受世界语。可以这样说，在美国，维尼芙雷特所赢得的世界语支持者是最多的。

当时，美国召开了一个全美世界语大会。在大会上，小小的维尼芙雷特站在桌子上朗读了普林斯顿大学马库罗斯基教授写的诗歌，结果赢得了观众的满堂彩。

随后，5 岁的维尼芙雷特和年过七旬、满头白发的马库罗斯基教授又用世界语做了对话表演。如此生动的场面感动了许多人，在他们的感召之下，与会者当中出现了许多世界语的支持者。除此之外，维尼芙雷特还用普赖厄的世界语读本为听众做了世界语朗读表演。这一切，维尼芙雷特做得是如此出色，我真的为自己的女儿感到自豪。

由于女儿的出色表现，越来越多的人开始向我咨询一些教育孩子的方法，但与此同时，我的教育方法也曾经遭受到一些质疑。不过，这些质疑都在我的耐心解释之下释然了。比如，有一次维尼芙雷特在斯宾塞夫人家的走廊上，为加拿大诺茨库斯大学的某位教授讲解《世界语入门》。

休息的时候，一位保守的大学教授对我说："请原谅，夫人，我觉得您这样做实在不对啊！小维尼芙雷特这样痴迷，我真担心会影响她的寿命啊！"

于是，我忍不住问他："我的女儿看上去身体虚弱吗？"

他回答说："不，外表很难说明问题，但是，一个小孩这样用脑确实是会影响她的寿命的。"

我笑着说："是这样吗？"

为了打消这位好心人的顾虑，我决定让要他见识见识维尼芙雷特的保健秘方。

恰好，就在我们谈话的时候，维尼芙雷特出去运动了。她在外面又跑又跳，显得非常活跃。于是，我对那位好心的教授打趣说："您瞧，我的女儿正在吃药，感谢您对她的关心。其实，对她来说，运动就是最好的药。"

为了向这位教授证明维尼芙雷特的健康，我特地找来一个比女儿大两岁的男孩和她一起玩球。我和教授站在树下，一边休息一边看，当他看到小维尼芙雷特无论是投球、跑动还是跳跃都不亚于那个男孩时，才算真正心悦诚服了。后来，据说这位教授不仅改变自己过去那种"用脑伤寿"的理念，甚至还到处向别人推荐我的教育方法，他认为我的教育方法不仅具有独创性，而且还非常科学，对儿童的成长发育也非常有帮助。

在教育女儿学习知识这方面，我的经验就是：兴趣是最大的动力，无论教她什么，一切都是以兴趣为前提的。尤其是在学习语言方面，我总是在她充满兴趣的时候让她有效地完成学习计划。我认为，只要采取循序渐进的方式，孩子学习起来就不会感到吃力。相反，她会感到很有趣。寓教于乐，劳逸结合，在欢声笑语中学习外语，孩子怎么可能会对学习感到苦恼呢？

其实，我的教育方法是非常简单的，任何一个母亲都可以拿来用。当然，就如同我在前面所讲的，在用这个方法的时候还要注意孩子自身的发育特点，不能生搬硬套。

女儿用各种语言与外国孩子通信

在肖特卡的工作告一段落之后，维尼芙雷特就跟我一起回到了万兹维尔。没过多久，她突然提出了一个让我感到非常高兴的建议，她决定给国外那些懂得世界语的孩子们写信。不过建议虽好，但要到什么地方找到那些外国孩子的通信地址呢？没想到，这个问题很快就被维尼芙雷特自己解决掉了。她拿出一份世界语年报给我看，上面就有许多孩子的名字和地址。维尼芙雷特从小就是个机灵鬼，总能想出一些巧妙的办法来，难道不是吗？如果是我，无论如何也想不到这样去做。

几封信发出去之后，就开始了漫长的等待。刚开始的时候，小维尼芙雷特还有些着急，总是问我："为什么还没有人给我回信呢？他们不愿意和我做朋友，是吗？"于是，我便向她解释，信件的传递是需要一定时间的，并且还顺便告诉了她信件发送的流程。知道这些之后，小维尼芙雷特便释然了，她又写了几封信。她说，这样一来便可以在不同的时间收到回信了。这可真是个好主意，我再次为女儿的聪明感到自豪。

果然，功夫不负有心人。在经历过一段时间的等待之后，小维尼芙雷特收到了来自国外的回信。第一封回信是来自俄国的。收到信的当天，女儿真是高兴极了，她为我朗读了信中的内容。那位俄国孩子在信中描述了俄国的地貌、风光和民俗，还在信中给女儿讲了几个有趣的俄罗斯历史故事。从此，女儿就对俄国产生了浓厚的兴趣，读了许多关于俄国的书。

随后，维尼芙雷特又相继和日本、印度、法国的孩子们通上了信。她对这些遥远的国度很有兴趣，并且开始很热心地研究它们的地理状况和风俗习惯。我见到女儿如此充满热情，心里感到十分欣慰。我知道，要使孩子对地理产生兴趣，让她和外国孩子通信的确是个不错的办法，所以我对她的通信行为一直很支持。而且，通过这种方式，可以增进她与各国朋友之间的相互了解。

不久之后，维尼芙雷特不仅用世界语和外国的孩子们通信，甚至还用其他的外国语给他们写信。比如，她在给法国的孩子写信时候就用法语，在给日本的孩子写信的时候则用日语……这样一来，不仅让维尼芙雷特的外语水平有了突飞猛进的提高，同时也不失为一种良好的交流方法。

有一次，一位日本的小女孩给维尼芙雷特写了一封信。这位女孩在信中表达了对维尼芙雷特的敬意，因为她早就听说了维尼芙雷特取得的成就，并且在信中向维尼芙雷特请教学习外语的方法。维尼芙雷特立即给她回了信，详细地介绍了自己学习外语的经验和我的教育方法。并且，这封信是用日语写的。

在第二封信中，日本女孩表现出极大的诧异，她说她没有想到维尼芙雷特的日语会是那样标准。她在信中告诉维尼芙雷特："我曾经为自己懂得世界语而感到骄傲，但是看了你的信，顿时感到自愧不如，因为我知道，对于你们来说，日语确实是非常难学的，但你却学得那么好，真让我感到敬佩。"

另外，还有一位法国孩子来信说："维尼芙雷特，你简直是一个天才！本来，我想用英语给你写信的，但是看了你的来信，我打消了这个念头，因为你的法语简直太棒了，和法国人写的几乎没有什么差别，而我的英语水平与你的法语水平相比，实在是相形见绌。这封信我之所以仍然用法语给你写，实在是因为羞于让你看到我那蹩脚的英语。不过，你给了我学好外国语的信心，今后我一定要努力学好英语。我相信，总有一天我会用漂亮的英语和你对话的，请你相信我。另外，我还真诚地希望你能到巴黎来，法国是个浪漫的国度，走在街头，仿佛置身画中。这里有快乐的人民，还有很美的艺术品。如果你能来到法国，我一定带你去看一看罗浮宫和埃菲尔铁塔，我想你肯定会非常高兴的。到那时候，我一定要用英语和你对话。”

通过与外国小朋友通信，维尼芙雷特不仅大大提高了自己的外语水平，同时还认识了许多远方的朋友。另外，这样的通信也使她的视野更加开阔，知识也更丰富了。记得有一次，维尼芙雷特曾经对我说：“妈妈，我觉得自己真是特别特别的幸福，因为我又认识了那么多的好朋友。由于语言为我们搭起了桥梁，所以虽然他们远在天边，但我却感觉近在咫尺。不过，亲爱的妈妈，这都是你的功劳。”

听到女儿说出这样的话语，有哪一个母亲能不为之感动呢？我真诚地希望天底下所有的孩子都能够像我的维尼芙雷特一样出色，让天底下所有的母亲都能够体会到我所感受到的那种幸福与喜悦。

第五章

让伟大的游戏散发魅力

当人们看到维尼芙雷特在那么小的时候就能写书时，总会流露出困惑不解的表情，他们为我女儿的写作能力感到吃惊。但是在我看来，这并没有什么特别奇怪的地方，因为这都是我对女儿实行早期教育的结果。而且，由于这种良好的教育是在游戏之中进行的，既让女儿学到了知识，让她的潜力得到了广泛开发，同时，也并没有对她造成任何方面的负担。

在玩耍中学习字母和词汇

我认为，对孩子大脑的训练应该尽早开始，并且这种训练必须用游戏的方法进行。事实上，这种利用游戏来培训后代的方法不仅适用于人类，即使动物们也广泛采用。在生活中，我经常看到一些可爱的小动物们在尽情地游戏，我想，这正是它们不断成长，不断积累本领的过程。

有一次，我看到邻居家的一只小猫在院子里不停地跳跃，一会儿在地上打滚，一会儿又去咬自己的尾巴，有时候甚至连一块小石子它都会兴致勃勃地玩耍一会儿。当时，我深受启发，觉得那只小猫真的不光是在玩耍，更重要的是它还在锻炼自己将来捕捉老鼠的能力。于是我就想，既然连动物都知道在游戏之中锻炼自己，更何况我们人类呢？那么，对于我的小维尼芙雷特，我应当做些什么呢？

那天，我想了很多，从各种各样的动物的游戏，再想到我小时候经常玩的游戏，想到现在的孩子们经常玩的游戏。我突然感觉到，游戏简直就是这个世界上最完美的教科书，它不仅可以让孩子们拥有快乐的生活，更重要的是，它还能够为他们在长大之前储备必要的生存技能。因此，为了发展女儿将来能用得着的能力，我必须尽早利用这种绝妙的办法。可以这样说，我对维尼芙雷特的早期教育，几乎全都是采取游戏的方式进行的。

在维尼芙雷特的成长过程中，我采用了很多种游戏的方法来对她进行训练，这些方法有些是我自己想出来的，有些是从其他母亲那里借鉴来的，还有一些是从书本上精挑细选的。这些方法，我会在后面结合维尼芙雷特的成长经历一一介绍。这里，我首先给大家讲一讲，我是怎样让女儿在游戏中学习字母和词汇的。

记得还在维尼芙雷特不到一岁的时候，我就在她的房间的四面墙上贴上干净的白纸，然后再用醒目的红纸剪出文字和数字贴在上面，以便女儿随时都能看见它们。这样一来，维尼芙雷特虽然可能并不知道这些东西都分别代表什么意思，但这些文字和数字从小就会在她的脑海中留下较深的印象。

在白纸的某一块地方，我整齐而有秩序地贴上最简单的词，如：bat、cat、hat、mat、pat、rat、bog、dog、hog、log（蝙蝠、猫、帽子、席子、拍打、老鼠、沼泽、狗、肥猪、圆木）。我之所以会选择这些名词，就是因为它们是孩子在开始认字时最容易产生兴趣的词汇，同时也是孩子最容易弄懂的词汇。

在另一面墙的白纸上，我还将 1 ～ 100 的数字分成 10 行，并排贴在上面。有时候，我会在女儿面前，用手指着这些数字轻声地读给她听。除此之外，我还在别的地方画上乐谱图，由于婴儿的听觉比视觉发达，我决定对女儿从听觉入手教她ABC，有时我让女儿的保姆唱歌，当我指出ABC字母时，保姆就像唱歌似的唱给女儿听。当然，由于维尼芙雷特当时只是6个月大的婴儿，起初听来也只不过是耳旁风。但是，天天听、天天看是非常有效果的，没过多久，维尼芙雷特就学会ABC了。

当然，这种学习都是我和女儿用游戏的方式做的，而且是适度地、循序渐进地进行，玩一会儿就让她休息一会儿，而不是强迫她必须练够多长时间，只要她表现出不适的情绪，这种游戏就会马上中断。不过，我很高兴地发现，小维尼芙雷特对这种游戏很感兴趣，她总是满怀好奇地看着我为她“表演”。事实上，这种方法确实很有效果，维尼芙雷特在还不到1岁半的时候，就已经会自己看书了，从这以后我对她的教育就像顺水推舟一样的顺利，因为从那时开始，维尼芙雷特就非常喜欢阅读了。

女儿喜欢读书，这是一件令我极为高兴的事。当然，在维尼芙雷特的幼年时期，我非常注意培养她养成有针对性的读书习惯。因为我认为，无论是读书还是工作，如果毫无目的地进行，那么不仅没有什么收获，反而还会有害精神，甚至损伤身体。因此，有目标的阅读对于孩子来说是极其重要的。

维尼芙雷特在很小的时候就写了《和仙女作圣诞节旅行》一书，在她写作时，看了30多种参考书，并且仔细地研究了各国圣诞节的风俗。而在她写《跟兔子作复活节旅行》这本书时，为了弄清各国复活节的风俗习惯，在我的陪同下几乎跑遍了匹兹堡的所有图书馆。在女儿写《我在动物园里的朋友》一书时，几乎每天都去动物园，而且想尽办法去阅读各种有关动物的资料。

我周围的人，当他们看到维尼芙雷特在那么小的时候就能写书时，总会流露出困惑不解的表情，他们为我女儿的写作能力感到吃惊。但是在我看来，这并没有什么特别奇怪的地方，因为这都是我对女儿实行早期教育的结果。而且，由于这种良好的教育是在游戏之中进行的，既让女儿学到了知识，让她的潜力得到了广泛开发，同时，也并没有对她造成任何方面的负担。

我想，维尼芙雷特之所以从小就那么热爱学习，大概完全是由于她在学习中获得了快乐。从这一点来看，我有理由断定女儿一定会有一个美好而幸福的人生。

巧用音乐的魔力

在上文曾经提到，在维尼芙雷特还非常小的时候，我就用钢琴的声音训练她的听力，以此来开发她的大脑功能。事实上，在女儿的幼年生活中，很大一部分时间都由钢琴陪伴她度过的。

当维尼芙雷特学会了字母后，没过多久我就开始教她阅读乐谱。我知道，很多望子成龙的家长都希望孩子懂一点音乐，因为他们懂得这对孩子未来的成长是有帮助的。关于这一点，我举双手赞成。然而，我并不赞成那些父母教孩子音乐所采用的方法，他们总喜欢请来一位音乐老师，强迫孩子坐在钢琴前面，每天练够一定的时间，否则就要受到相应的处罚，或者向孩子说一些“不是听话的孩子”“为了你付出这么多，你自己反而这样不上进”之类的话，结果弄得孩子苦不堪言，不要说喜欢音乐、享受音乐的乐趣，简直可以说对音乐已经到了深恶痛绝的地步，这样的学习方法怎么能学好呢？事实上，我的方法正好与之相反，我总是有办法让女儿感觉学习音乐就是一种愉快的游戏，激发她对音乐的兴趣，让她自己主动去学。

有一天，我发现女儿一个人坐在房间里闷闷不乐，似乎发生了什么不高兴的事，于是，我就走进了她的房间。

“小维尼芙雷特，你在干什么呢？”我温和地问她。

然而，女儿依然一声不吭，理都不理我，仿佛没有听到我的声音。

我心里很清楚，这样小的孩子经常会有这种情况，不是莫名其妙地烦恼，就是在幻想什么伤心的事。我想，与其这个时候去追问她烦恼的原因，还不如想办法先让她高兴起来。于是，我不再问她什么，而是走到钢琴前。我敲响低音键，有意把音乐弹得低沉、凄凉。过了一会儿，我把手指移到了高音区，弹了一些节奏欢快、充满激情的乐曲，并尽力渲染这种欢快的气氛。

果然不出我所料，没过多久，维尼芙雷特就从自己的房间里走了出来，来到钢琴旁。我看见她一脸的愁容早已消失，换之以好奇和惊讶，并且还跃跃欲试，也想弹一弹钢琴。这个时候，我抓住时机站了起来，并且鼓励她来弹。

一开始，维尼芙雷特还有些茫然，不知该如何下手。在我的指导下，她先在钢琴的低音区小心翼翼地敲了几个音，接着又在高音区敲几个音，然后又回到低音区，再弹回高音区。

"真是奇怪，为什么它们会有这么大的区别呢？"女儿声音很小，像是在问我，又像是在自言自语。我知道，她的情绪正在从低落开始转移。于是，我便开始给她示范，并且耐心地讲解。

"瞧，你刚才就像这儿。"我说着敲响了最低的一个音，声音显得非常沉重。

"对啊，刚才我就是这样的，心里感到很沉闷，有一种很压抑的感觉。"女儿看着我说。

这时，我又敲响了高音键。

"你应该像这样才对呀！"我对女儿说道。

"没错，我真的就想这样，这多好听呀，就像蝴蝶在阳光下飞舞。"女儿的情绪好了起来，不停地弹着钢琴的高音区。她一边弹，一边笑，完全忘记了刚才的烦恼。

后来，我告诉维尼芙雷特，这就是音乐的魔力，它既能表现痛苦，同时也能表现快乐，我鼓励她要做一个快乐的人，要像钢琴的高音区那样，明亮、欢快。

在后来的岁月中，每当维尼芙雷特心情不好的时候，总会静静地坐在钢琴前，弹奏那些明亮欢快的音符。用她自己的话说："音乐能让我从失意的阴影中走出来，并且沉浸在美妙的感觉之中。"

不仅如此，我还用游戏的方式教女儿学习钢琴的技巧。

在我们周围，很多孩子在七八岁之后才开始学音乐，但由于没有从小受到听力方面的训练，多数人的学习效果都不理想，这常常给孩子们带来烦恼。并且，正如我在前面所提到的，很多音乐教师在教孩子音乐时，一开始往往不是教完整的曲调而只是练习技巧，这种枯燥的方式常常让孩子感到厌烦。我认为，技巧练习固然重要，但不能为此牺牲孩子对音乐的兴趣和感觉。

我的维尼芙雷特从小就喜欢摆弄钢琴，于是我就利用她的兴趣来鼓励她练习。在她很小的时候，就能够在我的指导下创作出各种曲调，并把自己创作的许多曲子记在笔记本上，和她那些幼年时代的照片放在一起，珍藏起来。女儿长大后，我常常把那些"作品"翻出来看一看，觉得非常有意思。我想，这已经成为我一生的财富。

为了唤起女儿学习音乐的热情，我发明了许多有趣的游戏。比如，我教她：乐谱的高音线 e. g. b. d. f，就是 Every good boy does finely（每个好孩子都表现得很好）的缩写；中间是 face（脸）；则低音线 g. b. d. f. a 是 Good boys do finely always（好孩子们总是做得很好），中间的 a. c. e. g 是 A cow eats grass（一头母牛在吃草）。除此之外，调的记号也用类似的方法来教。

我想我的女儿是幸运的，因为我采用了合理的方法来教育她。我有一位好朋友，为孩子请了一位小提琴教师，在一年的教学中，只知道练习枯燥的技巧，结果使这个孩子不仅没学会音乐，反而对音乐产生了极大的厌恶情绪。幸好，我没有那样做，否则维尼芙雷特可能也不会对音乐产生兴趣了。

向打字机请教拼写

当我用字母卡片的游戏教会维尼芙雷特拼音之后，我便计划着要开始教她拼写。一开始的时候，我想了很多方法，但都没有调动起女儿的积极性。其实我也知道，相对于读拼音来说，拼写要更加枯燥一些，因而也更加难一些，如果没有一个好的方法调动孩子的兴趣，是很难让她快速掌握的。一次偶然的机会，我发现了一种教孩子拼写的好工具——打字机。

由于工作的关系，我必须用到打字机。有一天，维尼芙雷特走进我的书房，刚好我正在用打字机打字，也许是打字机噼噼啪啪的声音激起了她的好奇心，她在旁边看了我一会儿，便缠着要我教她打字。听到她主动要求学习，我心里自然是非常高兴，不过当时正好有事情要忙，我就答应第二天教她。

第二天，当我从外面回来的时候，维尼芙雷特蹦蹦跳跳地跑过来递给我一张纸，脸上挂满了喜悦。我接过来一看，心里真是高兴极了，在那张纸上，女儿用打字机打出了某本儿歌书中的一页内容。尽管只是打上了字，没有对其格式进行设置，但我心里还是高兴得很，并且不失时机地对女儿进行了表扬。要知道，这是女儿生平第一次使用打字机，这些字完全是靠她自己的摸索打出来的。

也许是我的表扬起到了作用，也许是她为自己的才能而产生了一种自豪感，维尼芙雷特一直对打字有着浓厚的兴趣。因此，从那个时候开始，我便正式教她如何使用打字机打字。维尼芙雷特非常高兴，她每天都用打字机打各种各样的诗歌和故事，在她看来，打字与工作是两件毫不相干的事情，是一件非常有意思的游戏。于是，就在这种打字的游戏中，维尼芙雷特学会了拼写，那时候她还不到 3 岁。并且，等到她后来自己写诗和故事，也是用打字机来完成的。

说到维尼芙雷特的打字，还有一件让我非常感动的事。记得那是在教会她使用打字机之后不久，我的身体出了一些问题，需要在芝加哥医院动手术。而在我住院期间，维尼芙雷特便每天用打字机写信，然后从家里给我寄来。这些信虽然看上去都是孩子的语言，但它却包含了一个女儿对母亲浓浓的爱意与思念，它伴随着我度过了那段难熬的时光，那时候我无时无刻不想自己快一点恢复健康，快一点回到女儿的身边，也许正是这种信念的支配，我的手术才会做得那么成功，并且在很短的时间内恢复了健康。孩子的那些信，我至今完好无损地保存着，这是孩子送给我的最珍贵的礼物。

后来，维尼芙雷特在打字的游戏中乐此不疲，每天用打字机打德国自古至今的许多著名诗歌和文章，并且在不知不觉中记住了它们。虽然我不知道用打字的办法教拼写究竟对孩子有多大的帮助，但我认为，这种方法比直接用笔写字要有效得多，而且对孩子来说也是一件非常快乐的事。

虽然维尼芙雷特学会了用打字机打字，但我仍然要教她使用钢笔。那时候，女儿特别调皮可爱，对什么事情都充满好奇。当维尼芙雷特模仿我用钢笔写字时，我就不失时机地教她写字。我觉得，在孩子感兴趣的时候，只要父母能够耐心教，孩子学东西就会特别快。

在有了一定的打字基础之后，维尼芙雷特学写字就变得特别轻松了，基本上不会出什么错，因为打字本来也是一种书写，只不过是没有用笔罢了。我们都知道，在孩子刚开始学写字时，都显得非常笨拙、费力，而且还经常出现很多错字。一方面，这由于孩子写得比较少的缘故；另一方面，也是因为在孩子的脑海中还没有形成字的标准概念。我想，对如此幼小的孩子来说，这是再正常不过的事了。不过，维尼芙雷特一开始写字就很少出错，这都要归功于她在学写字之前，已经通过玩打字机接触了大量的文字，在她的头脑中早已留下了标准文字的印象，虽然字迹有点歪歪扭扭，但还是比别的孩子强许多。

当然，很少出错也并不意味着完全没有错，每当发现维尼芙雷特的拼写错误之后，我都会很有耐心地帮她纠正。有一天，我发现维尼芙雷特在写字时总是犯同样的错误，即把 G 写成 C，我说了好多次都没办法使她改正过来。我想，她也许还没意识到这个错误。于是，我把她带到打字机前，让她打这两个字母。我念 C，就打 C；念 G，就打 G，结果她打得完全正确。可是，当她用笔写这两个字母时，情况就完全不同了，当我念 C 时，她写对了；而当我念 G 时，她又把它写成了 C。于是，我便知道了怎么样帮她纠正。

我让维尼芙雷特把自己写的字母和打字机打的字母相比较。当两张纸放在一起时，我可爱的女儿顿时茅塞顿开。

“哦！妈妈，我知道了，G 还要带个小尾巴。”

当时，我对女儿的表现非常满意，看来平时的打字游戏没有白玩。

在维尼芙雷特两岁时，她刚学会写简短的文章，我就让她每天练习写日记。每每在雨天不能到外面玩时，她就拿出自己的日记，回忆幼年时的情景，这给了女儿极大的乐趣。长大后，女儿有一次对我说：“我将来一定要写一部自传，专门介绍你对我的教育，现在这些日记就是最好的材料。”那时候，我心里觉得无比的自豪，我想在若干年后，孩子看到这些日记忆起童年时光，将会觉得更加有趣吧，并且这些日记也将成为她的子女最感兴趣的读物。

由于女儿对书写有着浓厚的兴趣，所以她的写作水平提高得很快。在她 5 岁的时候，曾经为《圣·尼古拉斯报》写征文，并且非常荣幸地获得了该报的金质奖章和银质奖章。我想，这其中也有我们家那台打字机的功劳吧。

玩具是最好的外语教材

在我读大学的时候，发现一个奇怪的现象，就是大多数的同学都讨厌学习拉丁语。后来据我分析，这可能是由于他们没有在幼年时期打下学习拉丁语的良好基础所致。由于这个原因，我认为有必要尽早开始给孩子打下良好的拉丁语基础。事实上，在维尼芙雷特还在摇篮里的时候，我就已经开始教她拉丁语了。

我们都知道，由于拉丁语是罗曼斯语的语源，学会拉丁语，就容易学会法语、西班牙语、意大利语。因此，可以说拉丁语是研究学问必不可少的工具。我想，维尼芙雷特之所以能够在那么小的时候就可以掌握多国语言，应该完全归功于我对她自小进行的拉丁语训练。

可能很多父母都很好奇，我究竟是用什么方法来教女儿拉丁语的呢？要知道，就是很多大学生的拉丁语成绩都是很差的。其实，现在的学校里使用的是用图表看规则的办法教拉丁语，我认为这不是最好的方法，因为这种方法太死板、太机械，不容易引起学生的兴趣。我发现，对于婴儿来说，往往善于用耳听而不善于用眼睛看，所以从一开始我就利用听的办法教维尼芙雷特拉丁语。

记得在维尼芙雷特 4 岁的时候，曾经和一位正在教拉丁语的教师用拉丁语交谈，但那位教师却一点儿都听不懂。事实上，并不是因为维尼芙雷特说得不好，相反她说得极为标准。而之所以会造成这个结果，就是因为那位老师只会认字和语法，却没有良好的听力。也就是说，他完全可以将书面文章做得十全十美，但对于听说能力则几乎等于零。

事实上，在我们周围，像那位拉丁语教师一样的人非常多。他们学习外国语只注重语法，虽然很多人还可能是这方面的专家学者，但他们只能看书却不会说话。这种现象在我看来是非常可悲的，难道语言只是用来坐在教室里学习的，而不是人与人之间用来沟通的吗？我认为，学习语言首先应该能听能说，如果只懂句子和结构，那么就完全失去语言本身的作用了。

从我个人的教育经验来看，其实孩子的语言学习能力是非常惊人的，只要做父母的能够采用科学的教育方法，让孩子在幼年时期掌握几种，甚至十几种语言是完全有可能的。下面，我就把我的教育方法介绍给大家，如果哪位母亲觉得恰好可能应用到自己的孩子身上，我会感到非常高兴的。

在维尼芙雷特刚学会英语时，我把“您早”这句话用13国语言教给她，并且她很快就学会了。每天早上，我就会让她对着代表13个国家的13个不同的玩具，用各国的语言说“您早”。这些玩具中有大象的模型，还有狮子、企鹅、老鹰、老虎、鲨鱼，等等。有时，维尼芙雷特会对我说，某某国家是大象，某某国家是狮子，某某国家是鲨鱼。这时，我就会让她对老虎、狮子这些动物用各国的语言说“您早”。比如，狮子代表法国，那么她就会对着狮子说法语的“您早”；而鲨鱼代表俄国，那么她就会对着鲨鱼用俄语说“您早”。

除此之外，从那时开始，我就有意识地教给维尼芙雷特一些拉丁语的句子，并时常用游戏的方式训练她的听说能力。这种游戏非常简直，我给它取名为“翻译家”的游戏。

刚开始的时候，我用英语和维尼芙雷特对话，当然选用的都是一些简单的日常用语。比如“你好吗？”“见到你很高兴！”这类简单的句子。我会让维尼芙雷特装扮成一个翻译家，假想自己是一个出色的翻译家，并且要陪同我这个“外交官”去接见来自不同国家的客人。我们时常把房间中的桌子、椅子、门窗假想为那些外国的客人。我作为“外交官”，一边对“他们”说“很高兴见到你”，一边和“他们”握手表示友好。这时，女儿就会在旁边给我做翻译，用不同的语言对“来自远方的客人”说“很高兴见到你”。

我和女儿经常会沉浸在这种表演出来的游戏之中，并且乐此不疲。我想，这不单单是对女儿进行了语言的教育，同时还在我们母女之间搭起了一座桥梁，让我真切感受到了作为一个母亲的幸福。

随着时间的流逝，女儿不仅能说这些简单的话，而且慢慢地就能够用多种语言表达自己的意思了。这一事实再次证明，游戏对孩子来说是非常重要的语言教育工具，这些游戏不但会让孩子觉得有趣，还非常容易让他们记住这些不同的语言。

维尼芙雷特5岁时，就已经能记住《爱丽绮斯》的第一卷和各种著作者的名诗五百首以上了。现在，她能背诵恺撒、西塞罗、利维乌斯亚等人著作的部分内容。这真是一件让人感到欣慰的事情。

我认为，为了让孩子有效地学好外语，弄清词源是非常有益处的。在维尼芙雷特很小的时候，我就尽力教她弄清词源。现在，她已经有好几本有关词源方面的笔记了。每当她记住某一个拉丁语的单词时，紧接着就调查由此产生出哪些现代词，然后把结果记在笔记本上。不过，这种严肃而“正规”的方法我使用得比较少，大多还是采用游戏的方式。因为我自始至终都认为，教孩子外语最有效的途径还是各种游戏。

我认识一位今年上小学六年级的女孩。

有一天，这位女孩对我说：“我在班里语法最好，这次考试得了98分。”

我向她表示了祝贺，并问：“你父亲对此曾说过些什么没有？”

她回答道：“Oh，nuthin.He don’t never say nuthin about my school grades.”（他总是什么也不说）

于是，我问她：“你的老师教过你‘nuthin，he don’t never say nuthin’这类说法？”

她回答说：“I don’t.”（不知道）

我想，考试成绩再好，实际上等于什么也不会，因为这位女孩说的英文完全是错的。

在枯燥的数学里加点趣味游戏

我用卡片游戏和在墙上的白纸上写字的游戏使女儿学会了数数和数字，然后我又用做生意的游戏很快教会了她数钱。然而，当我开始教女儿算术时，却发现她毫无兴趣，不像学习其他知识那样兴高采烈，而总是是一副无精打采的样子。好像对她来说，简直没有比数学更枯燥的了。而当我开始教她加减乘除时，甚至经常会看到她露出厌恶的表情。于是，我便开始认真研究，为什么维尼芙雷特对数学如此缺乏兴趣呢？

经过仔细的分析与观察，我终于找到了原因，我发现最让维尼芙雷特感到厌烦的就是那些需要死记硬背的东西，而在所有科目中数学需要死记硬背的东西是最多的，比如，加法表、乘法口诀等。怎样才能让维尼芙雷特记住这些东西呢？我知道不能强迫她，因为这样反而会激发她的逆反心理，更加厌恶数学了。

经过了几番努力，我还是没有办法让维尼芙雷特喜欢上数学，只好求助于他人的帮忙了。我有一个好朋友，是一位数学教授，也是一位妈妈，她的孩子可以说是一个数学天才，比维尼芙雷特只大一岁，已经会做许多高难度的运算了，其中一些连我都很难解答。当我把我的情况向朋友介绍之后，由衷地表达了对她在数学教育方面的钦佩。她听完之后，决定让维尼芙雷特和她儿子一起学几天数学。那时候，我正在纽约州的肖特卡做世界语的宣传，而我的朋友也正好住在那里，于是我就每天带着维尼芙雷特到朋友家里去，把她交给朋友之后我就去做自己的事了。第一天，维尼芙雷特听说是学数学，还有点不高兴，但第二天就高高兴兴地主动要求去学习了。这是为什么呢？朋友到底使用了什么魔法，使维尼芙雷特喜欢上了数学呢？我问朋友，朋友笑而不答；问维尼芙雷特，她说这是她和阿姨的一个小秘密，等她的课程结束之后再告诉我。这让我感到非常疑惑不解。

一个星期过去了，我的工作即将结束了，要离开肖特卡，维尼芙雷特的培训也要结束了。这时候，朋友建议我和维尼芙雷特一起听一堂她的数学课。带着好奇心，我把这堂课听完了。我发现，朋友使用的教育方法居然和我平常的方法类似，只不过我是用在语言、音乐、绘画方面，而她则用在了数学的教育上。

朋友对我说："记得我也曾经向你学习过你对维尼芙雷特在音乐和绘画方面的教育。实际上，教数学也可以和教音乐和绘画一样，让孩子们非常感兴趣，关键要看教学者是否用了足够的心思，下了足够的功夫。"

回到家中，我认真考虑了朋友的话，最后得出的结论仍然是：兴趣是学好一切的前提。于是，我开始对自己教女儿数学的方法进行了反思，发现的确存在着很多问题。由于我自己在数学方面从小就比较薄弱，所以想不出一些有趣的点子，来激发维尼芙雷特的兴趣。

要想改变孩子，首先要从改变自己做起。在现实生活中，很多父母把希望都寄托在了孩子身上，从而对孩子的要求非常严格，而相反，对自己的要求却非常松解，甚至有时候还会说出"我可以这样，但你不可以"之类的话来，我一直认为这种教育方法是非常可笑的，并且也不可能取得成功，但我没有想到，在教育维尼芙雷特数学上，我自己恰恰犯了类似的错误。因此，为了使心爱的女儿能够学好数学，我不得不强迫自己去喜欢数学。有什么办法呢？我觉得为了女儿，这么做是值得的，尽管我一直都不喜欢数学。

从此之后，我便开始想方设法改变自己的教学方式，尽最大的努力唤起女儿对数学的热情。为此，我还专门下功夫学习数学，给自己补课。这样做，一方面可以提高自身的修养，另一方面也可以对女儿的学习提供帮助。

有一次，我在维尼芙雷特的每个手指上点上一个小红点，然后和她一起做数学游戏。

我问女儿："你的手上有几个小红点？"

起初，她回答不上来。

于是，我又问："那么你有几个手指头呢？"

维尼芙雷特马上回答说："10 个。"

我接着问她："你有 10 个手指头，每个指头上有一个小红点，那么一共有多少小红点呢？"

这时，她终于懂了："当然也是 10 个。"

我又问："10 个减去 5 个还剩几个？"

她又搞不明白了。

于是，我把她的一只手放在她的背后，问她："你看，现在是几个？"

"5 个。"她看着我，自信地回答。

我说："你看，每只手有 5 个手指头，那么就有 5 个小红点，两只手就是 10 个小红点，把一只手藏起来，就剩下 5 个了。这就是 10 减 5。你说，10 减 5 等于几？"

女儿想了想说："等于 5。没错，10 减 5 等于 5。"

我就用这种方法，教维尼芙雷特学会了 10 减 5、10 减 2、5 加 5、5 加 3 等基本的加减法。后来，我又用类似的方法教她乘法和除法。

我问女儿："一只手 5 个指头，那么两只手有多少？"

她立即回答说："10 个指头。"

随即我就告诉她，这就是乘法，叫 5 乘以 2 等于 10。

再后来，我又把她的脚趾也加了进来，于是慢慢地，她又学会了 5 乘以 4、5 乘以 3、10 乘以 2，等等。

有一天，维尼芙雷特兴冲冲地跑到我跟前，对我说："妈妈，我终于学会乘法了，我知道 5 乘以 6 是多少，也知道 2 乘以 3，还有别的也知道呢。"

看着女儿兴奋的样子，我也立即表现出了浓厚的兴趣，问她是怎么知道的。

女儿对我说："我刚才想了想，假如把爸爸也加进来，那么我们就有 6 只手，每只手 5 个手指头，一共就是 30 个，这就是 5 乘以 6 等于 30。我有两只胳膊，你有两只胳膊，爸爸也是两只，我们三个人就有 6 只，这就是 2 乘以 3 等于 6。"

由于产生了深厚的兴趣，后来维尼芙雷特对数学表现出了极大的热情，甚至有很长一段时间她都沉浸在学数学的快乐之中，一点也不像以前那样厌恶乘法口诀了。没过多久，她就把乘法口诀完全背了下来。接下来，她又学会了代数、几何，数学水平突飞猛进，依我看来，她可以说已经完全迷上了数学。

电影和儿童剧让女儿懂得了礼仪

在纽约，设有专门的儿童剧场，我认为这种剧场有必要多建一些。由于孩子们都非常喜欢模仿别人，特别是戏剧或电影里面的人物，更是他们乐此不疲的模仿对象。因此，儿童剧场就成了孩子们的乐园，儿童剧里那些可爱的形象，正是教育孩子最好的样板。

另外还有电影。虽然人们对电影的看法褒贬不一，有的人认为电影是一种时兴的、值得广泛推广的艺术，而有的人则认为它是现代文明产生的一种精神垃圾。然而，我则认为，好坏跟电影这个媒介本身没有关系，只要挑选好的影片，电影也不失为一种很有价值的教育手段。况且，大多数孩子都是非常喜欢去看电影的，我们为什么不能借此机会来展开自己的趣味教学呢？

在维尼芙雷特还小的时候，我经常带着她去看好的电影和儿童剧，每次她都是兴致勃勃的样子，这种兴致甚至超过了她对所有玩具的喜爱。并且，回到家之后，维尼芙雷特的兴致不仅不会降低，反而更加高涨，她总是喜欢和我一起来扮演电影或戏剧里面的角色，我和维尼芙雷特分别选取一个角色开始表演，有时候我们还会邀请孩子的父亲或其他一些小伙伴参与进来，而当角色实在不够时，我们就用玩具娃娃和其他物品代替。

我发现，维尼芙雷特在这种模仿电影和戏剧人物的表演中不仅培养了一些良好的品格，比如，勇敢、幽默、快乐等，而且在对电影和戏剧中某些角色的模仿过程中，她渐渐学会了与人交往的礼仪和技巧。

有一次，我们看完了一出名为《国王和他的女儿》的儿童剧。该剧讲述的是聪明的公主如何戏弄那些阿谀奉承的大臣的故事。回到家之后，维尼芙雷特就乐滋滋地穿上她的公主裙，开始模仿剧中的一个情节。维尼芙雷特扮演那位国王的女儿，而我扮演的则是一个贪婪的宰相。

刚开始的时候，我们都尽量按着剧中的情节来演，但后来，维尼芙雷特就开始自由发挥了。这个时候，我并没有去干涉她，我认为这正是一个发展孩子想象力千载难逢的好机会。

维尼芙雷特模仿剧里的公主，昂首挺胸，神态和举止简直就像个真正的公主，显得优雅从容。她对我这个狡猾的宰相说："你，宰相大人，你的花招能骗过我父亲——国王陛下，但你休想骗过我。其实，我早就看出了你的野心，你想夺权篡位、谋叛造反……"

于是，我立即装出战战兢兢、卑躬屈膝的样子："不是的，请公主殿下明察，我对国王陛下忠心耿耿，怎么敢有那些邪恶的想法……"

这时，看着维尼芙雷特煞有介事的样子，我忍不住笑出声来。

"不许笑，亏你还是个宰相，一个宫中的大臣，怎么可以这样不严肃呢？简直没有教养，一点礼仪都没有。我觉得，就凭这一点，就应该判你极刑！"女儿一本正经地说道，似乎她真就是剧中的那位公主了。

"啊！实在对不起，公主殿下！我真的不是有意的。"于是，我急忙装作严肃认真的样子，竭力忍住发笑。

"你知道吗，作为一个大臣，必须要自重，一举一动都要合乎礼仪，这样才能给下面的百姓做个模范。可你看看你，整天嘻嘻哈哈、鬼头鬼脑的模样，怎么做人民的表率！"

维尼芙雷特严厉地"训斥"了我一顿，并开始"教"我怎样说话，行为举止应该如何。尽管她的"台词"已经天马行空、自由发挥了，但她的动作神情仍然像剧中的公主一般雍容高贵。等到维尼芙雷特长大之后，人们都夸她的言行举止得体到位，并问我是怎么把孩子培养得这样高雅大方。其实，真正的原因就在于那些有趣的戏剧游戏。

在现实中，我发现现在父母都非常溺爱自己的孩子，因此在管教他们的时候不像我们小时候那样严厉。尽管我也不提倡过去那种方法，但无论如何，教会他们礼仪也是非常有必要的。在我的周围，有不少这样没有教养的孩子，他们在幼儿时期没有受到良好的教育，稍微大一些之后就会说脏话、对人粗鲁无礼，每当看到这些情形，我心中都会感到非常难过，我不知道这是教育的悲哀，还是这些孩子的悲哀。

我认为，现在的父母只注意孩子的智力而忽视对他们礼仪的教育，这种做法是非常不明智的，只会使孩子们长大之后变得无礼而粗野，他们的将来也必定会因为恶劣的人际关系而无法在社会上立足。事实上，只有良好的礼仪教育，才能使得孩子长大之后变得懂礼貌、有魅力，从而直接地影响他们的人际交往。

第六章

缺乏想象力的人没有快乐

也许有人会这样说，靠想象来摆脱痛苦是一种自我逃避。但我却不这样认为，在我看来，无论使用什么方法，只要能把自己从不幸中解脱出来就是一件好事。因为对于人来说，最重要的就是快乐和幸福，而这种勇于面对痛苦并且在逆境中寻找快乐的品质就是坚强。维尼芙雷特在5岁时，就已经懂得了这个道理，用她的话说，一个既坚强又有想象力的人，才会成为一个真正幸福的人。

缺少想象的生活是无趣的

我们的周围有很多人，无论做什么都是有板有眼，只论事实。他们总是排斥想象，没有一点风趣，更不知道在想象之中得到生活中的另一种乐趣。不仅如此，他们还会将这种干巴巴的生活态度传染给自己的孩子，结果他们不仅不能将孩子培养成快乐的人，而且还严重影响了孩子想象力的发展，并阻碍了孩子潜力的充分发挥。

在我们学院，有一位莱斯顿教授，尽管他已经是颇有名气的学者，并且对自己所研究的科目也是兢兢业业。但是在我的眼里，他只是一个会翻书本而毫无想象力的人。虽然莱斯顿教授很有威望，但他总是喜欢板着脸，用成套成套的清规戒律来教训自己的学生。他最常挂在自己嘴边的话就是:“你不要这样，不要那样。别胡来，这个不合规矩。”

诚然，对于莱斯顿教授的严谨，我是表示赞赏的。但是，对于他那种呆板的、墨守成规的学习方式和教学方法，我则感到非常厌恶。我认为，这种没有一丝生气的教育方式，不仅无法培养出杰出的人才，反而会让学生们失去生活的乐趣。

正如我一向所认为的那样，什么样的教育就会造就什么样的孩子，尤其是家庭教育。根据我的观察，莱斯顿的儿子卡勒斯也和自己的父亲一样，虽然有了学位，也有了一份正常的工作，但却是个只会啃书本的书呆子，没有什么想象力和创造性。在卡勒斯四五岁的时候，在当地就是一个众所周知的“小大人”，无论做什么事都比同龄的孩子显得成熟一些。这孩子一点儿也不像个天真活泼的小孩子，成天板着脸，就和他的父亲一样。我想，卡勒斯是没有多少快乐而言的。

一个偶然的机会，我得知了卡勒斯小时候的教育状况，使我的猜想得到了证实。果然，他那种小老头的性格并不是天生的，而是由他的父亲一手造成的。

在卡勒斯 5 岁的时候，他还是一个活泼可爱的孩子，有着丰富的想象力，并且喜欢画画。有一天，他拿着自己刚画完的一幅画，兴冲冲地跑到了父亲面前。

“爸爸，你看看我这幅画，它漂亮吗？”小卡勒斯怀着期盼的心情问自己的父亲，他是多么期望得到父亲的赞扬啊。

“你这画的什么呀！嗯？一点儿也不像。”没想到，父亲居然毫不客气地给了卡勒斯当头一棒。

“哪儿不像呢？”卡勒斯的兴致一下子就被浇灭了，低声问道。

“天空不可能有这么蓝，而且，还有这些花，你画得也太大了。”父亲并没有顾及小卡勒斯的情绪变化，仍然毫不留情地批评着。

“可是，我觉得这样很好，这完全是我想象出来的。”小卡勒斯低声为自己辩解道。

“想象？什么是想象？卡勒斯，你不应该凭想象做事，应该完全凭事实。”

“可是，老师说，画画是需要想象的。”

“不，不，不，你的老师给了你错误的指导，不应当依靠想象，想象是不能当饭吃的。”莱斯顿先生一味坚持自己的主张。

“我认为，只有想象才会画得好，而且想象会给人快乐。”卡勒斯说出了自己的观点。

“这是瞎胡闹，我就不靠想象，但我不是一样很快乐吗？”莱斯顿先生得意地说道。

“可是，人们都说你太沉闷，都不愿和你交往。”卡勒斯说道。

没想到，这句话一下子激怒了莱斯顿先生，他“啪”的一声给了儿子一记耳光。

“简直胡说八道，你太不像话了。我告诉你，不管怎样，我就是不许你胡思乱想，什么都必须要讲事实！没有事实，一切都是毫无意义的，你是在浪费自己的时间！”被儿子这样评论，莱斯顿先生心里肯定不好受，但他并没有检讨自己，而是一味把自己错误的意志强加给儿子。

从那以后，小卡勒斯再也不敢说什么有关想象的事了，也不再画画了。而且，本来活泼开朗的性格也变得阴沉忧郁起来。不久，人们便发现小卡勒斯变得和他的父亲一模一样，只会一味地啃书本，生活毫无乐趣可言。

事实上，虽然莱斯顿父子踏踏实实、兢兢业业地做学问，但始终没有取得非常很好的成果，并且一直生活在枯燥无味和孤独之中。我想，这正是由于他们失去了创造力的源泉——想象。并且，由此我也想到，家庭教育的力量对一个人一生的影响是多么重要。因此，我在教育维尼芙雷特的过程中，就坚决吸取莱斯顿先生的教育，充分激发她的想象力，让她的童年生活一直在快乐中度过。

在维尼芙雷特四五岁的时候，也非常喜欢画画，并且也时常和卡勒斯一样，把自己充满想象力的画拿给我看。每当这时，我都会极力赞扬她的想象力，至于画得像不像，根本就不是一个重要的问题。不仅如此，我还时常鼓励她充分发挥自己的想象力，让她大胆一些，再大胆一些。这样一来，维尼芙雷特的画不仅越画越好，而且她的心态和性格也越来越健康。虽然维尼芙雷特长大后并没有成为画家，但我想，那丰富的想象力，以及由此而带来的快乐，必将成为她人生成功与幸福的源泉。

想象力支配着整个世界

等到维尼芙雷特稍稍懂事之后，我就开始在每天晚上睡觉前给她讲述那些伟大人物的故事，让她知道想象力对于一个人来说有多么重要。

记得有一次，当我们再次谈到想象的话题的时候，孩子突然对我说："人们都说想象只是艺术家的事，如果不想当艺术家，就什么都要从实际出发，什么都要以事实为标准。"

听到维尼芙雷特这样说，我知道她还不明白想象力和实际之间的关系，于是就耐心地告诉她："从实际出发，凡事切合实际，这当然是没有错的。然而，有想象力也并不意味着背离现实啊。没有想象力的人，无论做什么事都要以实际为准则，常常受到条条框框的限制。这样的人，没有创造新事物的能力和勇气，做什么都缩手缩脚，不可能取得什么大的成就，只会一辈子平平庸庸。我让你要有想象力，并不是要你什么都靠想象，而是要敢于在实际的基础上发掘出新的东西。"

当时，维尼芙雷特歪着小脑袋又问："艺术家必须要有想象，这我可以理解。可是，科学家呢？科学研究不是必须完全以事实为依据的吗？"

显然，维尼芙雷特这时候已经有了自己的观点，这个观点不是某个人单纯地植入她的头脑，而是她经过自己的思考得出来的，尽管她的观点是错误的，但我还是感到非常高兴。不过，关于想象力的问题，我还得对她进一步解释。

“当然，科学应该以事实为依据，但是，你想想，如果没有科学家的想象力，科学也同样不会有进步呀！”我对她说道。

“为什么呢？”维尼芙雷特疑惑地看着我。

“你想一想，如果人类不是靠最初的想象，怎么可能发现水的浮力，又怎么可能发明大船呢？如果我们人类没有想象力，也许我们到现在还住在山洞里呢。”我说道。

“哦，这样我就明白了，如果没有想象力，人们就不可能发明出灯泡，给我们光明；不可能造出汽车和火车，我们也不会有现在这样便捷的生活。”

“对啊，宝宝好聪明，知道以后该怎么做了吧？”

“嗯，世界上一切美好事物都是从想象开始的，所以我们每个人都应该充分发挥想象力，让生活变得更加美好。”

从那时起，维尼芙雷特便尽情地发挥自己的想象力，不论是在学习绘画和音乐上，还是在平时的游戏和生活中。这不仅开启了她的智慧，同时也给生活增添了很多乐趣。

然而，在现实生活中有很多家长不仅没有激发孩子的想象力，还用刻板的方式来限制孩子，给孩子带来了极大的伤害。在这样的教育环境下，孩子要么就慢慢丧失了想象力和创造力，要么就会非常痛恨生活。我身边就有这样一个极端的例子。

格林先生是个刻板严谨的人，生活极有规律，无论发生什么事，作息时间从不改变。但这么一个讲究纪律的人，却有一个最调皮捣蛋的儿子彼特。

彼特是个精力旺盛的孩子，成天都在弄坏东西，惹是生非。他与他的父亲是两个极端，因此两父子之间的战争一天之中不知要发生多少次。

有一次，彼特把祖母刚送给他的万花筒拆开了，想看看里面究竟藏了些什么，这自然会招致他父亲的愤怒。不过拆东西可算是彼特最大的爱好了，凡是让他感到好奇的东西，都逃不过被拆的命运，当然他也逃不过挨揍的命运。可是无论父亲多少打骂，他的这个毛病始终也改不了。

还有一次，彼特竟然把一块金表给拆开了，要知道这块表是彼特故去的爷爷留下来的遗物。他父亲一直十分珍惜，总是带在怀里，从不离身。不久前他还说表出了点故障，必须拿去修理，哪知还没来得及修，就被他这个调皮的儿子给翻了出来。现在这表被大卸八块，零件散落了一地。格林先生立即暴跳如雷，一耳光将儿子打得坐在地上，接着他上去就是一阵拳打脚踢。

第二天，彼特突然失踪了。原来他是跟着一个马戏团跑了。当家人找到他的时候，他依然不肯跟回家，而且态度十分坚决。他说自己在家里总是不愉快。而跟马戏团在一起，却感到非常的自由，非常的快乐，他喜欢马戏团的这种自由自在的生活。

直到彼特的母亲哭昏过去，他才不情愿地回家了，这件事对格林先生的震动非常大，他开始认真地对待儿子的天性，不再强求他非要与自己一样。这样一来，他发现自己和儿子都变得轻松愉快了。而且，渐渐地他从儿子身上发现了越来越多的优点，其中就包括丰富的想象力。

要知道，想象力就是创造力，童年是人生中想象力最丰富的时期，我们作为父母一定要因势利导，为孩子发挥想象力创造广阔的空间，而不要以自己的刻板来影响、阻碍孩子想象力的发展，否则，你可能就会成为抹杀孩子一生幸福的罪魁祸首。

星空下的美丽传说

很多人认为，神话故事和传说是没有价值的东西，因此不应该给孩子们讲这些故事。而我却不这样认为，正相反，我认为自古流传的那些美丽的神话和传说是开发孩子想象力的有效方式，它能够让孩子在想象的天空中自由驰骋，给孩子带来无尽的乐趣。因此，只要有机会我便选择一些神话或传说讲给维尼芙雷特听，并且事实上，维尼芙雷特也非常喜欢这些故事。

和其他小孩子一样，在晚上的时候，维尼芙雷特也非常喜欢坐在外面眺望夜空中灿烂夺目的星星。每当这时，我都不会以任何理由去打扰她，并且还会给她讲一些有关星空的故事。

在一个晴朗的夜晚，我的维尼芙雷特像往常一样，坐在院子里的椅子上眺望着星空。她看得十分出神，似乎在思考着什么。

“维尼芙雷特，你在想什么呢？”我轻轻地走到了她身边。

“我在想，那些星星上是不是真有仙女？”

“那么，你认为有吗？”

“有，当然有。”

“为什么呢？”

“你看那些星星是那么明亮、干净，一定是那些仙女把它们收拾干净的。否则，它们怎么会那么亮呢？”

“是啊，我也是这样认为。所以，你也应该像仙女那样勤快，把周围的东西都收拾得干干净净的。”

“那么，天上到底有多少星星呢？”

“啊，这可是个不好回答的问题。因为我认为，天上的星星是数不清的，非常非常的多，恐怕没有人能够数得清吧。”

“哇！那妈妈的意思是，天上的仙女也多得数也数不清喽？”

“这个当然啦。”

“可是，我为什么总是见不到她们呢？”

“维尼芙雷特，你要明白，仙女并不是什么神奇的人。我认为，只要一个人能够做到勤劳、善良，并且有一颗美好的心灵，那么她就是一位仙女。”

“那么，我也能成为仙女喽？”

“当然，不是早就有人说过，我的维尼芙雷特像仙女一样可爱吗？”

听我这样说，维尼芙雷特高兴地笑了笑，又继续提出她的问题：“那些星星上到底有什么？那上面也有人吗？”

“这个嘛，嗯，我也说不清楚。不过，我知道现在有很多天文学家正在研究这个问题。”

“天文学家？”

“是的，天文学家就是专门研究宇宙的科学家，他们的工作就是要解开宇宙的秘密。比如说，太阳上有什么，月亮上又有什么，那些星星究竟离我们有多远，等等。”

“这么说，天文学真是一门有意思的科学。我要是也能研究天文学就好了。”

“这一点都不难啊。只要你努力学好知识，等你长大后完全有机会成为一位了不起的天文学家。”

从那以后，维尼芙雷特简直变成了一个天文迷，整天要我给她讲关于宇宙的故事。对于女儿的求知欲，我当然会尽力去满足她。当然，我不仅给她讲故事，还专门给她买了一些有关宇宙的带有插图的书籍。

就这样，在维尼芙雷特 4 岁的时候，就已经掌握了大量的天文学知识，比她同龄的孩子们懂的东西要多得多。我经常看到维尼芙雷特和一群小伙伴们聚在一起讨论世界的奥秘。不过，一般来说都是女儿当主讲，别的孩子围在她身边安安静静地听着。

有一天，维尼芙雷特给小伙伴讲了有关太阳系的事，她的知识让其他孩子们大开眼界，并为她的学识感到诧异。

“你们知道吗？我们生活在宇宙中的一个小星球上。”维尼芙雷特这样说道。

“什么？小星球？地球那么大，怎么能说是小星球？”

“不会吧，我们生活在大地上。”

“胡说，我们生活在城里。”

有不少孩子提出了异议，并且七嘴八舌地议论起来，每个人都坚持自己的观点，觉得维尼芙雷特这次说得似乎有些夸张了。这时候，小维尼芙雷特拿出自己的书本，翻开画有太阳系的图画给别的孩子们看。

“你们看看，这个就是地球，这个是火星，这个是水星……这些星球都围绕着太阳旋转。”维尼芙雷特一边翻书，一边给孩子们讲解。

“可是，你为什么说地球是个小星球呢？”有人问道。

“当然小啦。你没有看到在这张图上，地球只是一个小点儿吗？你们看，太阳系有这么大，它包括九颗行星，还有太阳。可是，在宇宙中还有多得数不清的其他太阳系。你们想想，这样一来，地球不就是整个宇宙之中的小星球吗？”维尼芙雷特认真地解释道。

“可是，我却觉得地球很大，因为我父亲曾在世界各处旅行，花了很多年时间都没有走遍整个地球。”这时候，其中的一位孩子仍然不服气地辩解道。

“这个很正常嘛，地球再小，也比人大得多了。这只能说明我们人在宇宙当中实在是太渺小了。”维尼芙雷特微笑着解释道，那种自信，俨然就是一个小老师了。

就这样，维尼芙雷特从眺望星空开始喜爱上了天文学，并掌握了大量的自然科学知识。她从对神话、传说的想象开始，逐渐变成了对科学自觉的探求。

我想，这是一个人成长的必然过程，并且这个过程也符合我们整个人类的发展历程。如果我们忽略掉前面的神话传说，直接给孩子灌输宇宙天文学的知识，不仅无法激起他们强烈的兴趣，同时还会限制他们的想象力，把学习变成一件枯燥乏味的事情。我认为，这实在是教育的大忌，也是父母的悲哀，其结果必然会造就一个书呆子。

世界上最不幸的人是不善于想象的人

我一直认为，一个在童年时期充分发展了想象力的人，即使遇到再大的不幸，也能从不幸中找到幸福。相反，缺乏想象力的人，则只会在生活中屡屡失败，而永远不会取得什么成就。在维尼芙雷特小的时候，我便经常对她强调，再也没有比拥有丰富的想象力更重要的了。我想，这种意识一定深入到了她的思维，因为我渐渐发现，维尼芙雷特不仅可以通过想象力为自己找到生活的乐趣，而且还会利用想象力帮助别人摆脱苦恼。

有一次，维尼芙雷特的小伙伴托尼生了一场大病，由于成天躺在床上，不能到外面和其他小伙伴一起玩，所以心情非常沮丧，整天垂头丧气的，对什么都提不起兴趣，对什么都没有信心。

维尼芙雷特问我："你说，有什么办法可以帮帮托尼吗？"

我没有回答，而是指了指自己的脑袋，提示她自己想一想。

小维尼芙雷特仰着头想了一想，便喜笑颜开地跑了出去。我知道，她一定想到了什么好办法，由于当时正好也没有什么特别要紧的事，便跟在她后面一起探望托尼。

为了帮托尼摆脱坏情绪，维尼芙雷特特意给他带去了有趣的书和漂亮的图片，但托尼好像一点兴趣也没有，还说这些东西没用。于是，维尼芙雷特给他讲了一些有趣的故事，这些故事都是过去我讲给她听的，没想到她不仅记得很清楚，而且还自己加进了一些情节，使其丰富了许多。不过，遗憾的是，故事也没有引起托尼的兴趣，他还是一点反应也没有。

"难道，你就不能想象一些美好的事吗？"维尼芙雷特问托尼。

"想象？想象管什么用？"托尼回答说。

"想象可以帮你摆脱生病的痛苦，还能使你的心情变好。"

“不，我可不这么看。我看想象没什么用，我只想病快点好，我好出去玩。”托尼依然很悲观地回答道。

“可是，在你病没有好之前是不能出去玩的，你为什么不读读书，看看漂亮的图画来摆脱坏心情呢？”维尼芙雷特劝托尼试着利用想象来获得快乐。

“这样做有用吗？”托尼疑惑地看着维尼芙雷特。

“当然，有一次我生病，就是用这个办法使自己高兴起来的。”维尼芙雷特开始津津有味地介绍自己的切身体验，“那次，我病得可严重了，但我一点也没有垂头丧气。虽然我必须躺在床上，不能出去玩，可我在床上总是闭上眼睛，想象那些美好的事情。我想象我在草原上跑，草原上到处是鲜花；我想象我在蓝天上飞，穿过那些棉花一样柔软的白云，真是有意思极了。渐渐地，我就忘记了生病的痛苦，变得开心起来。结果，我的病也就很快地好了。”

“真的吗？如果真是这样，那么我决定试一下。”托尼受了维尼芙雷特的影响，也想体会一下想象的乐趣。

可是，无论托尼怎么努力去想象美好的东西，却总是不能进入状态。他一闭上眼，想到的就是自己正在生病，只能躺在床上，不能出去玩。最后，他只好说想象不起作用，心情依然如故，还是不能摆脱疾病的痛苦。然后，维尼芙雷特又给他讲故事、读书，可他仍然听不进去，仍然陷入那种坏心情之中不能自拔。

我发现，在生活中像托尼这样的人还有很多。他们没有想象力，也没有乐观向上的精神，一有困难就怨天尤人，既不能从自己的内心里找到快乐，也无法尽快从痛苦中走出来。我想，这样的人才真正是世界上最不幸的人吧。

从小，维尼芙雷特就有过人的想象力，这不仅对她智力的开发起到了非常关键的作用，也为她乐观的性格打下了很好的基础。记得在维尼芙雷特 5 岁的时候，她的舅妈不幸因病去世了。平时，舅妈特别疼爱维尼芙雷特，她们之间建立了非常深的感情。一听到舅妈去世的消息，维尼芙雷特就陷入了极度的悲痛之中，不知为此痛哭过多少回。然而有一天，维尼芙雷特突然不哭了，反而还去安慰暂时住在我家的舅舅。

那时候，我的弟弟失去心爱的妻子，生活态度一直很消沉。我想，这是人必经的一个阶段，过一段时间之后，他自己自然会从悲痛中解脱出来，因而也并没有过于安慰他。然而，没想到的是，我 5 岁的维尼芙雷特居然像成年人那样劝舅舅不要太难过，这顿时让我们大家都感到非常诧异。

维尼芙雷特对舅舅说：“亲爱的舅舅，你不要再难过了。我知道，你很爱舅妈，但这也是没有办法的事，舅妈是个善良的人，我想她现在一定到了天堂，她一定会得到上帝的爱，她的生活一定很幸福。”听到维尼芙雷特这么一说，我也赶紧去安慰我那可怜的弟弟，说人死不能复生，必须自己去面对未来的生活。

过后，我问维尼芙雷特怎么会想到去安慰舅舅。她说：“我想，舅妈是个好人，她虽然去世了，但她的灵魂会得到安息的。我想舅妈现在一定坐在天上的云彩上，正在天堂里享受幸福，所以我也就不再难过了。我看见舅舅那么难过，就想让他也像我这样想。不管怎么说，痛苦总是没有好处的。我希望舅舅也能快点高兴起来。”

听了维尼芙雷特的一番话，我感到非常欣慰。我觉得，女儿这么小就能乐观地看问题，那么她长大之后在生活中遇到困难和痛苦时，就有能力接受命运的挑战，而不至于被挫折所击垮。

也许有人会这样说，靠想象来摆脱痛苦是一种自我逃避。然而，我却不这样认为，在我看来，无论使用什么方法，只要能把自己从不幸中解脱出来就是一件好事。因为对于人来说，最重要的就是快乐和幸福，而这种勇于面对痛苦并且在逆境中寻找快乐的品质就是坚强。维尼芙雷特在 5 岁时，就已经懂得了这个道理，用她的话说，一个既坚强又有想象力的人，才会成为一个真正幸福的人。

充满想象力的表演

为了开发维尼芙雷特的想象力，我时常和她一起表演神话和传说中的情节。通常情况下，表演都需要有一个背景。可是，我和女儿的表演中往往没有背景，因为我觉得这样更能给她自由发挥的余地，而不用那些背景之类的东西限制她的想象力，从而使她的想象力得到充分的发展。

记得儿童剧场的创始人阿里斯·彭尼·赫茨女士曾经说过："如果儿童剧场的布景和扮装太过逼真，孩子们就没有想象的余地了，这样反而不能促进他们想象力的发展。当今教育的弊病就在于过于接近现实，从而不能让孩子的想象力得到充分发展。"我个人认为，赫茨女士的观点真是太对了，她不仅指明了想象力在儿童教育过程中所占据的重要地位，而且点出了儿童剧布景和装扮对于想象力的局限。因此，我在与维尼芙雷特进行表演时，很少用过多的背景来限制她的想象力，最终演成什么样子，完全由她自己来决定。

有一次，当我和维尼芙雷特一起读完一个王子与公主的故事之后，她兴奋地要求我和她一起来表演一遍。自然，作为一个母亲，我从来不会拒绝女儿这样的要求。记得当时故事的情节是这样的：有一个年轻的公主，她不幸被魔鬼抓走了，被困在一个偏远的山洞里。深爱着公主的王子找了很久，终于找到了那个山洞，并勇敢地与魔鬼进行了搏斗，最终打败了魔鬼，把公主救了出来。经过商量之后，我们决定由维尼芙雷特扮演王子，而我则来扮演公主。因为，这个故事主要是表现王子的勇敢，维尼芙雷特就主动要求扮演这个角色，她想当一次英雄。

表演开始了，维尼芙雷特手持"宝剑"和虚拟的魔鬼奋力搏斗，不停地痛骂魔鬼的邪恶。不过，她很快便脱离了故事的情节，进入了自己创造的故事之中。在原来的故事中，王子是骑着马去的，但在维尼芙雷特的演绎中，她没有做骑马的动作，而只是不停地用手臂表现飞翔的姿态。她一边“飞翔”，一边用“剑”刺杀魔鬼，并且想把公主抱起来和她一起飞走。

演着演着，维尼芙雷特又说错了台词，不再叫我公主而是“妈妈”。她不停地喊：“妈妈，妈妈，快来，我们一起飞到天空上去。”当时，我差一点笑出声来，但仍然没有去打断她，也没有去纠正她的错误。因为我认为，这种表演最终的目的就是为了培养女儿的想象，不一定要完全按照原故事那样去演。

等表演结束之后，我问维尼芙雷特：“你为什么在表演的时候想到了飞翔？原来故事中的王子不是骑着马去寻找公主的吗？”

维尼芙雷特对我说：“我本来是骑着马的，可后来我想到公主在山洞中被魔鬼欺负一定很痛苦，便觉得骑马太慢了，干脆就飞了过去。妈妈，我用飞翔来表演有什么不对吗？”

“没有什么不对，我觉得你表演得真是棒极了。而且，我也认为飞翔比骑马更好，更有想象力，更能够表现王子的心情。”我这样说，以鼓励女儿大胆想象的勇气。

“是啊！飞翔的感觉真是太美妙了。”女儿兴奋地说道。

“那么，飞翔是什么感觉，你能对妈妈描述一下吗？”

“飞翔的感觉让人愉快。我仿佛听到了耳边的风声，我好像在空中飞得很快，并且看到了大地上的山川树木，那样的画面多么美呀！”

“那么公主呢？你认为她会怎样？”我对女儿的回答表现出了极大的兴趣。

“公主当然也会高兴，因为她脱离了魔鬼的掌握。我想，那个邪恶的魔鬼一定在地上气得发抖，他看见我们飞得那么高那么快而束手无策，一定会把他气死。哼，不过那也是活该，谁让他总是干坏事！”维尼芙雷特似乎真的觉得就有那样一个魔鬼一样，对他进行无情的批判。

“可后来又怎样呢？”我又问女儿。

“后来？我们还没有演哪！”

“虽然没有演，但你可以继续想象下去啊。你想一想，救出公主后，你应该怎么办？”我继续引导女儿展开想象。

“救出公主之后，嗯……”维尼芙雷特想了想，然后说：“救出公主后，我先把她带去见国王，让他们父女见面，然后……”

“然后怎样呢？”

“然后，我一定会求国王把公主嫁给我。”

看着维尼芙雷特天真烂漫的模样，我真为她感到高兴，她的表演是那么生动，那么富有激情，即使表演结束了，也仍然能够按着故事的线索将它继续想象下去。从这一点看来，女儿的想象力已经得到了很好的发展。

这种表演在我们的生活中时常进行，根本不需要什么特别的准备，有了兴致随时都可以来玩。在这种表演中，维尼芙雷特可以将她的想象力发挥得淋漓尽致。并且，除了这种表演的方式外，我还和维尼芙雷特各自交了位想象中的朋友，以此来培养女儿的想象力。我的朋友叫内里，女儿的朋友叫鲁西。当我们远离身边的朋友住在乡下时，我们就请出这两位想象中的朋友，这样我们可以 4 个人一起玩了。这样一来，即使维尼芙雷特独自一人的时候也不会感到孤独和无聊。我认为，这样非常有利于她快乐性格的形成，这不仅培养了她的想象力，也使她的生活增添了不少乐趣。

让女儿为自己设计玩具

在我的周围，有很多父母对子女真是疼爱至极，只要孩子喜欢，无论什么样的玩具都会给他们买来玩。诚然，爱孩子无可厚非，玩具也确实可以给孩子带来无穷的乐趣，但是我认为，太多的玩具对孩子的成长并没有多大的好处，因为这些玩具只能帮孩子打发无聊的时间，而对他们的教育则没有带来任何益处。

经过长期的观察与思考，我发现孩子的玩具不应该是包罗万象、完美无缺的，因为太完美的东西会影响孩子发挥自身的能力，妨碍他们主动运用想象力。我认为，玩具实际上不应该仅仅用于玩耍，而要对孩子产生积极的影响。把教育渗透到游戏之中，这才是游戏的真正意义所在。因此，我从来不给维尼芙雷特买太齐备的玩具。

从维尼芙雷特很小的时候起，我就只给她布娃娃和橡胶娃娃。她可以跟这些玩具说话，还可以和它们一起睡觉，这样一来，通过这些玩具就可以发展她的想象力。

有时候，她还会自己玩和玩具对话的游戏，她自己构思情节，然后给各个娃娃分配角色，然后她便模仿着各个角色应当有的声音来进行表演，比如，她给其中的一个娃娃分配了老爷爷的角色，等到这位“老爷爷”发言的时候，她就会刻意把声音变得沙哑一些。看着女儿绘声绘色的表演，我总是忍不住偷偷地笑个不停。

事实上，我不仅只给女儿买来一些简单的玩具，而且还鼓励她自己动手做一些玩具。有时候，我会给她准备剪刀和碎布，教她自己缝制娃娃的服装。这样一来，不仅锻炼她的想象力，而且还可以使她从小就学会一些基本的生活技能。

为了让维尼芙雷特学会这些“小技术”，我时常先用碎布给她做一两个样本，然后让她自己照着做，以此来锻炼她的动手能力。不过，女儿往往会出人意料地搞一些发明创造，而且常常比我给她的样品还要好。

有一次，维尼芙雷特兴冲冲地跑到我的跟前，双手举着两个不同的布娃娃，它们都穿上了不同的“新衣服”。

“妈妈，你看哪一个更漂亮呢？”

我仔细看了看，女儿左手拿的那个布娃娃穿的是我之前帮她做的衣服，右手拿的那个穿的则是她自己做的衣服。我做的衣服很正规，像真的一样，而女儿做的那套衣服却很有创意。她把裙子做得特别长，像孔雀尾巴一样向后散开，看上去非常华丽。另外，在颜色搭配上也有不少独到之处。相比之下，我做的那件衣服就显得缺少了那么一点灵气。

女儿见我不说话，有些着急了：“妈妈，你快说呀，究竟哪一件更漂亮？”

“当然是右边的漂亮，你看它是多么华丽呀。”我一点也没有哄孩子的意思，这的确是我真实的想法。

“那么，我可以穿这样的衣服吗？”维尼芙雷特兴奋地说。

“当然了，你穿上这样的衣服，一定非常漂亮。”

“真的吗？明天你给我做一套好吗？就照这个样子做。”

“维尼芙雷特，我很愿意为你做，可是，这样的服装太奇怪了，穿着它上街恐怕不大好。”

“你的意思是说它不好看！”

“不，我可不是这个意思。我是说，这样的服装更适合在戏剧舞台上穿，因为它很有艺术性。这样吧，如果下次你要参加什么演出，我一定给你做这样一套。”

当时，维尼芙雷特看上去有些失落，但她毕竟是一个聪明的孩子，也明白我所说的意思，就没有再坚持。几天之后，她似乎就把这件事情忘记了。

不过，我并没有忘记。在圣诞节那天，我参照维尼芙雷特自己所设计的娃娃服装，为她制作了一件漂亮的节日礼服，她穿着这件服装参加了一个很精彩的节目，并且受到了小伙伴们的交口称赞，那一天，维尼芙雷特真是高兴极了。在后来的日子里，女儿不仅为自己设计演出服装，还为别的孩子设计。

如今，我的衣柜里仍然保存着女儿设计的那套服装，每当我看到这套具有纪念意义的衣服，就会想起女儿小时候可爱的样子，同时为女儿从小形成的丰富想象力和创造力而感到骄傲。

第七章

好习惯是一支神奇的魔术棒

维尼芙雷特究竟是如何处理好学习与爱好之间的关系的呢？根据我的观察与分析，这大概要完全归功于她从小养成的专心致志的学习习惯。维尼芙雷特能弹琴、喜欢绘画，从小就读了大量的书籍，而且还掌握了多国语言，另外，她无论在数学、地理还是体育方面都非常出色。这些都是由于她能够在特定的时间内专心致志地做一件事而练就的。

专心方可成器

从小，维尼芙雷特的兴趣就十分广泛，比如，音乐、画画、外语，等等。于是，很多认识的人就会常常提出这样的疑问：维尼芙雷特有着那么多的业余爱好，怎么可能把功课学好呢？她有足够的时间来学习吗？

其实，人们有这样的疑问是很正常的事情，因为一般说来，孩子的业余爱好太多，的确有可能影响到他正常的学习。我接触到的一些孩子就存在这样的问题，比如，在某一领域可以称得上是一个天才儿童，但在一些基本的常识性的学科上则表现得很差劲，甚至还不如一般的孩子。不过，我却认为，对于孩子来说，只要时间安排得合理，使其养成良好的学习习惯和高效的行为风格，那么，就算学习的科目和业余爱好都很多，也不会互相干扰的。事实上，维尼芙雷特正是这样的，她不仅没有因为这些爱好而影响正常的学习，而且她的学习成绩和她的业余爱好一样优秀。

那么，维尼芙雷特究竟是如何处理好学习与爱好之间的关系的呢？根据我的观察与分析，这大概要完全归功于她从小养成的专心致志的学习习惯。维尼芙雷特能弹琴、喜欢绘画，从小就读了大量的书籍，而且还掌握了多国语言，另外，她无论在数学、地理还是体育方面都非常出色。这些都是由于她能够在特定的时间内专心致志地做一件事而练就的。维尼芙雷特从小就懂得专心致志的好处，深知不专心就不可能做好任何事情。

当然，无论好习惯还是坏习惯都不是天生的，而是在生活中一点一点地养成的。我认为，在使孩子养成好习惯的问题上，父母应该耐心细致地给孩子以正确的引导，这样才可以让孩子一生都享受好习惯带来的帮助，而避开坏习惯造成的困扰。

我的小维尼芙雷特在两三岁时，也和普通的孩子一样，爱好庞杂而且不能集中精力去做一件事情，似乎什么都想学，但却往往什么也学不好、学不精。正是由于我适时做出有的放矢的指导，才帮助她改掉了这个坏毛病。

有一次，小维尼芙雷特在房间里手忙脚乱地摆弄她的那些宝贝，时而拿起画笔在纸上涂几下，时而捧着书翻一翻，时而又要去弹弹琴。结果是忙得不亦乐乎，却什么也没有做好。后来，女儿满脸不高兴地跑到我的跟前。

“妈妈，我不想学了。”她冲着我喊道。

“不想学什么了？”我问她。

“什么也不想学了。”

“为什么呢？”

“简直烦死人了，学那么多东西，都快把我搞得发疯了！”

“为什么，学习怎么会让人发疯呢？”

“事情太多太多了，我都不知该怎么办才好了。我刚拿起笔准备画画，就想到书还没看呢，我去看书吧，可又觉得应该练琴了。”

“那么，你为什么不一件一件地做呢？”

“我也想一件一件地做，可是没时间啊！”

我了解维尼芙雷特的性格，她是个非常认真的孩子，想把所学的都学好，因此就产生了急于求成的心理，以至于失去了内心的平静，变得焦躁不安起来。

“怎么会没时间呢？”为了使女儿平静下来，我便开始耐心地告诉她如何合理地安排自己的时间。

“那么，你打算每天用几个小时来学习功课？”我问她。

“2 个小时。”维尼芙雷特回答说。

“那么画画和弹琴用几个小时？”

“画画用 1 个小时，弹琴也是 1 个小时。”

“对呀！一共才用去 4 个小时，而一天有 24 个小时，除了睡觉、吃饭、玩，你的时间还是很充足啊。”我帮她一步一步分析。

“可是，我为什么总是觉得时间不够用呢？”

“这是因为你自己安排得不好啊。”

“那么，我应该怎么安排呢？”

“我看你的时间很好安排，问题关键是，你首先要让自己平静下来。”

“唉，我就是静不下来，心里总是非常着急。”

“我知道你为什么会着急，因为你不能集中注意力去做一件事情。你在做任何一件事的时候，最好把其他的事情完全抛开。比如说，看书的时候就完全不去想画画和弹琴，等到画画的时候再想着画画，弹琴的时候再想着弹琴。这样不就可以了吗？”

“这样真的有用吗？”

“当然了。”

“那好吧，我试一试。”

于是，维尼芙雷特又回到了自己的房间。没过多久，她又来到我的房间，告诉我：“妈妈，这个办法简直太有效了。我一点也不急，反而把事情都做完了。现在我准备弹琴了。”

从此以后，维尼芙雷特慢慢养成了专心致志的习惯。等到她四五岁的时候，这种好习惯已经在她心中根深蒂固了。凡是熟悉她的人都说，维尼芙雷特是一个个性很强的孩子，因为没有人可以轻易地干扰她正在进行的工作。

记得有一个周末，我和维尼芙雷特约好要一起去游乐场，那时候由于工作的关系，我已经有半年的时间没有带她去游乐场了，她已经向我提议好几次了，我总是说等忙过这段时间。这次终于可以抽出一天来带她去玩，维尼芙雷特自然是非常兴奋，头天晚上我们还在计划着先玩什么，然后再玩什么。第二天早上吃完饭，我以为她已经收拾好在等我了，但却找不到她的影子了，叫了她好几声也没有回音。最后才发现，原来她正在自己的房间里做功课。

“维尼芙雷特，我们要走了，你不想去游乐场了吗？”

“当然想啊，你不是说要 8 点出发吗？现在才 7 点 40 分，还有 20 分钟呢，我东西都收拾好了，先把功课做完。”

“可是，现在你还有心思做功课吗？你不是一直都想着去游乐场吗？”

“我一点都不着急，妈妈，你不是总对我说，无论做什么都要专心致志吗？”

确实如此，无论什么时候、做什么事情都要专心致志，这正是我对女儿的教导。我想，她现在已经把这种教导深入自己的精神之中，无论什么时候都不会改变。我为自己的女儿感到骄傲。

我一定要做到最好

现在回想起来，我那可爱的维尼芙雷特从小就是一个好强的孩子，即使在只有四五岁的时候，她也是无论做什么事情都会尽力要求自己做到最好。在我的记忆中，这是她和其他孩子最明显的一个区别。一般来说，大部分孩子都非常贪玩，只要能够把自己的事做完就已经很不错了，很少有孩子主动要求把事做到超出自己的能力范围的。然而，维尼芙雷特却不一样，她不仅能按大人的要求去做每一件事，而且还时常自己想办法把这件事情做得更好。

由于女儿从小喜欢画画和弹钢琴，所以她逐渐结识了一帮有着相同爱好的小伙伴。这些孩子中有的是我们邻居的孩子，也有的是我和丈夫的同事、朋友的孩子。几乎每一个周末，维尼芙雷特都会不约而同的和这些小伙伴们聚在一起，或画画，或弹琴，并且经常互相交流各自的学习心得。

为了让孩子们能够更好地交流，也为了给他们一个快乐的周末，我和这些孩子的父母们商量好，为他们举办了一次钢琴比赛。当然，这样的活动不可能像正规的音乐比赛那么严格，主要是为了让孩子们玩得高兴。所以，孩子们在演奏钢琴时，可以自己选择曲目，也可以不断地重复一首乐曲，直到孩子自己满意为止。

记得那个下午，我们家可真是热闹极了。大约来了七八个孩子，几乎都是从两三岁就开始学音乐，并且都有自己的长处。有些孩子还穿着很正式的服装，感觉颇有音乐家的风范。

家长坐在观众席上，孩子们一个接一个地走到钢琴前演奏自己熟悉的曲子。有的演奏刚入门的练习曲，有的演奏简单的民谣或儿歌，有的甚至只弹一两段音阶。由于当时孩子们的年龄都特别小，几乎没有一个人能把整首曲子不出差错地演奏下来的。但尽管如此，孩子们还是兴致勃勃地参与了比赛，并且不时赢得“观众”们的掌声鼓励。

这时候，有一个名叫威廉斯的孩子，比维尼芙雷特大 1 岁，从小就受到了良好的家庭教育。他从容地走到台上，完整地弹了一首比较简单的乐曲，顿时赢得了所有人的欢呼。我想，到此为止他应该是当天唯一能够连贯地演奏而不犯错误的孩子吧，于是人们都不约而同地站起来为他鼓掌喝彩。这个孩子也非常自豪而且有礼貌地向大家鞠躬行礼，其风范俨然是一个真正的钢琴演奏家。

“维尼芙雷特，你看威廉斯多棒啊，他弹得多么流畅啊！”我拍拍女儿的肩膀，示意她也应该像威廉斯一样。

“是的，威廉斯弹得是很好。”维尼芙雷特悄悄地对我说，“不过，妈妈，我会弹得比他更好。”

“我相信你能做到，亲爱的，但是上场后千万不要紧张。”我知道，小威廉斯的演奏激起了维尼芙雷特的好胜心，所以我提醒她不要求胜心切而导致发挥失常，“我知道你平时也能弹得很好，但是这么多人看着你，可能会影响你集中精神，所以你一定要保持平静。”

维尼芙雷特听我说完，向我点点头，非常自信地说：“没关系，妈妈，我才不怕大家看着呢，等一会儿你就瞧我的吧！”

没过多久，就轮到维尼芙雷特上场了。她走到钢琴前，深吸一口气，并向我这边看了一眼。我知道孩子肯定会紧张，因为小威廉斯的演奏给了她一定的压力。于是，我向她点点头，示意她不要受到外界的干扰，专心致志地弹琴就好了。

伴随着音乐的声响，维尼芙雷特的弹奏开始了。但是，我从响起的琴声之中，隐隐感觉到她有些紧张，弹得不像平时那样稳，也不太流畅。果然，在弹了几个段落之后，维尼芙雷特弹错了，琴声停了下来。

我始终注视着女儿，用一种肯定的眼光看着她，鼓励她继续弹下去。可能维尼芙雷特感觉到了我的心声，她鼓起勇气，从头开始弹。可是，经过两个乐句之后，她又弹错了。

就这样，维尼芙雷特不是出错，就是忘了乐谱，反复停顿了很多次。我想，她这会儿心里肯定很焦急，于是便走到她身边。

“维尼芙雷特，今天是不是状态不好？”我低声问道。

“不知道为什么，今天总是出错。”

“那么，下来休息一会儿，先让别的孩子演奏吧，等你状态好了之后再弹。”

维尼芙雷特看了我一眼，又快速地瞟了一眼其他人，也许知道现在有很多人在看着她，她的脸“唰”地一下子涨得通红。

看见维尼芙雷特尴尬的样子，我赶紧小声安慰她：“没有关系，大家都是很熟的朋友，没有人会嘲笑你的。你的琴弹得好，大家都是知道的，他们都能理解你。再说，谁都有发挥不好的时候，我们去休息一会儿再弹，好吗？”

“不，妈妈，我不能这样下去。我不能让别人看到我不行。”女儿倔强地说道。

我知道维尼芙雷特的脾气，她不达到目的是绝不肯放弃的。面对这种情况，我知道再说也没有用，我能做的只是继续鼓励她：“那么，好吧，你先做一下深呼吸，让自己平静下来，然后再全身心地投入到演奏中去……”

我转身离开钢琴，女儿的琴声就响了起来。这一次，维尼芙雷特真的是把一切杂念都抛到了脑后，全身心投入了。她的演奏不仅完整，而且还表现出了她对音乐的独特理解，十分感人。当她演奏完那首曲子，站起来向大家致意的时候，所有的人都从座位上站了起来。大家不停地鼓掌和喝彩，还有人不停地喊着她的名字：

“维尼芙雷特……维尼芙雷特……”

“太棒了，维尼芙雷特，真是太棒了！”

后来，我问女儿，为什么突然之间就弹得那么好了呢？

维尼芙雷特回答说："我看见有那么多双眼睛盯着我，我为自己的失误感到惭愧。我想，我一定不能在他们面前丢脸，我一定要做到最好！所以，后来我就像中了魔法一样，状态突然就好了起来，似乎弹得比平时还要好。"

"我一定要做到最好！"这句话多么令人激动啊，听孩子这么说，我心里真是非常高兴，因为把维尼芙雷特培养成一个有勇气的人是我最大的愿望，而孩子这一天的表现已经可以证明，她正是这样一个人。

事实上，维尼芙雷特一直是用"做到最好"这样的标准来要求自己的，不仅是在音乐和绘画方面，在别的方面也是如此。我想，这也许正是她在各方面都表现得比一般的孩子都突出的原因吧。我希望维尼芙雷特能够一直保持着这样的精神，我也希望天下所有的孩子都能够具有这样的精神。

追求完美才可能拥有完美

我认为，一个人只有对自己有很高的要求才会有强烈的成功愿望，而且只有这样，才有可能取得非凡的成就。反之，那种从一开始就没有目标的人，往往会一事无成。因此，为了让维尼芙雷特将来能成为有所作为的人，我在她很小的时候就教育她要把自己的目标放在一定的高度之上。

当然，对任何一个人来说，高标准要求自己的习惯都不是天生就有的。在刚开始的时候，维尼芙雷特也并不懂得对自己高要求这个道理，她和大多数孩子一样，也是仅仅满足于自己现有的成绩，有时还会对学习或其他方面的事敷衍了事。直到有一天，在她的生活中发生了一件事，才让她改变了这种错误的认识，使她真正明白了以高标准要求自己的重要性。

记得那一天，维尼芙雷特和往常一样，在房间里玩积木。她正在搭建一个自己心中想象的大教堂。我偶然从她的房间门口经过，只是看了一眼，就被吸引住了，因为她搭的建筑真是太漂亮了。

“哇，这是个教堂吗？真漂亮。”对于女儿，我从来不会吝啬自己的赞美。

“是的，妈妈，我正在修建罗马大教堂，我曾在一本书上见过它的样子。”女儿兴奋地给我描述这个“教堂”完工后的模样。

维尼芙雷特一提到罗马大教堂，我的眼前就浮现出了它的影子，虽然女儿的教堂还没有完工，但也初具规模。我想，她的教堂一定会做得非常漂亮的。

然而，在我仔细观察女儿的作品时，偶然发现她犯了一个错误。根据我的经验来看，这个错误虽然很小，但却是致命的，有可能导致整个建筑的倒塌。可能是维尼芙雷特在搭建最底部的几个木块时太随意了，她把那几块关键的木块放在了一块卷起来的布上。我觉得那片凸凹不平的“地基”很可能使漂亮的大教堂瞬间倾塌。作为一个母亲，我有责任给女儿提一个醒。

“维尼芙雷特，我想这个教堂完工后一定很漂亮，不过，这里有一个问题。”

“什么问题？”

“你看见下面的那块布了吗？”

“看见啦，怎么了？”

“那是个非常关键的部分，但它却不平，很有可能造成整个教堂的倒塌。”

“不会吧！”

“我想，倒塌的可能性很大。因为在真正的建筑中，最关键的部分就是地基。”

“那我该怎么办呢？”

“现在只有一个办法，那就是拆掉它重做，你应该为教堂的质量负责任。”

“可是那太麻烦了！”说完，维尼芙雷特又开始继续她的工作，不再理会我这个旁观者。

既然女儿这样说了，我也没有再劝告她。我想，反正只是个游戏，何必太认真呢？只要女儿玩得高兴就行了。于是，我就不再理她，回到书房做我自己的事。

然而，没过多久，我听到了女儿的房间中传来隐隐的哭泣声。

“咦？这是怎么啦！刚才还好好的，怎么突然哭了起来呢？”我一边这样想，一边走进了女儿的房间。

我这才发现，原来维尼芙雷特搭建的教堂已然成了一片废墟，积木四处散乱在地。我想，一定是孩子因自己的劳动成果被毁掉而伤心了。

“怎么啦，维尼芙雷特？”我关切地问道。

“垮了，果真垮了。”

“为什么呢？”

“妈妈，你说对了。”维尼芙雷特一边哭一边说，“就是那块布。在我搭教堂的屋顶时，它摇晃了起来。我想去扶住它，但还是垮了下来。”

“真的吗？”我当时没有立刻去讨论她的错误，而是极力地安慰她：“我只是有那样的感觉，没想到真的会这样，真是太遗憾了。”

维尼芙雷特不再说什么，只是呜呜地大声哭起来，看样子真是伤心极了。

“维尼芙雷特，没有关系的。你再做一个更漂亮、更结实的不就好了吗？何必为这件事而难过呢？”

“可是，这个教堂是我做了很久才做好的……它居然一下子就没有了……”女儿哽咽地说着。

“没关系，既然已经倒了，哭也没有用，我认为你应该吸取教训再搭建一个，或许还会比刚才那个做得更好呢？”我看她的情绪已经缓和很多了，又安慰了她一句。

维尼芙雷特真的是个拿得起放得下的孩子，难受过后没过多久，她马上又投入到新的搭建工作中了。我看着她那忙碌的样子，俨然忘记了刚刚倒掉的那座大教堂。不过，她眼角的泪痕还没有擦干呢。

孩子真是可爱，能够抛下任何烦恼。我这样想着，为了不打扰她的"建筑工作"，我又回到自己的房间，开始我的工作。

过了有半个小时左右的时间，维尼芙雷特又跑到我的屋里，邀请我去看她新建的教堂。果然，她又搭起了一座美丽的大教堂。

"这个教堂做得真漂亮，简直就和罗马大教堂一样，甚至比它还美丽呢！"

"真的吗？"女儿听我到我的夸奖，高兴地欢呼起来。

"妈妈，我现在明白了。"女儿小声地说。

"明白什么了？"我问道。

"我现在明白你的观点是正确的，无论做什么事都要精益求精，不能放过哪怕是一丁点儿的错误，否则就可能造成很严重的后果。"

"没错，我认为你今天的最大收获就是明白了这个道理。你一定要记住，只有尽力去追求完美，才有可能拥有完美。"

我想，对于我的话维尼芙雷特真的是铭记在心了，她不仅把它写在了自己的日记本上，而且在日后的生活中，她也一直是用这样的标准来要求自己的。

心静！心静最重要！

我们都知道，想做好一件事，就必须要保持一个良好的心态，使自己内心平静下来。如果总是处于焦急的状态中，往往会把简单的事情复杂化，本来很快就能做好的事，因为着急反而要花费更多的时间和精力。在日常生活中，经常会遇见这样一些情况，有些父母希望孩子能够适应自己的生活习惯和时间安排，因而经常这样催促孩子：快点，我要出门了；赶紧把功课做完，客人马上要来了。在我看来，这种做法对孩子的成长极为不利。这样一来，孩子可能会一直处于焦躁的状态，看上去总是很匆忙，但忙来忙去却没有做好一件事。

因此，无论维尼芙雷特是在做功课还是在玩，我都从来不催促她，从不以自己的标准去要求她。而且不仅如此，当女儿落入性急的心态中时，我还会想方设法使她平静下来，给她讲“欲速则不达”的道理。我要让她明白，心里越着急就越不容易达到目的，就越容易出差错。只有让心情平静下来，才能将事情一步一步地完成，而等你回过头来的时候就会发现，原来事情并没有想象中那样困难。

有一个周末，我们全家决定去维尼芙雷特的姨妈家做客。听到这个消息之后，维尼芙雷特显得兴奋极了，因为姨妈特别疼爱她，并且她也有好长时间没有见到小表弟了，维尼芙雷特的姨妈家有一个很大的园林，里面养着各种各样可爱的小动物，所以每次去姨妈家她都玩得特别开心。所以对她来说，每次去姨妈家都是一个不小的诱惑。

然而，直到出发之前，维尼芙雷特的功课还没有完成。平时我对女儿的要求是非常严格的，必须先做完自己的功课才能出去玩。对于维尼芙雷特来说，这几乎已经成了一个必须遵守的规定。当然，她也很乐意接受这样的规定，在大多数情况下她都能够做到。

但是，孩子毕竟是孩子，年龄还那么小，在那样兴奋的状态下难免会心急起来。维尼芙雷特一边在房间里做数学题，一边不停地看表，同时不停地冲我们大喊:“快了，快了，请等一下。”

其实，当时的功课并不多，但维尼芙雷特所用的时间几乎超过了平时的两倍，这样一来，女儿就更加着急了。她拼命地做啊做啊，但功课似乎多得没完没了，还不时出错。渐渐地，她在房间里发起脾气来了。见女儿这个样子，我赶忙走进她的房间。

“真是气死我了，我怎么总是做错？”女儿非常气恼地说。

“嗯，让我来看看……这道题并不难解呀！你怎么会做不出来呢？”

“我也不知道，可就是做不出来，怎么也做不出来。”

这时，我突然明白了，女儿一定是陷入了一种十分焦急的状态之中，心里总是挂念着去姨妈家的事，所以忘了“欲速则不达”的道理，真是越着急速度就越慢。在这种情况下，一定不能再催她，否则只会让她愈加着急，而应该想办法使她内心平静下来。

“维尼芙雷特，时间还早呢，你不用着急。”

“怎么能不着急呢？要是不早点走的话，到了姨妈家天就黑了。

“不会的，我们等你把功课做完之后再出发。况且，我和爸爸现在还有些事没有做完呢，等我们把事情做完后再走。”

“可是，天黑之后就不能去看那些小动物了。”

“那有什么关系呢，反正我们要在那里住一个晚上，明天白天去林子里不是更好吗？清晨的树林才是最美的呢。我都安排好了，今晚上我们可以在姨妈的客厅里聊天，你也可以和小表弟说说话，还可以弹琴给姨妈家的人听。上次姨妈还特地对我说，她想听你弹琴呢。”

“那么好吧，等我把功课做完咱们再走。”

“你放心吧。我和爸爸都不着急，你急什么呢？如果你觉得题目太难，可以先休息一下再做，也许那样效果反而会更好一些。”

“不用了，现在我感觉好多了，我现在就去做。”

维尼芙雷特的心情平静下来之后，做功课的速度快了许多，没过多久就出来对我说功课全部做完了。

“出发喽！”女儿欢呼着，丈夫抱起了她。我们有说有笑地出门了。

在路上，维尼芙雷特对我说：“妈妈，真奇怪，刚开始的时候，我想快点把功课做完好马上走，可是怎么也做不完。后来，我不着急了，反而做得快了。这是为什么呢？”

“这很正常。因为开始的时候你心里太着急，总是惦记着去姨妈家的事，所以不能聚精会神地做功课。后来，当你认为没有必要着急的时候，内心就平静了，所以能够全身心投入到功课中去，自然很快就把它做完了。许多事情就是这样，你越想快它反而越慢，你慢慢做，却很快就做完了。这就是我经常对你说的‘欲速则不达’的道理。”

“妈妈，我知道了，以后不管做什么都不能性急，而要心平气和地去做，这样的话，什么事都可以做得又快又好。”

“维尼芙雷特真是太聪明了。”我微笑着夸奖女儿说。

可能很多父母都会遇到这样的情况，孩子莫名其妙地乱发脾气，乱扔东西，那些不明事理的父母总是觉得孩子无理取闹，而且采取斥责等方法来加以对待，结果只能造成两种可能，一种是激起孩子更大的反抗，另一种就是孩子在斥责声中沉默了，变成一个性格孤僻的孩子。我认为，这个时候应该因势利导，找出孩子焦急的原因，让他平静下来，慢慢解决自己所遇到的问题。

培养一颗宝贵的恒心

我看着维尼芙雷特一天一天长大，对她成长的每一个细节都看得清清楚楚。在那些日子里，我常常会产生这样一种感觉：她总是会不断地冒出许多新的想法，但又很少能够有恒心把每一件事都做得很好。我想，恐怕其他的孩子也都是这样的吧！不过，没有恒心的确是一个人的致命弱点。一个人无论多么有才华，在缺乏恒心面前都会变得一无是处。因此，作为父母，必须寻找机会帮孩子培养出一颗宝贵的恒心。

我心里非常清楚，维尼芙雷特是那种思维特别活跃、头脑也十分灵活的孩子，可能也正是由于这种原因，她在恒心这方面有时会表现得极为欠缺。在维尼芙雷特小的时候，她会突如其来地产生一种新的想法，但等到热情消失了之后，又显得特别冷淡。另外，还有的时候，她在学习某种新的知识时，刚开始会表现出极大的兴趣，但在遇到困难后又会立即产生退缩的情绪。

在前文中，我曾经谈到了维尼芙雷特学习钢琴的事情，可能有人认为她从一开始就是这样用心，这样努力。然而，事实并非如此。在女儿学习钢琴最初的很长一段时间里，她常常表现出缺乏恒心的情况，尤其是当遇到那种所谓“突破”的阶段时，这种弱点表现得更加突出。

我们知道，当一个人在遇到困难的时候，总会表现出某种不安和失望，有时甚至还会失去信心，这几乎是人的一种天性。而往往就在这时候，一个人的毅力和恒心就成了决定成败的最重要的因素。在学习乐器的演奏上，这种现象体现得极为突出。

大家都知道，学习演奏乐器往往需要进行大量的练习，有些时候是非常枯燥的，是一级一级往上爬的，并不是每天都会有进步，有时还会有长时间的停滞不前，甚至后退。这种时候，如果学习者能够具备足够的恒心，渡过难关后就会有很大的进步。其实，大多数人之所以不能学好乐器，就是因为在这种情况下忍受不了停滞和退步的苦恼，以至于失去信心而最终放弃学习。

迄今为止，维尼芙雷特在学习钢琴演奏上曾遇到过三次这样的难关。第一次是在她刚开始学琴之后的第 4 个月的时候，由于不能准确地把握节拍而差一点放弃了学习。第二次是在她学琴之后第一个年头，那时她好像已学完了所有最基本的演奏技巧和乐理知识。第三次就是在她 5 岁的时候，这一次似乎是最为困难的一次，那种久久不能进步的烦恼几乎已经使她对音乐产生厌恶的情绪。

有一次，我正在书房中工作，突然听见女儿的钢琴不再发出连贯而优美的曲调，而是显得杂乱无章，听上去令人觉得极不舒服。其中，还有几个和弦弹得非常粗暴，那种突然出现的强音把正在写作中的我吓了一跳。很显然，这是女儿在发脾气，以胡乱敲打钢琴来发泄自己心中的怨气。

“维尼芙雷特，不许胡闹，你不想弹就别弹了，搞得真让人心烦。”丈夫忍不住走过去训斥女儿。

不过，维尼芙雷特非但没有停下来，反而又使劲地敲了几个琴键，那种不和谐的声音震耳欲聋，让人听了很难受。

“维尼芙雷特，你怎么不听话？”丈夫非常生气，冲着女儿大声吼了起来。

这时候，我赶忙走到客厅里，把丈夫拉回了自己的房间，然后坐在了女儿的身边。

“维尼芙雷特，怎么，遇到困难了吗？”我关切地问。

“我不想再学了。”女儿气冲冲地说。

“为什么呢？”

女儿没有回答，仍然一副气鼓鼓的样子，也不看我。

“你是不喜欢音乐了吗？”

“是的，不喜欢了。”

听到女儿这样说，我知道这并非出自她的本意，显然是气话。

“维尼芙雷特，我知道你说的并不是自己的真心话。不过，我可以给你考虑的时间，过一会儿我们再谈这件事好吗？”

我说完就离开了客厅，去和丈夫商量这件事，并告诉他不应该用那样的语气对待孩子。丈夫显然是被维尼芙雷特气晕了，但他还是意识到了自己刚才的粗鲁并不是教育孩子的好办法，他决定配合我帮助维尼芙雷特渡过难关。这个时候，维尼芙雷特过来找我们了。

“妈妈，我其实不是不想学钢琴。”女儿小声地说，“只是觉得它太难了，也许我永远也学不好。”

“为什么呢？你不是一直都弹得挺好么？”

“那是以前，可现在不行了，也许我的天赋只有那么一丁点儿。”

“不会的，爸爸妈妈对你很有信心呢，一直认为你是很有音乐天赋的孩子。”

“可是，以前我学的曲目都很简单，现在难度一提高就不行了，可能我再也不会进步了。”维尼芙雷特皱着眉头说。

我知道，维尼芙雷特在学习钢琴中遇到了我们通常所说的“瓶颈”，我记得我小时候在学习中也经常遇到这种情况。为了帮助维尼芙雷特从这种不良的心理状态下解脱出来，我耐心地给她讲了许多有关学习的道理，并特别地给她举了一些音乐大师的例子，以帮助她懂得毅力和恒心是取得成功最重要的因素。

“我听说，莫扎特在小时候也遇见过这样的问题，他也有弹不好琴的时候。”

“真的吗？”维尼芙雷特听我这样说感到大为吃惊，因为莫扎特是她最崇拜的音乐大师之一，“不会吧！他可是天才啊，怎么会有弹不好琴的时候呢？”

“这是真的，我曾经读过莫扎特的传记，其中有几段说到他在小时候也遇到过几次非常大的困难，有的时候，他甚至糟糕到连最基本的音阶也弹不好。”

“不可能吧？”维尼芙雷特用怀疑的眼光看着我，“虽然我现在很糟糕，但起码还是能弹音阶的。”

“是吗？那你已经很不错了，还不能算太糟糕。”趁这个机会，我继续开导她，“我认为，你在这种情况下还能弹音阶，已经比莫扎特当时好多了。不过，有一点你却比不上他……”

“哪一点？”

“我说出来，你可不许生气啊。”

“我不生气，你快告诉我。”

“我认为，你比他差的是恒心。莫扎特的传记中写道：莫扎特在遇到困难时并没有灰心，而是一个音一个音地重新从音阶开始练习。没过多久，他不但恢复了已有的演奏能力，而且还向前迈进了一大步。这一次的进步，使他的演奏达到了优秀演奏家的水平。”

“真的吗？有这样的事？”女儿的脸色开始好转了。

“当然了。我不是曾经对你说过吗？在演奏乐器的学习过程中，遇到这样的情况是经常的事，就好像我们身体出现了一些小毛病，只要坚持一下把它克服，就会觉得非常简单了。过去，你不是也遇到过这种情况，并且顺利地渡过了难关吗？”

“是这样的，但是……”这时，维尼芙雷特陷入了沉思。

“我记得莫扎特曾经说过：‘人们都以为我的成就完全来自于天才，其实这种说法是不准确的。我之所以有如此的成就，完全归功我的不懈努力和恒心。’”我坐在钢琴旁的凳子上，继续对女儿说，“你自己想想，像莫扎特这样的大师都把成绩归功于自己的努力，更何况是你呢？你不是很喜欢莫扎特吗？那么，你就应该向他学习，不光是学他的音乐，还应该学他做人的品质和坚持不懈的恒心。”

“妈妈，我知道了，我现在就开始练琴，你放心吧，我一定会把琴练好的。”

听到女儿这样说，我知道她已经明白了我的意思，于是便回到自己的房间。不一会儿便听到客厅里传来女儿的琴声，虽然还是那么断断续续，但已经没有了一开始的那种烦躁。没过多久，她便把一首比较复杂的曲子学得非常熟练了，琴艺由此也迈上了一个新的台阶。而与此同时，维尼芙雷特也变成了一个具有超常毅力和恒心的人，这直接引导了她，使其以后有所成就，而她的这种做任何事都具有恒心的精神是其他孩子所望尘莫及的。

第八章

让孩子在愉快的环境中成长

让孩子在愉悦的心情中去学习好的行为，比带着受责备的坏心情去养成好习惯要容易得多。可以说，每个人生来就对别人的斥责有排斥的本性，成年人这样，孩子也是如此。尽管大多数孩子接受成人的权威，但过多的责备仍然会引起他们的反感。这种反感自然会产生反面的力量，削弱管束的效果。我想，既然如此，还不如采用正面鼓励的方法，这样效果会更好一些。

我从不伤害女儿的自尊心

我想，只要是有责任心和爱心的父母都会注意到，孩子的心是稚嫩的，必须小心地呵护，尤其不能伤害他们的自尊心。然而，在现实生活中，很多父母却经常在不经意间伤害了孩子的自尊心，这的确是一件令人十分痛心的事。

事实上，孩子们和大人一样，都有着自尊心。作为父母，如果能够认识到这一点，就一定能够避免许多不必要的麻烦。然而，许多父母往往对自己的自尊心比较敏感，每当孩子有叛逆行为时，伤到了自己的尊严，便会怒不可遏，一发为快。可是，当孩子们觉得委屈了或遇到有可能伤面子的事，父母们则一般都会认为：小孩子嘛，有什么面子不面子的。而且，有的时候还会有意给他们一点伤害，以此作为惩戒的手段。

我认为，这种做法是非常不明智的。这样一来，非但不会给孩子带来任何好处，反而会对孩子的心灵造成不可磨灭的伤害。不过幸运的是，从维尼芙雷特出生到现在，我就从来没有以这种态度对待她，因为我爱我的女儿，我不愿让她受到任何伤害。

哈里斯是我的一位熟人的儿子。他从小便是一个既聪明又懂事的孩子，才 6 岁就开始帮母亲做一些力所能及的家务事。有一天，哈里斯和母亲一起购物回到家，他帮着母亲将买到的东西从外面搬到厨房。母亲看到他抱着一堆玻璃瓶，不禁担心起来，说道："哈里斯，你最好分两次拿，这样会打烂瓶子的。"

哈里斯固执地说："不会的，妈妈，我之前也拿过这么多的东西。"

母亲有些生气了，看着儿子说："如果你不听妈妈的话，肯定会打碎瓶子的。"

哈里斯装着没听见，只顾往厨房里走。然而，没想到他刚走进过道，瓶子就接二连三地掉落下来，有些还被摔破了，洒了满地的汁水。

哈里斯的母亲看着满地狼藉，不禁火冒三丈："我告诉过你的，可你就是不听，还把这里弄得乱七八糟的。"

实际上，哈里斯把瓶子打碎本来就已经感到很惭愧了，他本来是想帮母亲的忙，想得到母亲的表扬，没想到换来的却是这样的结果。顿时，哈里斯感到无地自容，丢下手里的瓶子，跑回了自己的房间。从此以后，哈里斯再也不帮母亲干活了。

我认为，当哈里斯不慎摔坏瓶子后，他就已经认识到了自己的失误，这种事实造成的结果，其实比母亲事前的警告与事后的教训效果还要好。这时候，哈里斯的母亲本应该能体会哈里斯的心情，及时给孩子一些安慰，告诉他下次注意就好了。然而，哈里斯的母亲却没有意识到这一点，她本能地发泄了自己心中的情绪，对儿子采用了责骂的方法，使他感到非常难堪。我想，这种情况可能很多家长都曾遇到过，并且采取了和哈里斯的母亲类似的方法。可是，我们反过来想一想，与孩子的教育比起来，那几个瓶子又算得了什么呢？为此而伤害孩子的自尊心，难道不是太小题大做了吗？

在维尼芙雷特 5 岁的时候，就已经是个非常有主见的孩子了，可以说，几乎在所有事情上，包括吃、穿、住、行，都有她自己的观点。对于这一点，我感到非常高兴，因为从小培养女儿的自主性，也是我实施教育的目标之一。这样一来，长大之后才会果断行事，不会优柔寡断、人云亦云。然而，任何事情也都有其反面，让我时常感到头疼的是，有些时候女儿在某些方面显得太过有主见了，往往不能把事情做好。

记得有一次，我们和一些朋友去郊游。因为当时已经是春天了，大家都穿上了轻松的春装。可是，维尼芙雷特非要穿她的那件绿色大衣不可，因为她觉得那件衣服非常好看。

我对女儿说："现在已经不是冬天，天气热了起来，如果你穿大衣出去，会被捂得很难受的。"

然而，维尼芙雷特非常固执地坚持自己的观点，不肯采纳我的建议。于是，等我们到了游玩的地点，其他的孩子都穿上了轻便的服装，只有维尼芙雷特一个人捂着厚厚的大衣，在温暖的天气下，热得她满头大汗。这时，她注意到其他孩子在用奇怪的眼神看着她。

"妈妈，我有些肚子疼，我们回家吧。"维尼芙雷特对我说。

我知道女儿的意图，她自己已经觉得不好意思，是在想找借口离开这里。

"哇，春天真让人感到舒畅。"我假装没有听到女儿的话，只是自言自语地说，"那些孩子穿的衣服显得多么轻松呀。"然后，低头对维尼芙雷特说："我早就想到你可能会改变主意，所以把你的春装也带来了，想不想到树林里去把它换上？"

这时，维尼芙雷特的脸上顿时阳光灿烂，亲热地吻了我一下，并要求我带她到树林中去换衣服。并且，从此以后，维尼芙雷特再也不那么固执，并养成了善于接受别人意见的好习惯。

我想，在这件事情上，如果那天我不给女儿带上春装，而让她忍受由穿得太厚而带来的难受，以及别的孩子对她的奇怪眼光，或者当着众人的面嘲笑她，那么一定就会对她的自尊心造成伤害。那样的话，不仅不能让女儿养成采纳别人意见的习惯，还会使她在今后做任何事情时都不敢自己做决定，从而损害她的自信心。

相反，我采用了另一种教育的方法，我不露痕迹地把女儿从尴尬中解救出来，她当然会感激我的做法，也为自己摆脱困境而庆幸。并且，她也会知道，到了春天就应该穿春天的衣服，无论冬天的衣服有多么漂亮。她还会懂得，有些时候放弃自己的观点，听妈妈的话是不会错的。

用“暂停法”来摆脱情绪失控

在培养维尼芙雷特的过程中，我发现年幼的女儿经常会陷入一种不能自控的状态，似乎丧失了任何使自己镇定下来的能力。有时候，她还会提出一些无理要求，而当要求没有得到满足的时候，她就会无休无止地哭闹和不顾一切地反叛。我想，这也许是所有孩子的一种通病，对于孩子来说，这大概也是一种很普遍的现象。

可能很多父母都有过这样的经历：当他们在向孩子大喊“不许这样”的时候，孩子就好像没有听见一样，仍然哭闹不止。于是接下来，生气的父母可能打孩子几下，试图以这种方法来止住孩子毫无道理的哭闹。然而，大量事实证明，这种方法非但没有成效，还会导致孩子像被火上加油一样更加暴躁，结果父母也就愈加不能控制自己，大发脾气。一时间，孩子的哭喊声和父母的呵斥混合在一起，还夹杂着父母打孩子的声音，那种情形简直可以说是天翻地覆，让人感到疲惫不堪。

我认为，遇到这种情况，父母的出发点并不是要惩罚孩子，而是要使孩子停止“疯狂”的行为。在维尼芙雷特的成长过程中，也会像一般的孩子一样，偶尔会有这种“疯狂”的时刻，而我通常则会采用“暂停法”来控制女儿的这种情绪失控。

记得有一次，我准备带 3 岁的维尼芙雷特去一位朋友家做客，当什么都准备妥当的时候，她突然要求穿上自己刚刚换下来的一条裙子，而这条裙子在她之前的玩耍已经被弄脏了。当她的要求遭到我委婉的拒绝之后，她突然发疯似的拉着我喊：“我就是要穿那条短裙子，你快给我换上。”

我向她做了充足的解释，并且已经收拾停当，最后实在没办法，便生气地对她说：“维尼芙雷特，如果你再这样胡闹下去，我就不带你出去了。”

“不去就不去，反正我就是要穿那条短裙子。”小维尼芙雷特喊道，嗓子已经哭得有些嘶哑了。

于是，我把已经打开的房门关上，冷静地对她说：“维尼芙雷特，你现在情绪不稳定，我们停一停。”然后，我把她带到她的房间，把她放在床边的小凳子上。女儿没有反抗，尽管还在哭叫，但却乖乖地坐在那里。

“5 分钟之后，我过来找你。”我对维尼芙雷特说。

维尼芙雷特点点头，坐在那里没有动，接着我走出了她的房间。5 分钟后，维尼芙雷特不再哭泣，在房间里喊我：“妈妈，我可以出来了吗？”

“可以了，那么你还想去安迪叔叔家吗？”

“想去。”女儿走到我跟前，把头靠在我身上，乖巧地说，“妈妈，我们走吧。”

实际上，我让女儿“暂停”一下，并不是想让她在痛苦中学到什么，而是为了使她摆脱暴躁，重新获得平静，忘掉自己的无理要求。因此，假如女儿在“暂停”的时间里发现了什么好玩的东西或游戏，只要没有危害，我就会让她高高兴兴地玩一会儿。

在维尼芙雷特3岁的时候，喜欢拿着画笔到处乱画，有时根本不在我为她准备好的纸上画，似乎无法控制自己。有一次，维尼芙雷特又把画画得到处都是，于是我便拉着她的手说："你是想规规矩矩地玩呢？还是想到你的房间去待上5分钟？也许到房间里去待一会儿，会让你感觉好一点。"

小维尼芙雷特非常调皮，她好像要试探我是否会真的实行这一办法，丝毫没理我的话，依然任性地涂抹着家具。我对她说："看来，你选择了回房间待一会儿，是要我送你去呢，还是你自己去？"

维尼芙雷特没有动，于是我拿下她手中的画笔，拉住她说："那么，你是选择了让我送你去。"到了她的房间，我心平气和地对她说，"等你觉得好一点儿之后再出来找我，我们可以玩别的游戏。"说完我便离开了。

大约过了四五分钟，维尼芙雷特从房间里走了出来，她显然已经忘记了刚才的"不愉快"，自己在地上玩起了积木游戏。

后来，我为维尼芙雷特买了一个计时器，让她自己设好"暂停"的时间，通常是5分钟。有时候，女儿拒绝在自己的房间里待着，跟着我跑出来，我会立刻把她送回去，并且延长时间。有时候我会问她，要不要我在里面陪着她，直到她感觉好一些为止。

在维尼芙雷特4岁的时候，她已经习惯了我用这种"暂停法"的方式让她平静，每次她都是自动地走进房间，直到心情平静下来。有时，她会在房间里玩一些别的东西，而我从来不干涉她。在这种情况下，她甚至会忘掉规定的暂停时间，索性待在里面高高兴兴地玩下去。

也许有人会认为，我的这种"暂停法"对孩子来说是一种惩罚，与很多父母都会采用的"关禁闭"的方法无异。实际上，我认为这两种方法有着本质的差异。我从来会不让女儿感觉这种"暂停"的方法是对她的惩罚，而是让她认为是另外一种放松方式。因为，一旦给她惩罚的感觉，她就会拼命地反抗，这不仅不能帮助她摆脱原有的坏情绪，反而会让坏情绪更加强烈。

根据我的经验，应用“暂停”的方法来帮孩子控制情绪，是非常有效的。可以说，与那些惩罚相比，孩子会很乐意接受这种方法。因此，如果你的孩子也经常会情绪失控，并且到目前为止你还没有找到合适的解决方法，那么不妨就试一试这种方法。

我与女儿互相尊重

我认为，父母完全有理由让孩子知道自己的烦恼，无论对大人还是孩子，这都是一种非常明智的选择。事实上，把自己的烦恼告诉孩子，就会让孩子产生一种平等相待的感觉，他们会觉得自己受到了尊重，那么相应地，他们也会因尊重你而停止自己的无理行为。

大多数父母可能都有体会，有时候孩子的自私简直令人惊讶，甚至当他们已经到了应该很懂事的年龄，却仍然是那么的“不懂事”。这常常让父母很生气，却又不便发作，因为他们已经表示理解孩子的苦衷，并愿意尽力帮助孩子。这时候，怎么能有任何抱怨呢？

不过，在我看来，父母的这种自我牺牲和忍耐都是有限的，当这种烦恼积累到一定程度之后，就会瞬间爆发出来，造成家长和孩子双方的不愉快。因此，在这种不愉快爆发之前，做父母的不妨真诚地跟孩子谈一谈心，说一说自己的困扰，我想会得到孩子们的理解的。

在养育维尼芙雷特的过程中，我发现当我明确地向女儿说出自己的感受时，往往会收到意想不到的效果。在我看来，每当这个时候，一向只考虑自己的情绪而不管别人感受的女儿，会突然变得非常有理智，开始照顾别人的情绪了。不过，值得注意的是，向孩子表达自己的感受，并不是控诉和指责孩子，不能把握好这种区别，就收不到理想的效果。

维尼芙雷特有个叫安娜依丝的小伙伴，和自己的母亲达成了一项协议：如果没有什么特殊的安排，安娜依丝每到周六必须首先打扫自己的房间，把它收拾干净后再做其他的事情。可是，在这个协议执行了两个星期之后，安娜依丝的母亲有一天到女儿的房间里检查，发现里面乱七八糟，根本没有整理过。这时候，安娜依丝已经和小伙伴们到外面玩去了，而且玩到很晚才回家。

安娜依丝一回来，母亲就生气地说："安娜依丝，你今天的做法真是让我感到很难过。你总是这样说话不算数，该做事的时候悄悄溜掉，我认为这是不负责任的表现。"母亲把自己心里的话说了出来，口气中充满了抱怨与责备。没想到，安娜依丝撇了撇嘴，就走进了自己的房间，把门一关，留下母亲独自在那里生闷气。

据我看来，这位母亲一开始确实是想表达自己的感受，但说着说着就变成指责了，而这种指责只会激起女儿的反抗。试想，如果安娜依丝的母亲这样说："我很失望，我想我们应该履行协议，先收拾完房间再出去玩。"那么，效果必然会完全不一样。这样，既表达了母亲对孩子的不满，又没有给孩子发脾气的理由，女儿也会认识到自己的错误，理解自己的母亲，下次必定会做出改变。

在维尼芙雷特小时候，也总是没有时间概念，有时候和小伙伴们玩得高兴了，会很晚才回家。关于这件事，我曾经提醒过她几次，她似乎也有所改正。但有一天，维尼芙雷特和小伙伴们玩又忘记了时间，等到很晚才回家。我一见到她就说："感谢上帝，你总算没有出事。"

维尼芙雷特说："我一直在罗茜家玩啊，怎么啦？"

我说："你应该早点回家，刚才妈妈非常担心，你玩到这么晚还不回来，我真怕你出了什么事。"

女儿扑过来亲吻了我："对不起，妈妈，我以后一定早点回来。"

我采取了正确的方式，让女儿深刻地认识到了自己的错误，也让她感受到了我对她的爱，因此她就会懂得理解和尊重我。从那以后，维尼芙雷特就很少让我为她担心什么了。所以，我认为父母在表达自己的感受时，要采取恰当的方式和语气，否则孩子就会认为你不真诚。让他感觉你在责备、刁难他，这样一来，就很难达到你的教育目的了。

我们知道，一个人要想得到别人的尊重，首先就要尊重对方。这一规则在成人之间运行，没有任何障碍，可是在大人与孩子之间，它往往被束之高阁。一般来说，大人与孩子之间的矛盾大多都是由于父母过于随便的许诺造成的。在现实生活中，有不少这样的父母，他们在提出建议时往往会表现得过于慷慨，可到头来却又不能兑现，最终导致孩子的不满。实际上，这样做既不尊重孩子，也得不到孩子的尊重。

维尼芙雷特的父亲总是很忙，很少有时间带女儿出去玩。有一天，终于有了一个难得的机会，可以在周末和女儿一起待上一整天。于是，他在头一天就兴冲冲地对女儿说："明天爸爸有时间，你想到什么地方去玩，我都可以带你去。"

"太棒了！"维尼芙雷特兴奋地喊道，"我想到郊外去搞一次野炊。"

这时，她的父亲却感到有些为难："嗯，恐怕不行，那太耽误时间了，因为晚上我还要和别人一起吃饭，可能来不及赶回来。"

"那么，我们就去看儿童剧。"女儿又提出了一个建议。

"可是，那种地方太吵了，爸爸整天忙这忙那的，想安静一下。"

"随你便吧。"女儿顿时变得无精打采了。

后来，我就这件事和丈夫谈了很久，劝他以后不要随便向女儿许诺。从那以后，每当维尼芙雷特提出这类建议时，我和丈夫都要做一些限制，提出几个具体的游玩地点，供她挑选，或者规定一下行动范围，而不是先使女儿有过高的期望，然后又让她大失所望。

我认为，如果父母说话不算数，孩子就会失去对父母的信任感。试想，孩子怎么可能尊重一个不值得信任的人呢？要知道，我们面对的不是一个可以随便摆布的玩具，而是一个活生生的有着复杂感情的人。

孩子期待你的鼓励和表扬

我认为，作为父母一定不要吝惜对孩子的鼓励和表扬。因为，在孩子的眼中，父母往往有着高大、十全十美的形象，能够得到父母的认可，便能够使他们朝着更好的方向去努力。可以说，鼓励和表扬是最好的教育方式之一。因此，每当维尼芙雷特心血来潮做了好事时，我都会不失时机地表扬和鼓励她，对她予以充分肯定，并对她讲这样做对他人、对自己、对环境的好处。

在一般情况下，父母对孩子的赞赏，往往倾向于夸奖他们一些天资的方面，诸如这个孩子真聪明、长得真漂亮之类的，但是对于孩子后天的努力，尤其是表现得比较微小的努力却总是满不在乎。我认为，这是父母认识方面的错误，应该予以纠正。

克丽亚特夫人是我的好友，我们经常在一起交流教育孩子的经验，她曾经对我说过这样一件事：

有一天，当她去洗漱间的时候，看到儿子亨特的牙刷又扔在台子上，便叫住他说："亨特，你怎么又把牙刷放在外面了？我不是对你说过，牙刷用过之后要放到牙杯中吗？"

当时，亨特正在摆弄自己的玩具，根本没有把妈妈的话放到心里去，只是心不在焉地回答了一句："我知道了。"

克丽亚特夫人看见儿子并没有加以注意，认为有必要再强调一下，以巩固"训导"的效果。

"亨特，你过来一下。"

"干什么啊？"亨特极不情愿地放下玩具，走了过来。

"现在就把牙刷放进杯子里。"

亨特很快地放好牙刷，转身就走了。

“以后记住了。”

“知道了。”

第二天，亨特把牙刷放到了杯子里，但母亲并没有在意，第三天，牙刷又出现在了台子上。

“喂，亨特，你又忘记把牙刷放回去了，究竟怎么搞的？”

“我以为你不记得了。”亨特有点赌气地说道。

“为什么说我忘记了？”克丽亚特夫人大惑不解。

“那昨天我把牙刷放回去了，你什么也没有说呀！”

听完克丽亚特夫人的讲述之后，我再次意识到，孩子确实是非常需要被注意和表扬的。当孩子做错事的时候，我们应该提醒和纠正他们，但是等他们改正错误，养成了好习惯之后，我们更应该给他们足够的肯定，使他们对自己的正确行为有信心，并有足够的兴趣去巩固自己的成果。

在上面这个例子中，正是由于克丽亚特夫人忽视了亨特的进步，没有给他及时的鼓励和表扬，才导致他“旧病复发”，继续把牙刷放到外面，虽然亨特也有故意的成分，但之所以要这样做，不就是想引起母亲的关注吗？事实上，孩子的要求其实很简单，就得看做父母的能不能对孩子有足够的重视。

在养育女儿的过程中，我还深深地感受到，让孩子在愉悦的心情中去学习好的行为，比带着受责备的坏心情去养成好习惯要容易得多。可以说，每个人生来就对别人的斥责有排斥的本性，成年人这样，孩子也是如此。尽管大多数孩子接受成人的权威，但过多的责备仍然会引起他们的反感。这种反感自然会产生反面的力量，削弱管束的效果。我想，既然如此，还不如采用正面的鼓励的方法，这样效果会更好一些。

有一次，维尼芙雷特看了一本有趣的书，书中讲到水的重要性，并提到了人类对水的浪费将造成在未来会面临缺水的危险。在过去，维尼芙雷特总是放大水龙头洗澡，有时甚至在浴室里让水龙头一直开着，让水白白地浪费掉。我曾很多次告诉她不要浪费水，但这些话就像随风而去的云雾，消失得无影无踪，根本没有效果。可是在这一天，女儿居然很快地洗完了澡，并主动地关上了水龙头。

“今天怎么这么听话呢？”我问女儿。

“因为要节约用水，书上就是这样写的。”女儿对我说。

“真是了不起，我的小维尼芙雷特居然知道节约用水了，真棒！如果每个人都能像你一样，将会节约多少水啊！”

听了我的表扬，女儿心里美滋滋的，给了我一个满怀的拥抱，并且告诉我，她以后再也不会浪费水了。从那以后，女儿不仅自己节约用水，还时常提醒她的父亲也节约用水，并对他讲浪费水的危害。

我认为，对孩子进行适时的、恰如其分的鼓励是非常有必要的，因为当孩子意识到自己的好行为被大人注意时，便会在内心里调整了自己行为的取向，使好的行为一直巩固下去。这难道不正是我们教育孩子的目的吗?

诚然，作为父母，要想不断地关注孩子的每一点滴的进步，且不失时机地予以鼓励，并不是一件容易的事。不过，我仍然要劝告那些年轻的父母们，应该学会善于表扬自己的孩子，不要忽视生活中对孩子有好处的一点一滴的机会。

激发孩子探索世界的勇气

有一段时间，我和丈夫的工作都很忙，没有时间来照顾维尼芙雷特，就把她送到祖母家里。在那里，她差不多度过了半年多的时光。祖母对小孙女非常疼爱，为了让小维尼芙雷特过得开心，祖母为她布置了一个安全又有趣的房间，专门作为她的娱乐室。在那个房间里，不仅地上铺满了厚厚的地毯，连墙根也摆放了柔软的垫子，地上的玩具也都是干净而安全的布娃娃之类的东西。刚开始的时候，维尼芙雷特非常喜欢这个属于自己的小空间，在这里尽情地玩耍，似乎忘记了外面的世界。但是时间一长，慈爱的祖母逐渐发现，孙女慢慢对这里失去了兴趣，有时还会表现出烦躁不安的情绪。

由于整天待在那个房间里，维尼芙雷特感到非常无聊，总想着到外面的房间去玩。于是，她便开始趁祖母不注意，溜出去玩。刚开始的时候，祖母只要发现她在外面，就把她抱回那个房间，但祖母总有很多事情要处理，并且每次把她抱回去之后她都会闹情绪，于是渐渐就由着她到处跑了。结果到后来，那个专门为维尼芙雷特设置的娱乐室成了休息室，她很少再到里面玩，只是偶尔进去休息一下。她的大部分时间都在其他的房间里钻进钻出，还常常跑到屋外去。

有一天，维尼芙雷特悄悄溜进了厨房，并突然对一把小刀产生了兴趣，就拿起来玩。没想到她的这一举动被祖母发现了，祖母顿时紧张起来，赶紧冲上去夺下了她手中的刀子，并大声说："我的天哪！你怎么可以动这个，这太危险了！"显然，祖母激动的神情把维尼芙雷特给吓着了：她怔怔地看着祖母把刀子放在高高的柜子上面，她觉得自己犯了天大的错误。

然而，等维尼芙雷特从一时的惊吓中恢复过来之后，就开始对祖母的做法不满起来。祖母越是不准她玩，她就越是不顾一切地冲过去拿那把刀子。后来，尽管祖母严加防范，但还是发生了事故。

有一次，维尼芙雷特看到祖母正在用那把刀子削水果，便跑过去抢，结果在和祖母抢夺的时候割伤了手指。维尼芙雷特的行为让祖母极为气愤，她实在拿这个小孙女没有办法，便不顾孙女的哭闹，用强迫的办法把她关进了那间娱乐室。然而，从那之后，维尼芙雷特不仅没有变得老实起来，甚至还故意毁坏其他的东西。

起初，祖母以为孙女的胆子越来越大了，但后来才渐渐发现，维尼芙雷特除了在娱乐室里"放肆"之外，再也不敢去碰别的不熟悉的东西了。

后来，维尼芙雷特的祖母对我说：“不让小维尼芙雷特走出娱乐室玩，她就会没精打采的；可让她出去吧，又会弄坏家里的东西，还会伤害自己。自从那天把手割破之后，她又变得过于胆小了，唉，我真不知道拿她怎么办才好！”

在养育孩子的过程中，这的确是一个难题。许多父母都不想阻止孩子用自己的双手去探索这个世界，都希望培养和满足他们的好奇心，谁也不想由于阻止孩子们探索而使他们对外面的世界产生恐惧心理，但与此同时，父母们又很担心孩子会不小心弄伤自己或毁坏东西。要知道，对于孩子那稚嫩的身体来说，一次小小的磕碰就有可能造成永久的伤痕，留下终生的遗憾。在我们的生活中，不是有很多这样的例子吗？那么，作为父母，我们究竟应该怎么呢？

我认为，要想解决这个问题也并不是那么困难。根据我的经验，告诉孩子有的东西不可以碰，而且某些东西绝对不能碰是很重要的。不过，在进行这番告诫之前，我们必须先控制好自己的情绪，不能表现得过于紧张，仿佛大祸临头似的。否则，这样会使孩子感到恐怖，既受到惊吓又对外面的世界产生畏惧心理，使他们对未来没有安全感。要知道，孩子的内心一旦有了这种恐怖的阴影，就会什么也不敢动，并渐渐失去一个人最宝贵的东西——自信心。

后来，我的工作终于告一段落，维尼芙雷特又回到了我的身边，在我的引导下，她渐渐恢复了探索世界的勇气。有一次，她又去玩小刀子。我尽量用平静的语气对她说：“这不是你玩的东西，你应该到那边去玩。刀子可不是玩具，不适合小孩子玩。”她看上去虽然也不是很乐意，但也没有多余的反抗。

之后，每当女儿到厨房看我做菜，我总会不时地提醒她说：“你可以在这儿玩，也可以学妈妈做菜，但是有些东西你不可以动，如果你动了，我就只好让你到外面去。”这样重复多次以后，女儿就慢慢知道为什么有些东西不能碰了。我想，我的方法最终还是取得了成效。试想，如果在那种情况下，我用严厉、愤怒的态度来禁止维尼芙雷特去动某件东西，就会激起她的逆反心理，还会使她产生更强烈的好奇心，从而导致我们不想看到的结果。

一般来说，维尼芙雷特玩的东西，只要对她没有伤害，我从不阻止她玩，因为把孩子限制在狭小的空间里，非常不利于他们的自信心和勇气的形成。

许多父母可能都会发现，孩子一般都喜欢模仿大人的举止，有时还喜欢拆卸东西。我认为，这是他们成长过程中很重要的一个环节，这可以帮助他们了解这个世界，激起他们的好奇心与想象力。

有一次，维尼芙雷特走进我的书房，很长时间都没有出来。于是，我走进去看她在做什么，一进门我就大吃一惊，我发现自己的文件夹、手稿和卡片撒在地上，女儿正在玩一个漂亮的文件夹。

当时，我感到天旋地转，觉得自己都快要怒吼了，但是，我想到以前并没有规定维尼芙雷特不许玩文件夹，她对于自己的错误并没有清楚的认识，在她的眼里，这也许并不是一种错误，于是我便竭力控制住了自己。

我对女儿说："你不应该玩这些东西，这都是妈妈工作用的。"

女儿不解地问："为什么不能玩呢？我觉得这些东西好玩，我想知道它们是做什么用的。"

为了满足女儿的好奇心和求知欲，我详细介绍了这些东西的用途，并另外给了她几个文件夹，对她说："这样吧，我分一些卡片和文件夹给你，在你的房间里也放一个书架，你玩你的，别用妈妈的，好吗？"我对女儿说。

"好啊！"女儿高兴地回答。

在那以后的很长一段时间里，维尼芙雷特都在自己的房间里摆弄那些文件夹和卡片，一副专心工作的架势。

由于女儿喜欢模仿我的一些行为，所以我就尽力为她创造一个可以模仿大人的环境，这样一来，既满足了她的好奇心，也可以防止她去动大人的物品。我想，这种教育的方式，或许可以解决一些父母的烦恼吧。

其实，对于孩子的好奇心，最关键的一个词就是“引导”，而不是“批评”。比如，由于打字机帮维尼芙雷特学会了拼写，所以她一直对这台机器充满好奇，总想弄清它的工作原理。在她的要求下，有一次她父亲还专门把打字机拆下来，仔细给她讲解内部的结构。尽管非常麻烦，但为了帮助女儿养成喜欢钻研的好习惯，我认为还是非常值得的。

必须让孩子学会“等一等”

我认为，一个人的耐心不是与生俱来的，而是经过后天培养的。当孩子还在处在襁褓中的时候，他的哭声就好像是命令，没有哪位父母会去违抗，他们总是以最快的速度把奶瓶递过去。事实上，父母用这种方法对待孩子是不妥当的，因为如果不去找出孩子哭闹的根本原因，而只是简单地用吃来解决所有的问题，这种做法仅仅是满足孩子的生理需要，却无法培养孩子的耐心。

当维尼芙雷特还是个婴儿的时候，我就开始有意识地培养她的耐心。一听到她的啼哭，我就知道她一定是饿了，但我不会立刻喂她东西吃，而是让她哭一会儿再喂，我认为，这样可以培养她的耐心。

事实上，那些很小的孩子需要父母的帮助，他们迫不及待的心情是可以理解的，而且孩子以啼哭来表达想吃东西的愿望，也是很正常的。不过，当孩子逐渐长大，尤其是当他们学会用语言表达自己的要求之后，父母就应该有意识地培养他们的耐性。也就是说，必须要让孩子学会等待，学会在适当的时候做某件事，学会如何与他人协调。从小培养孩子这样的性格，对他们将来是很有帮助的。

在养育维尼芙雷特的过程中，我经常发现她没有耐心。很多时候，她只要想到或听到了什么就必须要立刻去实现，否则就会纠缠不休，直到我不耐烦了，不得不满足她的要求或做出让步为止。为了帮女儿纠正这个坏习惯，我可以说是想尽了办法。

有一次，我在厨房里烤面包，女儿闻到了香味，就跑了进来。

“妈妈，妈妈，我要吃面包！”

“现在面包还没烤好，你需要再等 5 分钟。”

那时候，维尼芙雷已经 3 岁了，她还是那样没有耐心：“我不要等，现在就要吃。”

“维尼芙雷特，面包没烤好怎么吃？你要是饿了，就先去吃点糖果吧。”

“不嘛，我就要吃面包。”我了解女儿此刻的心情，知道她等不及了。但为了让她明白什么是等待，我索性把她带到厨房外面，不再理她了。

5 分钟之后，维尼芙雷特又跑进厨房，急不可耐地对我说：“妈妈，5 分钟到了，快给我面包吃。”

此时，面包的确已经烤好了，但为了培养女儿的耐心，我并没有马上给她，而是让她再安静地等一等。

“再等等，面包是烤好了，但它现在还很烫，你还不能吃。”我耐心地对女儿说。

“不，我不怕烫，我现在就要。”女儿终于忍不住，大吵大闹起来。

“维尼芙雷特，你得学会‘等一等’，如果你再这样胡闹，我就不给你吃面包了。”

女儿很生气，猛地冲出厨房，跑到自己的房间里，痛哭了起来。过了一会儿，我把烤好的面包放到餐桌上，对着她的房间喊道：“哦，面包真香啊，现在可以吃了。”女儿没反应，我知道她还在生气。不过，我没有理她，而是继续做别的事。又过了一会儿，我发现她悄悄从房间里走了出来，坐到餐桌前吃面包。

我走过去对她说：“维尼芙雷特，你要知道，做什么事情都不能太着急，必须要等待一定的时间。刚才时间没到，所以你不能吃面包，现在我让你吃，是因为时间到了。要记住，无论做任何事情，都要等合适的时间，这样才能把事情做好。”

维尼芙雷特吃着面包，对我的话没有做出任何回应，但是我知道，她已经把这些话记住了。因为在后来的生活中，我发现她变得越来越有耐心了。

我认为，等待是人生中必不可少的，失望也是不可避免的。我之所以要培养女儿的耐心，就是因为我明白，孩子有太多的要求，如果她的每一个要求我都去满足，就算我忙得焦头烂额，也无法满足其中的一半。我觉得，让女儿明白这个世界不是以他们为中心的，这一点非常重要。因为，每个人都有自己的要求，就算是父母再爱孩子，也不能让孩子以为自己的要求是应该首先被考虑到的。我希望女儿能够明白这个道理，这对她将来的成长会大有好处。

当然，要想训练孩子的耐心，父母首先得有耐心，这一点是非常关键的。在生活中，有许多父母教育孩子时缺乏耐心，其结果也就可想而知了。因此，当孩子用不停哭闹来迫使父母满足他的要求时，父母一定要沉得住气，不断提醒自己此时正在训练孩子，只有自己有耐心，才能把孩子培养成有耐心的人。

在维尼芙雷特的成长过程中，常常会有这样的事：我正在工作的时候，她要求我带她出去玩。

有一次，女儿对我说：“妈妈，我想到公园里去玩。”

当时，我正在写一篇论文，于是就对她说：“等一会儿，妈妈把这篇论文写完再去，好吗？”

“不，我现在就要去。”女儿显得非常固执。

“维尼芙雷特，这是一篇很重要的论文，所以妈妈必须要把它写完，你先自己玩一会儿，过会儿我一定带你去。”我解释道。

大约 15 分钟之后，女儿又来催我：“妈妈，还要多久？”

当我告诉她还要再等一等时，她一句话也不说就走了出去。

我写完论文之后，就去叫维尼芙雷特："我的工作完成了，我们走吧，妈妈带你去公园玩。"

"不，先等一会儿，我把这本书看完再走。"维尼芙雷特学着我的口气说。

由于论文终于写完了，我也想放松一下，因此很想出去走走，可这时女儿却偏偏摆起架子来了。无奈之下，我只好坐在客厅的椅子上等她。等女儿看完书之后，我们才一起出门。

有很多父母，总是习惯让孩子等自己，而自己却不愿意等孩子，每当要出门的时候，总是不停地催促"快一点""怎么总是这么慢"。我想，这很可能会让孩子觉得他没有得到父母的尊重，因而不仅不会对孩子起到良好的教育作用，还会引起他们的反感。除此之外，还有可能让孩子养成无论什么时候都急匆匆的习惯，办事总是慌慌张张，没什么章法，结果把时间给耽误了，事情也没有办好。

我认为，在许多事情上都要依赖父母的孩子，往往会没有安全感，其实任何人都希望控制自己的生活，所以一定要鼓励孩子们恰当运用自己的控制力，而不是对父母言听计从，自己什么主意也没有。事实上，也许当你的孩子在说"等一等"的时候，可能就是他在有意要表明自己的权利。因此，当父母遇到这种情况的时候，不妨对孩子宽容一些。大多数时候，孩子此时的确正在做自己感兴趣的事，这时生硬地打断他们，是很不恰当的。所以，在培养孩子的耐心时，父母的耐心是非常重要的。

多为孩子留出一点儿时间

在很多情况下，正是由于父母没有给孩子应有的控制权，才最终导致了父母同孩子的一些争执。作为父母，你应当反思一下，你有没有在不经意中让孩子成为自己的随从。比如，你要出门了，而孩子还没有穿上鞋子，你会不会不停地在旁边催促孩子“快点、快点”；或者大家都吃过晚饭了，只有孩子还在餐桌上“磨蹭”，你有没有在一旁用不耐烦的口气对他说“怎么总是每次都剩下你”“你能不能吃快一点啊”之类的话？如果有，那么你有没有认真去考虑孩子的感受？

在我们看来，父母总是非常匆忙的，因为成年人总是有很多事情要办，要赶时间。然而，对于小孩子来说，时间似乎对他们来说并不意味着什么，所以总是习惯性地在他们身后不停地催促着。然而，父母的催促常常使孩子感到自己的自由被侵犯了，就像自己在被逼迫着做一件事一样。结果，在大多数情况下，这种被逼迫的感觉不但不会使孩子快一些，反而会让他们产生逆反心理，有意拖延时间，以表明自己有控制局势的能力。

根据我的经验，给孩子足够的准备时间，反而更会使他们加快做某件事的速度。这是因为，孩子在父母的宽容下，往往会对自己严格起来。他们会觉得，自己拥有掌控自己的能力，可以按照自己的意志来行事，而不仅仅是父母的“小跟班”，要在父母的命令下去做事。也就是说，父母把他们当作“大人”来看待，对他们表示了尊重，做出了一定的让步，那么他们自己也会尊重自己，对父母做出一定程度的让步。这样一来，矛盾就会顺利化解了。

在维尼芙雷特的成长过程中，无论是开始学习还是要出门，我都会给她足够的时间做准备。这不单是具体的时间，更主要的是在精神上有了准备，让她意识到目前的活动需要告一段落，下面要做另外一件事了。有了这种心理上的准备，女儿对于我的安排，往往很容易就会接受。

有一次，维尼芙雷特在家门前和邻居家的孩子做游戏，玩得非常投入。但是，那天我和女儿之前已经约好要去姑妈家，于是我在准备就绪后就去招呼她：“维尼芙雷特，我们该走了。”

“去哪里啊？”女儿头也不回地说道。

“昨天不是和你说好了，今天去姑妈家吗？”

“知道了，但我想再玩一会儿。”

“还要再玩多久？”我问女儿。

“我不知道。”维尼芙雷特说完又继续做游戏，完全不理会我了。

我在旁边等了一会儿，看女儿毫无停下来的意思，便又对她说：“维尼芙雷特，我们要走了，不能再等了，否则到你姑妈家就太晚了。”

“再玩一会儿。”女儿仍然这样说。

“不行，现在就走。”我冲过去，拉着她的手，想要把她强行带走。

这时，维尼芙雷特大声哭了起来，脚一直拖在地上，邻居家的孩子也被我的“粗暴”行为吓得呆住了。我突然意识到，自己的做法极为不妥，可能是因为我当时太着急，担心耽误了时间，所以在不自觉中采用了和我平时相反的做法。由于女儿都已经哭了，我在自责和内疚中不得不改变自己的态度，让她再玩一会儿。

我对维尼芙雷特说：“那好吧，你再多玩 20 分钟好吗？”

“好的。”女儿破涕为笑，又投入到了游戏之中。

这时候，我不停地看着表，在一旁耐心地等她。

很快，10 分钟过去了。

“维尼芙雷特，再过 10 分钟我们出发，知道吗？”

“知道了。”女儿回答道。

又过了 10 分钟，我对女儿说：“维尼芙雷特，现在时间到了。”

“妈妈，我再玩 5 分钟好吗？”

“不行，我们是约定好的，好孩子都是要遵守约定的。”

“那好吧。”女儿再也没有多玩一会儿的理由，于是就乖乖地和我一起出发了。

实际上，去姑妈家玩是维尼芙雷特自己提出的要求，但她在玩耍中忘掉了这件事，只觉得现在玩得很好，不愿中断游戏。前一天，我确实对她说了这个计划，但现在已经过了一天，女儿已经将这件事淡忘了，突然提出要求，特别又在她玩得正高兴的时候，她自然不会愿意合作。后来，我多给了她 20 分钟的游戏时间，并不时地提醒她，使她有了足够的精神准备，所以当最后的时刻来临时，她能果断地结束自己的活动，参与到我和她事先约定好的活动中来。

从我的经验来看，小维尼芙雷特常常提出的如“再让我多玩一会儿”之类的小要求，这主要是为了满足自己的权力欲，希望能够控制自己的行为，而并不仅仅是为了贪玩。在面对这种情况时，我总会给她一点小小的满足：“好，再玩5分钟。”一般来说，我常常给维尼芙雷特多出5分钟，而有时她还会讨价还价，她会说：“不，3分钟。”由于她还太小，不知道3分钟比5分钟要短，我当然更乐于满足她的要求喽。

当我和女儿发生冲突之时

在我们的生活中，父母和孩子之间出现争论是常有的事，而争论激烈的时候就会说出一些过激的话，于是争论就变成了争吵。等事情过去之后，父母们又常常会后悔，并且在心里说：如果我当时不说那句话就好了。但是，既然话已经说出口，对于孩子又不好收回来，否则就会非常没有面子。这样一来，父母就会有阴影，因而往往在面对孩子后来的一些错误时会做出让步，以补偿自己的过失。

我认为，作为父母就应该把眼光放在孩子的教育上，在和自己的孩子说话的时候不必有太多顾虑，说错了可以很大方地收回来，不要担心没面子，因为毕竟是自己的孩子，没有必要去争那一口气。另外，我们在和孩子争论的过程中，也要适当控制好自己的情绪，站在教育孩子的高度来发表自己的意见，而不能被孩子的话语所激怒。

有些时候，父母同孩子尤其是已经懂点事的孩子讲道理，经常会争得激动起来，如果孩子还顶嘴，就会更加失去理智，往往说出一些十分强硬的话来。比如，我经常听到一些父母对孩子说这样的话：“照我说的去做！哪来那么多废话！”“究竟是听你的，还是听我的？”“这里我说了算！”“你一个小孩子懂什么？”这时候，如果孩子的胆子还没有大到敢于反抗大人权威的地步，那么这种霸道的做法还能暂时维持局面，否则的话只能使争执不断升级。这种局面下，如果有朋友或陌生人在场，父母为了维护自己的尊严就会加剧冲突，以至于发展到无法控制的地步，甚至出手去打孩子。

我认为，在这种情况下应该改变一下节奏。当然，这并不是说要父母立即向孩子道歉或让步，而是让自己的愤怒平息下来，找一个更好的起点重新开始。比如，我们可以做个手势，让不愉快的争执停下来，并表示重新开始讨论某个问题，这种办法也许会更有效。

维尼芙雷特从小就是一个很有主见的孩子，在她的成长过程中，我们之间也经常会在某件事上发生冲突。每当这个时候，我就会采用这种重新开始的办法，通常都会有比较好的效果。

记得有一次，我看见维尼芙雷特在房间里摆弄玩具，于是就问她：“我给你布置的作业做完了吗？”

“做完了。”女儿正玩得高兴，头也不抬地回答我说。

“那么，琴练了吗？”

“还没有。”

“没练琴是不能玩玩具的，快去练琴。”我对女儿下达了命令。

“我想等一会儿再练。”

“我知道你是不想练琴，要是你这么讨厌钢琴，干脆不要再学了。”可以说，那天因为其他的一些事情，我的心情非常不好，不经意间就说了这句不该说的话。

“那好，我不学了。”女儿听了我的话觉得非常不舒服。

我当时正在气头上，并没有意识到自己已经在犯一个错误，便冲过去抢下女儿的玩具，把她拉到了钢琴前，自己坐在旁边监督她。

女儿在这种情绪下练琴，当然不会有好的效果，反而还会增加她对钢琴的厌恶。因此，虽然她坐在钢琴前边，但却是在胡乱弹奏，一点也不像往常那样认真。看到女儿满脸的不快，我突然意识到了自己的错误。实际上，女儿平时都是非常听话的，贪玩的时候很少，只是今天比较爱玩一些而已。并且，我说出那样的话，也主要是因为我自己的情绪问题，跟女儿的贪玩没有太大的关系。我可不想因为自己一时的失误，而耽误了对女儿的教育。

于是，我对女儿说："嗯，不能这样，让我们重新开始说说这件事好吗？"

维尼芙雷特停下来，不解地看着我。

"我刚才那样说你的确不是很好，但我只是不希望你把太多的时间花在玩具上，在此之前你玩了多久了？"我对女儿说。

"我刚拿起玩具。"

"那么，你打算玩多久呢？"

"就一会儿。我本来打算玩一会儿就练琴的。"女儿委屈地说。

"那么，去玩一会儿吧，然后再练琴，好吗？"

"好的。"女儿哭丧着的脸上立刻又出现了笑容。

我想，在遇到和女儿有冲突的情况下，这种从头再来的方法之所以会生效，主要是因为无论我还是女儿，都不希望发生一场战争。女儿看上去显得很镇静，而且还占了上风，但她在暗地里还是很害怕激怒我，使我采用极端的行动。因此，当我宣布重新开始谈论问题时，女儿其实也松了一口气，这样一来，我们就有了一个比较合理的新起点。

同时，我这种做法，也给女儿树立了一个榜样，让她明白了：人需要有改正自己错误的勇气，并学会做出理智的让步。人们做事都习惯于有始有终，似乎不谈出个结果就不能停下来，一直争个水落石出为止。但是，如果是一个不好的结局，为什么非走到底不可呢？

我常常想，那些勇于承认错误和探索新途径的父母，要远远比那些固执、专横的父母可爱，他们教育出来的孩子，必然也会学会这种无论在什么情况下都敢于承认错误的道理。

第九章

让女儿学做一个幸福的人

自从维尼芙雷特来到这个世界上，我就时常想，虽然我不能完全肯定自己能给孩子幸福，但我相信我能够教给她对幸福的正确认识，还有追求幸福的信心和能力。这也是我最想做到的。因此，从一开始，我就引导维尼芙雷特在做任何事时都要保持平和而乐观的心态，即使她将来选择了探险活动来作为一种精神上的享受，也是出于一种平衡的心理愿望，出于一颗对生活有着丰富感受的心。

敢于追求幸福才会幸福

戴维是维尼芙雷特儿时的一个小伙伴，他的母亲是一位职业妇女。可以说，这是一个勤奋工作的人，也是一位称职的母亲。

在工作岗位上，她非常认真地履行自己的职责，而等她一回到家里，马上又变成了好妻子和好妈妈，做家务、督促孩子学习，即使带孩子到公园去玩，也会想到如何利用这个机会向孩子灌输自然知识，或与孩子进行一番有关人生理想之类的谈话。如果孩子不在身边，她就计划着做家务、购物和理财。总之，她每天的生活就像绷着的弦一样，结果不仅她自己不能放松，弄得别人也跟着紧张。有时候，丈夫会劝她放松一点，可是她居然还很有道理地争论。

“你说得简单，可是我怎么放松？家里有这么多事要做，孩子一天天在长大，最好的学习时机一过就再也找不回来了，我不能做一个失职的母亲。”她时常这样说。

在母亲的督促下，戴维的学习确实很刻苦，并且也时时想着自己的职责。不过，他总是觉得特别累，渴望能有机会抛开一切顾虑，痛痛快快地玩耍。可是母亲总是阻止他去这样做，每次当他准备要去玩的时候，母亲就会给他讲一大堆贪玩的坏处，讲做人要有远大的理想，要在小的时候为自己的成功打好基础，不能因为一时的贪玩而毁了自己一生的前途。结果，戴维在小的时候还能听从母亲的吩咐，但逐渐长大后，他的内心越来越难以获得平静，从而变得烦躁不安，时常为了学习和玩耍的事与母亲发生争执，于是一家人经常因此而陷入不愉快的气氛中。

我认为，无论孩子将来成为什么样的人，从事什么职业，最重要的是她能够快乐、幸福地度过一生。因此，虽然我对维尼芙雷特满怀期望，但我最在乎、最希望的还是女儿能够一生幸福。

那么，究竟如何才能让孩子成为一个幸福的人呢？我觉得，做一个幸福的人有很多条件，但其中最重要的一条就是必须敢于追求快乐和幸福。也许有人会问：难道还有人不懂得或是不敢于追求幸福和快乐吗？我想，在生活中能够回答这一问题的人没有几个。事实上，追求幸福不是每个人都会的，而是很多人都不会，尤其在这个竞争激烈的社会中，很多人已经丧失了这种最初追求幸福生活的能力。比如，我在前面所提到的戴维的母亲，她虽然很努力地去工作、去生活，但我觉得她就是一个不幸福的人，而且也是一个不懂得追求幸福的人。

“我知道如果我做了这件事，就会感到很快乐，这件事并不难，但我就是无法去做，因为我有太多的顾虑。”我们不是常常听到这样的话吗？

当我们坐在窗前对窗外的蓝天悠然神往，脑海里浮现小时候的情景，或者想到去郊外游玩，或者什么都不想，内心很平静并且特别愉快时，脑海中突然会有一个声音响起：该去读书了，该去工作了……不要浪费宝贵的时间。每当脑海中的这个声音响起，就会打破我们内心的平静，顿时幸福的感觉消失得无影无踪，慢慢地我们开始麻木了，就好像幸福从来都没存在过。

尽管责任心是一个成熟的人必备的素质，而奋发图强的精神更是一个人通往成功不可缺少的条件。但是，我们不能完全排斥轻松的享受和本能的需要，让责任心和勤奋的精神占满自己的整个生活。要知道，缺少放松和享受的人生是非常可怕的，这样只能使人像没上油的机器一样，在无休止的运转中损耗，直到崩溃。我想，这样的人生是不幸的人生，拥有这样人生的人是世界上最不幸的人。

我们的周围，有很多人在生活和工作的忙碌中忘记了生活的初衷是寻找快乐，他们就像一台不停运转的机器，对生活已经麻木。这样的生活没有任何激情和欢乐，所以也就根本谈不上幸福和快乐。而人一旦失去了快乐，生命也就完全失去了意义。

有一位著名的心理学家曾经得出这样的结论：人的个性就像树的年轮，是一圈一圈地发展的。婴儿的一圈代表爱与享受；童年的一圈代表创作与幻想；少年的一圈是玩耍与喧闹；青年的一圈是爱情与探索；而成年人的一圈则象征着现实与责任。如果有任何一圈未完成，这个人的个性就会受到损害，不会有一个圆满的结局。

我认为，一个不懂得享受生活的人，绝对不会是一个幸福的人。如果一个孩子自小就被剥夺了纯真的愿望，也就相当于剥夺了享受生活的权利，这样就会在他的个性中产生难以弥合的裂痕，而这种影响对他以后的生活来说无疑是一种难以磨灭的阴影。事实上，很多父母都知道为孩子的未来着想，因而往往着眼于孩子的成就，却忘记了最重要的一面，那就是孩子的幸福。一个完全丧失了童趣的人，长大后会是一个非常乏味的人，无论他在事业上取得了什么样的成就，他的整个人生都很难获得真正的快乐。

事实上，如果一个人的心灵完全被理智、目标和责任占领，当他有一天在事业上获得了巨大的成功，需要寻找别的精神慰藉时，就会不知从哪里开始，只好不断地寻求各种刺激，从中寻找情感上的平衡。难道，这样的人生不是非常可悲的吗？作为父母，我们希望自己的孩子走上这样的道路吗？我想，没有一个父母会希望孩子不幸福，只是我们在为孩子营造幸福的道路上选错了方向。

自从维尼芙雷特来到这个世界上，我就时常想，虽然我不能完全肯定自己能给孩子幸福，但我相信我能够教她对幸福的正确认识，还有追求幸福的信心和能力。这也是我最想做到的。因此，从一开始，我就引导维尼芙雷特在做任何事时都要保持平和而乐观的心态，即便她将来选择了探险活动来作为一种精神上的享受，也是出于一种平衡的心理愿望，出于一颗对生活有着丰富感受的心。

当维尼芙雷特 5 岁时，有一天，我发现她时而挠挠头，时而踢踢腿，很不安地坐在书桌旁，显得非常焦虑，没有像平时那样完全集中注意力地学习。

我赶紧走过去问她："维尼芙雷特，你怎么啦？是哪儿不舒服吗？"

她紧绷着嘴，没有说话，仍然是一副很着急的样子。

"怎么啦？维尼芙雷特，告诉妈妈好吗？"

"这道数学题太难了，我总是做不出来，都快烦死我了。"女儿不愉快地说。

"那么，休息一会儿再做吧。"

"不，我一定要把它做出来。"

维尼芙雷特好胜心强，遇到困难时总要在解决之后才肯停下来，但今天这道题好像确实太难了，她已经有点沉不住气了。

"没关系，也许是题太难了，不要勉强自己。"我摸着孩子的头，疼爱地说。

“妈妈，你不是总说遇到困难不能害怕吗？为什么今天会劝我放弃呢？”女儿抬起头眨着眼睛问我。

“没错，不怕困难是好事，但更重要的是不能太为难自己。”

“可是我不明白。”孩子不解地说。

“这道题你做不出来，也许是因为它太难了，也许是你今天状态不好，不如先休息一会儿，也许过一会儿就能做出来了。”

“但是……这道题我要是做不出来，不就说明我太笨了吗？这样会让我很不舒服的。”

“不，维尼芙雷特，光凭一道数学题并不能说明你是聪明还是笨，要证明一个人的能力，必须从多方面去看。你也不必为这件事难过，因为它只是你生活中很小的一部分，远远不是你生活的全部。”

“为什么呢？”

“因为除了数学，你还拥有很多东西。比如，你还有音乐和绘画，还有你的朋友们，还有妈妈……妈妈希望你聪明，但更希望你做一个快乐的人，学习虽然很重要，但是假如数学题让你感到痛苦，我宁愿让你做点别的。”

经过我的耐心开导之后，维尼芙雷特终于停了下来，她去弹了一会儿琴，又到外面去散步了。当她吃完晚饭再去解那道题时，居然很轻松地就做出来了。

后来，维尼芙雷特满脸喜色地告诉我：“一开始，我就下定决心无论如何也要把那道难题算出来，不然就会让小朋友们看不起，这样一来心里就特别紧张，结果就越想越糊涂，没有任何思路了。后来，出去玩了一会儿之后，我想做不出来就算了，反正一道题也不能说明什么，没想到一下子就想出了解题的方法。”

我为女儿的收获感到高兴。我想，她不仅仅是最终把题目解开了，更重要的是她明白了，很多时候并不需要一条道走到黑，放一放可能会让自己更快乐，因而也会更幸福。

事实上，在我们周围有很多这样的人，他们只知道工作而忽略了生活中的快乐。在我看来，光会工作的人不仅得不到快乐，就连工作也做不好，尽管他们还不停地把工作标榜为快乐的事，但看看他们脸上的倦色就一目了然了。相反，那些懂得在生活中寻找快乐的人往往既能把工作做好，又能从工作中找到快乐。

接受失望，迎接希望

在我的家庭里，我们从来不计较自己做过的事情是失败或成功的。我们最关心的是通过自己所做过的事情得到了什么样的经验？学到了什么知识？

人生有很多令人失望的事情，为了让维尼芙雷特能够在将来拥有幸福的人生，我从小就有意识地让她学会能够接受失望，迎接希望，勇敢地面对未来。我告诉她，对于人生中那些失望的事情，我们没有必要驻足停留，否则就可能错过迎面而来的希望。我们必须在内心中接受它，包容它，并且把它所产生的经验留存心中，下次再遇到类似的情况便会迎刃而解。

有一次，维尼芙雷特要去参加一个朗读比赛，由于时间仓促，在比赛的当天她还没有把文章背熟，于是我们决定提前到达赛场，在那里温习几遍。那个时候，维尼芙雷特已经自己管理自己的东西了，但在临走前，我还是提醒她把文章带上。可能是太紧张了，我发现她最后还是给忘了。这时候，我并没有再纠正她，而是悄悄地把文章放进了自己的包里。

到了会场之后，维尼芙雷特脸色很难看地告诉我：“妈妈，我把它忘记了。”

“把什么忘记了，亲爱的？”

“文章！我要朗读的文章！”

“我不是提醒过你了吗？为什么还是忘记了？”

“我也不知道，我记得我把它放进背包了，但不知道现在却找不到了。”

“维尼芙雷特，你要记住，无论什么时候都不能让自己慌乱，越是在紧急的时候越要镇静，明白吗？这样才不会出差错。”

“我知道了，妈妈，可现在怎么办呢？”

“没有关系，我帮你带来了。”

说着，我把文章从自己的包里拿了出来。女儿一下子就高兴起来，并过来亲吻了我。

我认为，作为父母，不必害怕孩子犯错误，而应把孩子的错误当成一次总结的机会，当成一种教育的方法，尽量教他们会从错误中吸取经验教训。与此同时，还要教会孩子如何面对失望，接受失望，不被失望所击倒。

记得有一次，维尼芙雷特的叔叔要来我们家做客，和她一起的还有他的女儿艾莎。维尼芙雷特和艾莎是从小一起玩的，但由于工作的关系，他们家搬走了。那时候，维尼芙雷特已经差不多有一年没有遇到艾莎了。因此，听到这个消息之后，维尼芙雷特非常兴奋，急切地盼望着能见到艾莎。然而，没有想到，第二天等来的消息却是：艾莎生病不能来了。

我知道，维尼芙雷特一定非常失望，我为她感到难过，走过去抱着她说：“我知道，你心里很难过，但是没有办法，艾莎生病了，来不了了，等她病好了吧。”

“不，不行，不行！”维尼芙雷特一下子就变得非常不可理喻，大哭大闹起来。

但是当我把艾莎生病不能前来的道理讲明白之后，维尼芙雷特就平静下来了。

事实上，一些父母在大多数情况下都低估了孩子的承受力。他们会认为自己的孩子太柔弱了，根本无法面对现实。这种态度将会使孩子形成错误的认识。孩子会认为，自己没有能力承受一切。反之，如果做父母的能够平静地对待孩子失望的现实，会使他们能够更容易地接受失望，迎接希望。这样，孩子在将来的成长中才会真正体会到生活的快乐而不会只看到失望和不幸的一面。

在对维尼芙雷特的早期教育中，我把培养她敢于接受生活中的失望及失败的勇气放在很重要的位置。我尽力让她做到不依赖别人，因为这一点对她将来能否成为一个幸福的人极为重要。

让女儿正确认识财富与幸福

通常意义上的“财富”，是指金钱。很多事物对成人来说已经习以为常，但是在孩子看来，却是非常神奇的东西，财富就是如此。我们知道财富要靠劳动获得，但是在孩子眼里，金钱是可以帮他们买到玩具、零食，可以让他们在游乐园尽情狂欢，也可以让他们享受很好生活的东西。孩子往往认为，父母的金钱就像蘑菇，取走后会长出新的，这样的误解让孩子不懂得感恩，也不知道节俭。没感恩和节俭意识的人会失去很多快乐。

让孩子明白财富与幸福的关系，对父母来说不是一件轻松的事情，很多成年人自己也没有找到财富与幸福的平衡点。因此，让父母们在幸福教育之前，给自己补上一课。

有人将财富比成万恶之源，也有人视财富为毕生的目标。其实，财富终究只是一种介质，通过它换回自己想要的东西，在这个过程中，我们可以体会到幸福。但是，财富与幸福之间未必是正比的关系。

我们大多数人追求的幸福，实际上是相对的。也就是说，只有在自己比他人得到更多时，我们才会有更多的幸福感。生活在城市的人与生活在乡村的人，平均收入会有较大的差距，但拥有幸福感的人群比例，却不会有什么差距。我们常问自己“我的房子是不是比邻居的更漂亮”而不是“我的房子是不是够用”。也就是说，我们的幸福与财富多少没有直接的关系，而是与周围环境的差距有关。因此，作为父母要教育孩子，只要自己的生活是快乐的，那么你就是幸福的，不要有攀比的心理，把原有的幸福变成不幸。

人们对待财富往往不能心平气和，所幸财富也不是快乐的唯一源泉。在财富满足基本生活所需之后，它对生活的乐趣没有多少真正的影响。与朋友或家人聊天、听音乐、帮助他人等都对幸福有较大的影响力。那些能让人感到幸福，比如，爱、朋友、家庭、尊重、对生命价值的信念等，都不是金钱可以买到的。

那么，究竟怎样才能让孩子做一个幸福快乐的人呢？事实上，友好、感激和爱更能带来快乐，因为付出让人感到自身对他人的价值，会极大地提升幸福感。那么，我们就要把这种理念传输给孩子，让他们真正地理解美好的情感对一个人自身幸福的重要性。

在对幸福和财富的关系做了如此大量的工作之后，父母不妨再想想自己的生活经验，我快乐吗？最快乐的时候是怎样的情况？相信很多人会想到和家人在一起的快乐时光，得到别人的肯定后的激动和欢欣，看到孩子小小进步时的宽慰和惊喜……既然如此，孩子的困惑也就能顺利解开了，因为生命中的幸福已在你心中，幸福就是选择好自己的心态，怀着感恩的心面对人生，人生也会回报你一份幸福与快乐。

总之，幸福在创造财富的尽头，幸福也在过程之中。孩子的成长会有许多问题相伴，家庭也有诸多矛盾需要调和，但这也是幸福的一种。很多时候，我们看到的总是别人的幸福风景，不识庐山真面目，只缘身在此山中。作为家长，请试着将你对幸福的理解告诉孩子，你将收获更多的幸福，你的孩子也会和你一样，在幸福中度过一生。

我告诉女儿，没有永远的失败

我的同事柯斯高特先生是一个才华横溢，在事业上颇有建树的语言学家，因此他对儿子的要求非常高，总是希望儿子和自己一样，能够有一番作为。尽管儿子才 5 岁，但柯斯高特先生却时常对他提出很高的要求，一旦未达到自己的要求，批评就会随之而来。虽然这种批评通常并不是那么严厉，但却非常伤孩子的自尊。渐渐地，他的儿子变得非常沮丧，每当父亲说他有什么事情做得不对，或应该做得更好的时候，他都会阴沉着脸，说自己是个蠢货，蠢得简直不可救药，从来没有做对过任何事情。

“这个 5 岁的孩子常常会低着头站在那里，眼睛盯着自己的脚，一副垂头丧气的样子，看上去简直是世界上最失败的孩子。”有一次，柯斯高特先生向我描述他在教育孩子方面所遇到的问题，并且请教我的意见。

于是，我便问柯斯高特先生，每当孩子这样的时候他会怎么做，他告诉我说：“我总是对他说，亲爱的，你知道，你自己并不笨，更不蠢，爸爸妈妈都很喜欢你，你是个好孩子。”

我想，大多数父母面对这样的情况，都会说出类似的话来吧。但是我认为，柯斯高特先生说的这番话，虽然是出于对孩子的爱，但对这个孩子来说，没有比这些话更糟糕的了。因为这些话对孩子起不了任何好的作用。事实上，孩子在说那种“我是笨蛋”之类的话时，往往是希望得到父母的鼓励。因此，柯斯高特先生应该这样说：“你这样看待自己，我很难过，其实我根本就没有觉得你是个笨孩子。”

毫无疑问，这个 5 岁的孩子最大的问题就在于丧失了自信心，父母能够帮助他的唯一办法就是鼓励，而不是安慰。遇到这种情况的时候，父母可以定一些孩子能够实现的目标让他去做，而当他成功时，也不要一下子给他太多的赞扬，或者说他有多么伟大之类的话。这种话往往会让孩子感觉你是在敷衍他，或者同情他。相反，你应该告诉他："这样做就对了，你是不是慢慢觉得自己能够独立做一些事了？我想你现在一定很高兴。看来，只要肯做出努力，还是非常有用的。"这样的话，对孩子来说是有很大鼓舞作用的。

在家里，我丈夫有一个专门的工作间，用来做一些他认为有意义的研究工作。有一天，丈夫来到工作间里，看到地上一片狼藉，散落着很多东西。他知道，这一定是维尼芙雷特干的，气便不打一处来，就想着立即跑到女儿面前，狠狠地训斥她一顿，告诉她这种行为是错误的。然而，在这个时候，他突然想起了我们在女儿教育问题上的那些讨论，在女儿面前，永远不能让自己情绪失控。因此，丈夫虽然心里很生气，但他还是尽力控制住了自己。

丈夫走进女儿的房间，看见她正在那儿摆弄玩具，就很平静地对女儿说："维尼芙雷特，你和我一起到我的工作室去一下，好吗？"

其实，这时候维尼芙雷特已然意识到自己犯了错误，她忐忑不安地跟着父亲来到工作室。父亲和女儿一起看了工作室里凌乱的样子，并对她说："看来，你也很想玩我这些东西，是吗？"

"是的，我觉得你的工作很有意思。"女儿回答说。

"那么，你应该告诉我，让我来教你。为什么把这儿搞得这么乱呢？"

"刚才妈妈在叫我，我就跑回了我的房间。后来，就把这事儿给忘了。还有，我用了这些东西之后，也不知道怎样把它们放好。"

"原来是这样啊，那么以后你想到这里来，就先跟我说一下，然后你有什么不会的我来教你，好吗？"

我认为，在这件事情上，丈夫处理得非常棒。他不仅指出了女儿的错误，向她提出了好的建议，而且没有伤害她的自尊心，不使她对犯错误心生畏惧，使她敢于犯错误也敢于承认错误，更敢于改正错误，并让她知道，犯错误并不会减少父母对她的爱。事实上，对于维尼芙雷特的错误，我和丈夫一向采取这样的处理方法。

记得维尼芙雷特 6 岁的时候，她和周边的孩子们一起参加了一次体育比赛。这个比赛，不光只有孩子们参加，父母也要参加。比赛规则是这样的：每个家庭选出 3 个人来进行接力赛，必须包括一个孩子和两个大人。由于我们家一共才 3 个人，只好全部上阵了。

在赛跑之前，我们对接力的顺序进行了安排，最先由维尼芙雷特的父亲开始，其次是我，最后才是女儿。维尼芙雷特的父亲身体非常棒，因此刚开始时我们一路领先，等轮到我跑的时候，对手大部分是些十六七岁的大男孩，我感到有些力不从心，但也没有落后。因此，当我把手中的小旗子交到维尼芙雷特的手中时，我们这个组还是第一名。这时，只听女儿大喊一声“我一定要赢！”便全力向前奔跑，可是由于她太紧张了，眼看要到终点的时候，却不小心摔了一跤。本来我们应该得第一的，结果却在关键时刻输给了别人。

那天，维尼芙雷特非常难过，吃晚饭的时候还在不停地抱怨自己。她不想吃饭，只顾在那儿伤心地嘀咕：“怪我，都怪我……”

这时候，维尼芙雷特的父亲向我递了个眼色，示意我关心一下女儿。于是，我对女儿说：“维尼芙雷特，虽然今天是由于你的失误让我们输了比赛，但是我们都没有责怪你。我认为你已经尽力了。你摔倒了，这完全是一个意外。更何况，你的对手全都比你大。所以，虽然我们最终输了，但大家都说你很勇敢，居然敢最后一个跑，要知道，最后一个也是最关键的一个，很多孩子都是不敢最后跑的。”

“但不管怎么说，我还是失败了，我输了。”女儿仍然沮丧地说。

“不，你不应该这样想。输是输了，但你不能失去信心。要知道，失败只是暂时的，你不会永远失败。我想，有了这次的经验，你在下次比赛时就能做得更好。这样，下一次你就一定能赢。”

听我这样说，维尼芙雷特立刻开朗起来，并和我们详细分析了今天失败的原因，说自己不应该那么紧张，如果放松一些的话，可能就不会摔跤了，这样的话就会赢了。我对她的分析表示认可，并帮她总结，不仅是体育比赛，其实任何时候都要有一个放松的心态，越紧张就越容易失误。

我认为，人活在这个世界上，会不断地体验到两件事，那就是成功和失败。做父母的应该想一想，自己对孩子到底有多高的期望，在孩子身上施加了多大的压力。很多孩子在面对竞争的时候发挥失常，其根源往往可以从父母那里找到。因为，如果父母给孩子定的标准和要求太高，并且经常批评、责怪孩子，最终会让孩子的自信心受到伤害。这样一来，孩子就会接连不断地品尝失败的苦果，直到他们的自信心完全崩溃。这样下去，孩子一生的幸福就根本无从谈起了。因此，当孩子遭遇失败的时候，我们应当及时告诉他“没有永远的失败”，帮助他们重新树立信心。

少一些怜悯，多一些鼓励

在我看来，一个依靠别人的怜悯而生活的人，绝对不会是幸福的人。这种人没有自己的主见，也不敢表达自己的意见，当遇到困难的时候，总是一味地退缩，渴求得到他人的庇护；当遭遇失败的时候，又总是变得非常沮丧，以求得到他人的同情。这样的人只能是懦夫，是软弱的人。

在维尼芙雷特很小的时候，我就开始教育她成为坚强的人，不要接受别人的怜悯，也不要轻易接受别人的同情。我要让她从小就知道，一切事情必须要自己去解决，以培养她做人的勇气和能力。因为我相信，只有勇敢的人才会是快乐的人。

米希尔是维尼芙雷特非常要好的朋友，有一天他不小心在玩耍中扭伤了脚。在游戏中，他本来是常常获胜的人，而现在却因脚受伤，在很长一段时间里不能参加孩子们的游戏。这不仅使米希尔感到很难过，连他的母亲也为此而着急。她时常对自己的儿子说：“我知道你的感觉不太好，我真为你感到难过，我多么希望你的脚马上痊愈啊！为什么受伤的偏偏是你，这简直太不公平了，太不公平了。”每当这个时候，她还会流出伤心的眼泪。

我认为，米希尔母亲的这一做法是完全错误的。因为孩子对母亲的感觉，反应是很敏感的，这样会使米希尔在日积月累中会形成不良的心态，他会感到自己受了极大的委屈，如此积累下去，当他遇到更大的意外的时候，他可能就会变得怨天怨地，束手无策。在我们周围，这样的人难道还少吗？

事实上，米希尔母亲的做法，也是对儿子的不尊重。因为她认为儿子太软弱无力，没有能力承受这么大的打击，认为他不能勇敢地面对现实。对于米希尔来说，他自己受了伤，不能和别的孩子做游戏，失望是在所难免的。然而，伤很快就会痊愈的，如果母亲保持冷静，便可以帮助儿子面对现实，如果她自己感到沮丧，即使儿子脚上的伤好了，也会在他的精神上留下阴影。

我认识一个小女孩，她的名字叫米娜。在米娜 7 岁那年，一次车祸让她失去了一条腿。在医院里经过长期的治疗，她身上的其他伤口完全好了，只是需要拐棍帮助行走。这时候，医生建议她出院。

在医院里，米娜用了很长时间学习怎样照顾自己，怎样借助拐棍行走。在出院的时候，医生还特意嘱咐米娜的妈妈，让她鼓励米娜自己照顾自己，不要为米娜做太多的事。可是，这位好心的母亲却为女儿感到伤心，她总想着替女儿干点事来安慰自己，在感情上做一些弥补。于是，她把能帮忙做的事，几乎全部替女儿做了，比如，帮助她换衣服、洗澡、洗衣服，帮她把饭送到房间里，有时甚至还帮她梳头。

母亲干得越多，米娜就干得越少。米娜干得越少，就越对自己没有信心。她慢慢地只想待在自己房间里，什么事都不想做。于是，米娜从一个总是笑嘻嘻、勇气十足、自立的孩子，逐渐变成了常常喜欢发脾气、唉声叹气的孩子。

有一天，我见到了米娜，她对我诉说了自己的苦恼，并认为自己是一个毫无用处的废人。了解了她的情况之后，我找到了米娜的母亲，并告诉她："你不应该把女儿当成一个无能的人，而应该让她自己做一些力所能及的事，这样或许会对她更好一些。要知道，一个人只有体会到自己价值的时候，才会有真正的快乐。如果你把所有的事情都帮米娜做了，可能就剥夺了她享受这种快乐的权力，让她觉得自己是一个只能依赖别人才能生活下去的废人，使她丧失对生活的乐趣。况且，我听说她在医院的时候不是做得很好吗？为什么不让她自己做一些力所能及的事呢？"

后来，米娜的母亲接受了我的建议，给女儿安排了能做的事，并时常鼓励她，让她逐渐建立起了信心。当我第二次见到米娜时，她不仅恢复了以往的开朗，还学会了以前不会的东西。记得那天我去看望她时，还未进门就听到了悦耳的小提琴声。原来，在这一段日子里，由于不方便出门，米娜把所有的心思都放在了学习小提琴上，并且进步得很快。在我去看她的时候，已经拉得很好了。

后来，我听说米娜还作为小提琴手参加了纽约的音乐节，并获得了优秀奖。

事实上，孩子从本性上是有足够的能力和勇气与困难搏斗的，他们要用奋斗来弥补自己的缺陷。如果父母一味怜悯或过多地去帮忙，孩子往往会丧失信心、停止努力，这对孩子来说极为不利。诚然，身体上的缺陷是无法弥补的，但如果他们有一个强健有力的精神支柱，健康的心态和战胜困难的毅力与决心，可以想象，这样的孩子成长起来后，会比在父母的怜悯、无微不至的关怀下成长起来的孩子要有能力和幸福得多。从这个角度来说，父母对他们的爱的意义也表现得要深远得多。

我认为，父母教育孩子正确的态度是关怀、帮助而不包办，用鼓励来代替不必要的服务，使孩子尽快适应或恢复正常生活。因为只有这样，孩子才会真正地感到幸福。

什么才是真正的爱心

我认为，培养孩子最好的方式，就是用真正的爱心去对待孩子，只有这样，孩子才会成长为一个健康快乐的人。在维尼芙雷特成长的过程中，我深切地体会到：孩子最需要的是父母的理解和鼓励，是充满爱的关心与指导，是和父母在一起度过欢乐的时光。如果没有这种真切的关怀，那么即使为孩子提供再好的物质条件，给孩子买再多的玩具，在孩子眼里，父母的爱也是大打折扣的。

温斯特博士是我的同事，他曾经给我讲过自己童年时代的生活。他认为，他的童年可以算得上幸福，但还是有一些遗憾至今仍然埋藏在心底。对他来说，这些遗憾可能已经成了生命中难以磨灭的阴影，再也无法挽回了。

“在我小时候，家里可以说是相当幸福和富裕的。父亲非常爱我，每次回家都会为我买我喜欢的玩具，带我去我喜欢的地方玩，并且给我买平时妈妈都不同意买的东西。但是，我很少见到他。因为他的工作特别忙。他是个外交官，平时很少在家，一年中绝大部分时间都是在国外度过的。从小，我就跟着妈妈生活，对很少回家的父亲感到极其陌生。每次父亲回来后，我会慢慢与他熟悉起来，并开始跟着父亲到处跑，像他的小尾巴一样，但很快他又走了。并且一走又是很长时间，我又觉得他陌生起来。”

“有一天，父亲又回来了，母亲建议我和他聊聊天，可我却说：‘叫爸爸和你聊吧，我和他没什么话说。’母亲问我爱不爱爸爸，我说：‘爱是爱，可是我不认识他。’当然，当时我想说的其实是‘我不了解他’。等我长大之后才知道，当时父亲有多么悲伤。他爱我，爱这个家，但是由于工作的关系，他不能经常和我们团聚，我母亲自然能够理解他，但由于当时我太小，根本不可能了解这些。”

“那个时候，尽管母亲经常向我解释父亲为什么不在家，而且我们之所以能享受现在的生活，多亏了父亲的辛苦，但对我来说这些都太抽象了。因为那时我还是一个孩子，我需要更直接的方式来体会父亲对我的爱。我需要父亲牵着我的手，回答我提出的各种各样的问题；我需要趴在父亲的肩头，看着背后倒退的树林和房屋；我还需要父亲和我一起玩男孩子的游戏，让我在奔跑滚打中放声大笑……”

“后来我长大了，我渐渐理解了父亲为家庭所做的一切的意义，并为父亲的敬业精神所打动，因而非常敬重他。但是，父子之间那种亲密的情感却很难建立起来。直到今天，我都常常为此而感到难过。”

温斯特博士的话让我感触良多，我深深地体会到，作为父母应当如何去爱自己的孩子，应当如何记得孩子对自己的爱。当然，温斯特博士的父亲情况比较特殊，而对于大多数父母来说，通常还是有机会陪伴在孩子身边的。然而，很多父母平时忙于自己的事业，好不容易有时间陪孩子，却又总是在孩子面前摆出教育家的架势，失去了许多向孩子倾注情感的机会。事实上，这不仅对孩子来说影响了他们的心理健康，而对父母来说，也失去了一个建立充满爱的亲情关系的机会。

记得有一位母亲曾经对我说：“我把自己全部的心血都放在了女儿身上，她所有的事情我都要操心——吃的、穿的、用的、住的，包括学校里的事，业余爱好的培养，全都是我一手操办。现在她长大了，回过头来问她爸爸妈妈更爱哪一个，她竟然毫不犹豫地说更爱爸爸。”这的确令人伤心，不过我仿佛能在脑海中看到这位母亲的日常形象——尽职尽责的保姆，而不是慈爱的母亲。在我们周围，其实有很多类似的情况，孩子长大之后，父母会理直气壮地要求他们感恩戴德。但是我却认为，这是愚蠢父母的愚蠢做法，施恩图报本身就有悖于父母与儿女之间的爱的本意。

我认为，子女感激父母的抚育之恩是理所应当的，但与此同时，这种感恩应当是顺其自然的，如果父母总是以恩人自居，觉得自己既然为孩子付出了那么多，就必须得到应有的回报，孩子就理应对自己言听计从。那么，这样就只能使孩子产生逆反心理，导致对立。

实际上，父母与儿女之间的爱应该以相互尊重为基础，即使是孩子很小的时候，父母也应该尊重孩子。在我们的生活中，很多父母愿意花大把的时间与陌生人应酬，以图在事业上有所收益，但对与孩子的约定却很随便，可有可无、可长可短，懒得费心思。我想，这不仅对孩子的成长不利，也妨碍了父母与孩子建立更深厚的感情。

虽然我和丈夫都有各自的工作，但我们从未放松过对女儿的关心和照顾。我所说的，并不仅仅是生活上的关心，更重要的是我们能够走进女儿的心灵，与她一起分享美好时光。在女儿童年时期，我们就非常关心她的内心感受，而正是这种真诚的交流，让她体会到了父母对她实实在在的爱。后来，我常常想到，我的维尼芙雷特如此听话，与这种教育方式是分不开的。

记得有一天，维尼芙雷特从外面回来，一进门就告诉我："妈妈，卡特今天被他妈妈揍了一顿。"

卡特是女儿的一个玩伴，平时也是一个很懂事的孩子，我不知道他的母亲为什么会突然对孩子动起手来。于是，我便问维尼芙雷特："为什么，卡特平时是个很乖的孩子呀。"

"是啊，我也这么认为，"女儿看着我说，"可是，他今天把他的妈妈给气坏了。"

"为什么？究竟是怎么回事？"

"今天，我们在卡特家玩的时候，谈到了未来的理想，于是卡特的妈妈问他长大以后要做什么。卡特当时就说自己想当海军，去很远的群岛上打仗。其实，我很早就知道卡特想当海军，他在我们面前已经说过很多次了。可是，他妈妈就不高兴了，问他：'你长大以后难道就不管我了吗？'

卡特说：'我要去打敌人，让妹妹来照顾你吧！'卡特的妈妈又生气又难过，说她简直白养了一个儿子。后来，两个人就吵了起来……"

"妈妈，我想问你一个问题。"说完卡特的事之后，女儿又问我，"你是不是也不希望我长大以后离开你啊？"

当时，我抚摸着女儿的头说："那当然了，世界上所有的妈妈都不希望孩子离开自己，但是，只要你愿意，只要你认为必须去做某些事而不得不离开我，我一定会支持你的。因为妈妈最大的心愿就是让你幸福，只要你能够幸福，妈妈也就会为你感到高兴。所以，无论你将来走多远，走到哪里，妈妈都会永远祝福你。"

听到我的回答，维尼芙雷特的脸上露出了幸福的笑容，扑进我的怀里："你真是个好妈妈，我想我永远也不会离开你的。"

以身作则，教女儿善待他人

在教育维尼芙雷特的过程中，我常常体会到，抚育孩子其实是一件极具风险的事情。因为做父母的一不小心，就会对孩子的情感造成伤害，并给他们的个性带来终生的阴影，这种损失比任何的损失来得都要大。因此，作为父母，应当不断地从各个渠道吸取教育经验，提高自己的教育技能，并且把教育孩子当成人生中一件非常重要的事情来抓，不能因为其他任何事情而耽误了孩子的教育。我想，只有这样或许才有可能养育出一个健康、幸福、快乐的孩子。那么，当这一切都具备的时候，我们应当如何着手实施教育呢？

在我看来，人作为社会群体中的一员，应当处处约束自己的行为，陶冶自己的情操，使自己成为在社会上受欢迎的人。因此，从一开始我就非常重视教育维尼芙雷特能够友好地对待他人。但是，如何有效地实施这样的教育呢？我想，单靠灌输应该与不应该来硬性塑造是绝对不可以的，因为这样做违反人的天性。尤其对于孩子来说，强制措施只能引起他们的反感，最终只会造成事倍功半的效果。

在我们周围，有些父母看见自己的孩子在众人面前使性子、发脾气，常常会觉得很难为情，心里会产生这样的想法：真丢人，别人肯定会批评我没有管教好孩子。几乎所有的父母们都有这样的想法，他们常常会觉得很丢面子，却很少有人真正地去关心孩子此时的心情与情感需要。因此，每当遇到这种状况，父母会立刻做出判断：真是胡闹，太不像话了，并很快地加以制止，甚至强制地要孩子停下自己的行为。事实上，这种做法是极端错误的。

我认为，作为一个理智的成年人，一定要有清晰的认识：什么样的行为是可以接受的，什么样的行为是不应该接受的。在情感表达上也要有明确的概念，什么样的情感是值得赞扬的，什么样的情感是不应该存在的。诚然，教会孩子懂得这些礼节是非常有必要的，但如果只采取强迫的方式，而不主动走进孩子的内心，他们是不可能接受成人的行为规范的。如果父母采用高压强制的手段，逼迫孩子来接受自己的这一套，那么就有可能造成孩子内心的畸形，这对于孩子的发展是非常不利的。

记得有一次，我带着维尼芙雷特做了一次长途旅行。在火车上，我看见了穿着打扮都很讲究的一家人，这家人有两个儿子，一个大约 7 岁，另一个 4 岁左右。一上火车，我看见这两个孩子，不由得心中暗暗叫苦，预计这次旅途肯定很难安静了，并且准备好应付吵人的喧闹和爬上爬下、进进出出的骚扰。然而，让我出乎意料的是，两个孩子竟然都正襟危坐，桌上也没有摆放任何玩具和书本，弟弟有时也会探过身子逗逗哥哥，但绝不会发出吵闹之声。与之相反，维尼芙雷特这时倒是兴高采烈地看着车窗外的风景，不停地向我问这问那。

如果在以前，我一定会夸奖这家父母管教有方，甚至会请教他们用了什么样的好方法，会教育出两个如此懂礼节的好孩子。但此时，我看看那两个呆呆傻坐着的孩子，又看看活泼可爱的维尼芙雷特，突然觉得这两个孩子非常悲哀。

孩子总是好动的，需要玩耍和娱乐，让他们像成人一样束手而坐，必然会压抑孩子的天性，也确实太勉强他们了。所以，每当我带女儿出门时，必定要带足够的玩具与食物，使她能够有足够的东西可消遣来熬过漫长的旅途。

这时候，我不禁为那两个孩子担忧起来，他们是否会过早地被纳入规范的纪律之中，本性因此得不到充分的发展而变得畸形了呢？

我认为，想要孩子懂得纪律的约束，必须要经历一个循序渐进的过程。当他们懂得许许多多的应该和不应该之后，才能顺利地融入这个社会，才不至于因格格不入而备受挫折。但是，怎样去引导他们，并且这种引导应该进行到什么程度，都是做父母的需要仔细思量的事情。只要一不小心，便会很生硬地碰伤孩子稚嫩的情感，造成终身的伤害。而如果到了他们受伤害之时，那么再做怎样的努力也都是无法挽回了。

这时候，父母可能就会疑惑了，当孩子不听话时，当孩子发脾气时，做父母的究竟应该怎么办呢？我认为，首先应当意识到，这其实是孩子在向父母发信号，他在表达自己内心的一种需要，这是很正常的事情。我们知道，其实每个人都有需要发泄的时候，只不过成年人能够控制自己，而孩子却不会注意方式和场合。因此，如果父母能够理解孩子的心理需要，就不会急于纠正，而是设法找出孩子这样做的原因。只有当孩子懂得别人能理解他的心情，他才会平静下来。这时候，孩子也才能听从父母的解释和引导，而不会产生抵触的情绪。

在维尼芙雷特小时候，她和所有的小孩子一样，有时也会显得非常固执，对自己认准的事情不回头，如果你想去纠正她，可能就会使她发脾气，找借口大声哭闹。尤其是当有外人在的场合，我不知道应该如何使她安静下来。曾经有过一段时间，这件事让我感到十分头疼。

有一次，家里来了许多客人，其中也有和维尼芙雷特差不多大小的孩子，刚开始的时候她和那些孩子玩得很开心，我便不再管她。正当我忙于招呼客人的时候，不知道是什么惹恼了维尼芙雷特，她突然胡乱发起脾气来，大喊大叫，还乱扔东西，所有客人都诧异地看着她，不知道发生了什么事情。我想，她一定是有原因的，就把她带到了外面问她：“妈妈知道你心里不高兴，能不能告诉妈妈是什么原因呢？”

女儿说：“我看见你刚才只顾招呼别人，却没有理我，以为你不喜欢我了。”

原来如此，我把女儿抱了起来，对她说：“傻孩子，妈妈怎么会不喜欢你呢？因为这些人是客人，我当然要对他们热情一些，否则以后别人就不会来我们家了。对客人热情，是一种礼貌，我不是教过你，要做一个有礼貌的孩子吗？妈妈最喜欢的就是你，你应该相信妈妈啊。”

听完我的解释，维尼芙雷特的心情顿时开朗了起来，她不但不再发脾气，还帮着我去招呼客人。当时也有一些母亲在场，她们为我能在这么短的时间内把女儿哄得开心而感到惊诧，纷纷向我请教经验。我自然很高兴地讲述了我的方法。

很多父母经常会为孩子的怒气和恶意而惊讶，简直不知道应该怎么办才好。但是有一点我们应该知道，如果父母也像孩子一样不能控制自己，那么事情会变得更糟。作为成年人，父母应该采取一种平和幽默的方式来处理孩子的“无理取闹”。维尼芙雷特之所以成为一个能够让别人喜欢的人，是和我对她的循循善诱分不开的。

维尼芙雷特长大后，曾经在日记中记述了我当时教育她的一件事：

“记得小时候，我有一次无缘无故地发脾气，还摔坏了自己的一些玩具，可妈妈并没有责骂我，反而坐在椅子上轻松地对我说：‘维尼芙雷特，我看你的火气大得要摔东西了吧？你一定看我不顺眼，要不要我先藏一会儿，免得被你吃掉。’听了妈妈的话，我忽然觉得自己很可笑，于是轻松起来，仿佛心里的烦恼瞬间减轻了许多。还有一次我发脾气，妈妈好心的劝解并没有使我平静下来，而我还说了一些让妈妈十分难堪的话。我看到妈妈的脸色很不好看，但她还是没有发火，而是慢慢地说：‘你不知道你的话多伤我的心，以后我们再找机会谈这件事，好吗？’当时，我简直恨死我自己了，我知道自己是怎样地让妈妈难过的。也许从那时起，我真正懂得了怎样理解别人，怎样善待他人。”

要明白什么对孩子最重要

我发现，父母很容易把孩子作为自己全部的希望，并为他们制定最理想的计划，在他们看来，这些计划完全可以让孩子拥有一个幸福的人生，当然最主要的是孩子还会超越父母，实现父母没有能够实现的愿望。然而，当父母们在做这些努力的时候，却很少有人仔细考虑过，对孩子来说究竟什么才是最重要的？因此，他们那些自以为是的计划，往往会导致他们的辛劳不仅不起作用，反而给孩子的童年蒙上了痛苦的阴影，给家庭的日常生活带来不必要的麻烦。我并不是在这里信口开河，因为在现实生活中，这样的情况简直太多了。

邻居家有一个叫吉娜的小女孩，她的母亲一直想要把她培养成为一个有修养并有多种爱好的人，于是就给她买了一把名贵的小提琴，并专门请了音乐老师来训练她。

有一天夜里，吉娜正在忙于做功课，不知道什么原因，已经超过了做功课的时间，她仍然没有按原计划完成任务。

吉娜的母亲看了看表，心里不禁着急起来。这时候离睡觉还有一个小时，照这样下去的话，今天不是影响睡眠，就是不能练琴了。

“吉娜，你别忘了今天还要练琴。”母亲提醒道。

“我知道，可我的功课还没做完呢，你总不能让我不完成功课就练琴吧？”吉娜说道。

“那你为什么不快点儿呢，功课不是不多吗？”

“可我一直在做呀。”

这时，吉娜的母亲无话可说了，她只能看着女儿做功课。看到女儿满不在乎的样子，她心中不禁冒出了无名的怒火，不过她还是努力控制住了。她知道，这个时候批评女儿，可能会更加耽误她的时间。

终于，吉娜做完了功课，开始慢慢地收拾书本，这时离睡觉只有半个小时了。

“你能不能快一点儿，还有半小时就要睡觉了。”母亲焦急地说，满脸不悦的样子。

“好了，好了，这就开始了。”吉娜不耐烦地拿起了小提琴，心不在焉地拉了起来。

看到女儿这副样子，母亲越来越生气，忍不住责备起女儿来：“你一脸不情愿的样子，难道练琴也要我来监督？你不觉得害羞吗？”

“你别来干扰我，不是说好了练琴不归你管的吗？”

这时，吉娜的心情也糟糕到了极点，干脆一句话也不说，只是那样敷衍地拉着。

母亲见女儿练琴一点都不认真，心想如果让她现在就停下来，练习没有任何效果，如果继续练，又会影响休息。想到这里，母亲对女儿吼道：“如果你不想练就别练了，简直就是在浪费时间。”

“不练就不练，本来就是你要我练的。”吉娜也发起脾气来，把小提琴胡乱地放进琴盒里就要走。

“把乐谱收好再走！”母亲很大声地说，很明显已经非常愤怒了。

吉娜极不情愿地整理那些乐谱，并拖拖拉拉、故意做出无所谓的样子，似乎对母亲的话满不在乎。

“快点儿，慢吞吞的像什么话。”

“我已经够快的了，你还要多快！”吉娜终于也吼了起来，“真是烦死人了！”

“你说什么？你说谁？”

后面的情景我们都可以想到，母女俩开始大吵起来，谁也无法控制自己的情绪。很快，吉娜就委屈地哭了，抽泣着上了床。这时已经过了睡觉时间。

这时，母亲的心里当然也非常难过，想到女儿不仅琴没有练好，睡眠时间也没有保证，两头都落了空，还弄得母女二人都情绪恶劣，不由心里懊恼至极。

我认为，培养孩子爱好的目的是让孩子在成长中获得更多的乐趣，而吉娜母亲的这种做法，根本不可能让女儿通过学习音乐获得快乐。用这种方式去培养孩子的爱好，不仅不会收到什么效果，相反，还会成为女儿的一个负担，使她从此对音乐深恶痛绝。

在维尼芙雷特的教育中，我采取了与吉娜母亲截然相反的方法，无论是绘画还是音乐，我从来不强迫女儿去学什么东西，而是不断诱导她，激发她学习的热情，让她享受到学习的乐趣，而如果她实在没有兴趣，那也就只好由她了。不过，一般来说，只要采取适当的方法与孩子进行沟通，并顾及他们的尊严，孩子还是很乐意听取父母的建议的。毕竟在孩子眼里，父母本身就是一种无所不能的权威。

我认为，对于孩子来说，最重要的是积极乐观的生活态度和健康的体魄，这两点也许是培养所有其他能力的基础。因此，父母在让孩子学习某种技能或向他们灌输知识的时候，一定不要操之过急，否则只会引起孩子对学习的厌恶，导致孩子心情抑郁，从根本上影响孩子对生活的认识，使孩子无法健康成长，这可是极其得不偿失的。然而，在我们周围，有很多家长对这一点都没有深刻的认识。

在此，我要奉劝那些为孩子的教育感到烦恼的父母们，应该经常反思自己对孩子的教育，问一问自己：对孩子来说，什么才是最重要的？自己对孩子的教育方式是不是都合适？我想，如果连这一点都不清楚的话，这样的父母是不可能给孩子一个幸福的未来的。

第十章

好品德从摇篮时期熏陶

我认为，在孩子品德的培养中，母亲的作用可谓至关重要。之所以这样说，主要是因为母亲是最早陪伴孩子的人，同时也是陪伴时间最长的人。因此，相对于其他人来说，母亲的一言一行都会成为孩子模仿的对象，从而对孩子以后的人生产生深远的影响。

孩子的品德培养，母亲至关重要

在我的理想中，维尼芙雷特应该成为一个品德优良、身体健康和才能出众的人，这三方面缺一不可。

我一直这样认为，如果只看重女儿的身体，那么她就可能变成无知、野蛮的人；如果只重视她的才能，她有可能会成为弱不禁风的无能者，或者成为无是非观念的浑浑噩噩的人；然而，如果只重视她的品德，那么她也有可能变成一个只有想法而没有实际能力的人。因此，为了让小维尼芙雷特将来成人之后能有一个高质量的人生，我对她的教育从一开始就是从这三方面同时着手进行的。

第十章　好品德从摇篮时期熏陶

我认为，教育孩子不仅要发展他们的智力，同时还要培养他们的品德，懂得这一点不仅对孩子极为重要，对父母也是如此。从一些关于早期教育成功的例子中，我发现那些大音乐家、大美术家、大文学家、大科学家的诞生，往往都离不开早期接受的合理教育。事实上，如同智力的培养需要从孩子一出生就开始一样，孩子的优秀品德也必须从摇篮时期开始熏陶。

根据自己的一些经验和所见所闻，我得出了这样的结论：在孩子品德的培养中，母亲的作用可谓至关重要。之所以这样说，主要是因为母亲是最早陪伴孩子的人，同时也是陪伴时间最长的人。因此，相对于其他人来说，母亲的一言一行都会成为孩子模仿的对象，从而对孩子以后的人生产生深远的影响。

如果母亲严格要求自己，做孩子的表率，努力培养孩子好的品德，为他开拓美好前程积极地创造条件，这样的母亲是值得人们尊敬的。

反之，如果母亲自己就行为草率，没有良好的道德修养，那么不仅自己会生活在不幸之中，而且还会让孩子受到潜移默化的影响，成为一个对社会没有意义，甚至对社会造成危害的人。这样的母亲，甚至连自己的孩子都不会尊重。

年轻的父母们，一定要记住，孩子的命运就掌握在你们手中，不要因为你的失误而毁掉孩子的一生。相反，你要做出积极的努力，把孩子培养成一个既有能力又有品德的人才，为孩子开拓一个光明的未来。

可能有些父母会说："我为孩子创造了那么好的条件，从小就开始教育他，可是他一点儿也不跟我合作，我有什么办法呢？"我认为，这一定是父母的教育方法不对，应该从自己的身上出发找出问题的根源，而不应该一味埋怨孩子。因为，刚出生的孩子就像一张白纸一样，任由父母在上面涂画，最终成为一个什么样子，完全是受父母的影响，这绝对是一个千古不变的规律。记得在维尼芙雷特很小的时候，我也常常面对这样的问题，但我从来不把责任推到女儿身上，而是想尽一切办法用自己的行为去影响她、帮助她。

我认为，孩子们的自主精神、独立精神和创造性是非常重要的，然而现在有很多父母只看重孩子的能力，而忽略了对孩子在这些方面的培养。另外，由于如今家家户户都住在彼此隔离的环境之中，孩子们之间缺乏相互交流，形只影单，很容易使他们变得孤僻、自私，这些对孩子形成友爱、互助、爱心等好品德造成了障碍。

正是基于这样的原因，我在一个周末为维尼芙雷特组织了一个松散的团体活动，让女儿的小朋友们聚集起来，指导他们进行一些有益于身心发展的活动。我创办这一活动的起因是为了帮助维尼芙雷特，这一点女儿十分清楚，并且因为这些活动的主要内容就是玩乐，同时又有一些平时自己一个人没有办法玩的游戏，所以她很喜欢参加这些活动。

不过，这样的活动只有我主动提出之后，维尼芙雷特才会参加，否则她是不会主动要求召集孩子们来参与的。似乎一定要有人来请她参加，她才会这样做。我想其他的孩子也会是这样的吧。

事实上，在维尼芙雷特的生活中，有太多这样的机会，对此她并不珍惜，而参加活动的其他孩子们都十分踊跃，表现出很大的热情。我相信，如果我对女儿说第二天有活动，她一定会参加，但我更希望看到女儿有更大的热情，希望她能珍惜这样的机会，而不是用一种理所当然可以享受的态度接受它。

为了帮助维尼芙雷特，我首先做的就是要让她意识到这一切不是理所当然地提供给她的，只有当她表现出足够的主动性和热情时，她才有资格享受这一活动的乐趣。

记得有一次，我为孩子们组织了一次表演的活动。在那次聚会中，孩子们对表演表现出了极大的热情，他们穿上漂亮的服装在假设的舞台上来回穿梭，有的扮成公主，有的扮成皇后，有的扮成侍卫，大家都演得兴高采烈。

有些孩子的父母听说这个活动后，向我提议让孩子们自己选择一个故事，在充分阅读之后，自己写出剧本来，然后再分配角色，进行表演。这样，无疑可以促进孩子们对阅读和写作的兴趣，我当然赞成这种良好的提议。于是，我便打算让维尼芙雷特来联系、组织这件事，以培养她的组织能力，但转念一想，为什么不利用这件事来激发女儿主动争取之心呢？于是，我采用了另外的一种办法。

我把这件事告诉了另一位小朋友，将这次活动的组织和安排都交给她去做。当维尼芙雷特得知此事之后，立刻愤愤不平起来，并向我表示不满："为什么不把这件事交给我来办呢？我一定能够办好的。"

"我还以为你不感兴趣呢。"

"谁说我不感兴趣，我很感兴趣。"

看着维尼芙雷特那种既不满又觉得不公平的表情，我反而有些高兴，因为我终于激发起了她主动争取机会的热情。因此，等到第二次再有活动的时候，维尼芙雷特再也不像从前那样漫不经心了，而总是主动地要求做这做那，表现出了极大的热情。

我想，对于孩子来说，让他们明白好的机会是要自己去争取的，而不应总是消极等候，这一点至关重要。不仅现在如此，将来更应如此。孩子懂得了这个道理，他们或许就会迈进一步，从而不再对机会毫无激情。

事实上，人们对自己珍惜的事情和东西往往会利用得比较充分，因而获益更多。比如，因贫苦而失学的孩子，一旦有机会去读书，常常会有惊人的表现。其实，这并不是因为他们比其他孩子多聪明，而主要是因为他们十分珍惜这种读书的机会。相反，很多富家子弟之所以学习不认真，功课很差，就是因为他们没有意识到自己是在享用一种别人难得的机会，而认为这是一种理所当然的事情。

可以说，维尼芙雷特的成长条件是相对比较好的，我当然不能给她创造贫困的环境，让她经受磨炼，但我有责任让她知道好的成长环境是多么可贵，多么来之不易。维尼芙雷特知道我爱她，愿意将世界上最好的机会提供给她，这种认识使她有安全感，这对她在情感上的健康成长是非常必要的。但同时，我要让她认识到，我对她的爱是应当受到尊重的，当我在爱的鼓励下殚精竭虑为她创造尽可能好的发展空间时，她有责任进行积极配合，否则，我不可能无限制地去做无效的事。

在维尼芙雷特成长的过程中，我时刻提醒她明白这一点，这并不是让她对我知恩图报，而是要让她明白，一个人想得到机会，就必须尽全力去争取。

我们都知道，一个人的成功往往与他善于利用各种机会是分不开的。给孩子提供机会固然重要，但更重要的是要让他懂得珍惜机会，进而学会主动争取机会。

我作为陪伴女儿时间最长的人，总是在日常生活的细节中有意识地培养她的这种勇于争取的习惯。因为我知道，如果只给她机会，而不让她知道机会的可贵，那么她就很有可能成为沾沾自喜、目中无人的人。这样一来，不但不能使她将来有所成就，还会使她变成一个非常可笑的、目光短浅的“井底之蛙”。这与我的教育目的可就相距甚远了。

父母是孩子最好的榜样

在对维尼芙雷特的品德教育上，我始终坚持这样一个原则：在帮助她树立正确、健康的道德观和价值观之前，我自己就需要有正确的观念和标准。因为在我看来，教育子女的过程，往往就是父母进行自我教育的过程。

我们生活在社会之中，一言一行都要受社会规范的约束。然而，这种规范往往并不是一成不变的，每一个社会，每一个时代，都有对社会规范的独特理解和独特的价值体系。但是，无论是过去还是现在，一些共有的基本价值标准却是不会改变的。这些标准包括：诚实、勇敢、自律、忠诚、守信等。无论是在家庭还是学校，孩子们都在有意无意地受到这些价值观的影响。在我看来，这些当然不是空洞的说教，它是一种行为准则，是每个孩子都必须从小就建立起来的优良品质。

有一次，我的同事沃尔夫先生对我说："我儿子简直太讨厌了，他总是迟到，好像完全没有时间观念。我总是耐心地和他讲道理，可他总是听不进去。你的女儿维尼芙雷特也是这样吗？"

我告诉沃尔夫先生，维尼芙雷特虽然有时候也会拖拖拉拉，但并不总是这样，并且，我会耐心地引导她，让她懂得遵守时间的重要性。听到我这样说，沃尔夫先生便急于想要听到我的方法。不过，在我为他讲自己的方法之前，我想知道他是怎么给孩子讲道理的。于是，他立刻给我举了下面这个例子：

"恩特斯，你说说，我跟你说过多少次了，要遵守时间，否则就会耽误别人的时间，也会给别人留下不好的印象，你难道都忘了吗？"在儿子迟到时，沃尔夫这样对他说。

而恩特斯总是一副满不在乎的神情，说道："我当然没有忘记，你已经给我讲过很多遍了。"

"那你为什么还不改正坏毛病？"

"当然，我也知道不太好，但我总觉得也没什么大不了的。"

"什么？"沃尔夫先生吃惊地瞪大了眼睛，生气地说，"怎么会没有什么大不了？你从小就这样不守时遵约，将来谁还会信任你呢？"

看到父亲有些生气的样子，恩特斯也有些沉不住气了："可能你已经忘记了，好几次你都答应了要带我去海边玩，可是到现在为止，你说的一次都没有实现。"

"恩特斯，那是因为我工作太忙了，这段时间有很多的会要开……还有那些论文……那些学生……"

说到这里，沃尔夫先生突然尴尬地住了嘴，不知该怎样往下说。

我对沃尔夫先生说："哦，如果是这样的话，那可就是你的不对了。

你要求儿子守约，可自己却没有先做到。这样教育孩子，孩子肯定不服，所以自然也就不会改正了。”

虽然这只是一件小事，父亲工作忙，的确是身不由己，他也想带孩子去海边玩，但由于种种原因不能去。可是，在孩子心里一旦认为不守约没什么大不了，无论有多少次教训恐怕也不起作用。我们可以想象，这样的爸爸，孩子会怎样想呢？他会得出一个什么样的结论呢？他也许会想：爸爸不守约，过得也不错嘛，大概不守约也没什么大不了的，我也不用为这个问题伤脑筋，去纠正这个无所谓的缺点。有了这样的观念，无论有多少次的教训，恐怕也不会起作用。

更有甚者，某些单纯的孩子还会这样想：父亲就知道对别人守约，尤其对工作上的事，但对我的事却不当回事，看来守约也要看兴趣、分等级，不必每件事都守约。那么，有时候不守约也就算不了什么了。如果孩子这样推理，父母往往无法反驳，这无疑是用自己的手打自己的嘴。

事实上，总是有很多父母一味抱怨孩子不听话，不肯接受自己讲的道理，就是不去想想自己有什么不对。这样的父母常常用自己的行为颠覆了自己讲的道理，使孩子认为父母言行不一。这样的父母，往往会让孩子认为是不可信的，所以对他们的要求也就不必认真履行。如果事情发展成这样，那么孩子根本就不可能按照父母的“说教”去做。

一位朋友曾当作笑料向我讲述了他和儿子的一段对话。朋友说：“儿子，你这几天总是玩，就不能控制一下自己，把精力用到学习上吗？”儿子回答说：“你还说我呢，妈妈经常告诉你不要在外面打牌，你怎么还总是整宿的玩呢？”一句话让这位朋友语塞，可见，孩子们常常把自己的行为与父母进行对照，甚至父母行为中的某些失当之处也往往会成为一些孩子开脱错误的“口实”。在日常生活中，家长应十分注意自身的言行举止，经常互相提示，互相交流，努力树立良好形象，给孩子以健康、积极的影响，在一点一滴的小事上给孩子以有益的影响。比如：父母工作上应敬业、上进；待人上应热情、大方、真诚；处事上应一视同仁、言行一致。

另外，家长应注意杜绝各种在孩子面前“不宜”的行为。比如：不过多地在孩子面前谈论金钱问题，以防带来一些负面效应。

有人说：子女是父母的折光镜。在孩子身上可以折射出父母为人处事的哲学和做人的准则，父母对子女的示范应体现在日常生活中的时时处处、点点滴滴。

总之，育人先育己，每位家长都应牢牢记住这一点，这对完善孩子的人格起到至关重要的作用。

襁褓里培养出的责任心

很多父母在对孩子进行早期教育的过程中，常常只注意孩子的智力和爱好的发展，只重视拓宽孩子的知识面，学会某种技能，却忽略了如责任心等重要品质的培养。我想，这种做法是十分不恰当的，必然会对孩子的未来造成极大的困扰。

我认为，即使一个孩子再聪明、再有知识、有技巧，但缺乏应有的责任心和综合能力，终将不会成为一个健全的人。从小到大，孩子在很多方面都需要有过人的能力，而责任心也是孩子一种极为重要的能力，甚至有的时候，责任心比知识性的技能还更为重要。因此，如果我们不从小培养孩子的责任心，就算他们将来有了丰富的知识和高超的技能，也不可能把自己的能力充分发挥出来。因为，对于没有责任心的人来说，他们并不会把完成某件事情放在心上，无论遇到什么事情都是马马虎虎、得过且过，结果把本来非常轻松的事情变得复杂化，甚至还可能造成严重的后果。

在现实生活中，也会有这样的经验：一个在比较艰苦的环境中长大的孩子，往往会更多地参与到家庭生活，助父母一臂之力。这样的孩子通常都非常懂事，他们都知道父母谋生不易，自己必须为父母分担一部分责任，如照顾好弟弟妹妹，注意节约，为家里减轻负担，等等。看到父母为了一家的生活而辛勤劳作，这些孩子就会感到自己肩上的责任，希望有一天能为父母分担忧愁。这一切，都会让孩子从小看到自己生活的意义，看到自己的行为对别人产生的影响，从而感到自己是有归属的，是有价值的，因此而产生强烈的自豪感和责任心。

随着年龄的增长，孩子与社会的接触面在不断扩大，这种责任心与自豪感的内容也会不断增多，不再局限于自己的家庭。然而，从家庭中培养出来的这种感觉，往往是未来责任感的基础，如果在一个人的幼年时期，没有从家庭中打下这样的基础，那么对社会和人类的责任感和使命感就不知从何谈起，自然也就不会建立出什么事业来。因此，没有责任心的孩子，将来是不可能取得多大成就的。

为了从小就培养维尼芙雷特的责任心，无论她在家里还是与别的孩子在一起，我都会有意让她充当一些有意义的角色，使她感到自己的行为对他人、对集体所产生的作用，与此同时，也让她努力克服困难、增强自信心。

在日常生活中，我时常让女儿做我的“助手”。我认为，这样不仅可以提高她的动手能力，而且还可以培养她的责任心，让她具有一种分担的意识。每当这个时候，维尼芙雷特总是很积极地参与，并为自己日渐增长的能力感到自豪。我时常给她分派一些与她的年龄相当的劳动，比如，打扫卫生、给花草浇水，等等。

在家里的时候，我始终与维尼芙雷特进行平等的交流。在我看来，这也是培养她责任心的一种方式。我不仅了解她的内心感受，也同她谈我自己的喜怒哀乐。可能有些父母认为，没有必要也不应该对孩子讲大人的事，甚至还会以自己太忙为借口，从而避免与孩子进行交流。然而，这些父母却不知道，其实孩子的感觉是极其敏锐的，他们会通过自己的观察来洞悉父母的心理，比如，有的孩子常常会很关心地问父母：“妈妈怎么啦？不高兴了吗？”事实上，这个时候孩子便已经敏锐地感觉到了父母的

“异常”，只不过大人们往往不去注意孩子的心理活动，对孩子的问题不加以重视罢了。

我认为，对于孩子这种时常表现出来的与大人交流的意愿应该鼓励，并耐心地与他们交流。这样一来，不仅让他们感受到了应有的尊重，增进了父母与孩子之间的感情，同时还会增加他们的责任心，让他们懂得分担责任的重要意义。

有一次，我的心里非常烦躁，因为我马上要去参加一个有关世界语的会议，而维尼芙雷特的父亲去了外地，保姆又恰巧家中有事请了假。这样一来，就只剩下女儿一个人在家了，没有人和她在一起，她能安安心心地待住吗？而且，更重要的是，我要参加的会议可能会持续很长时间，那她的晚饭该怎么办呢？

看到我焦虑不安的样子，维尼芙雷特赶紧走过来，关心地问我：“妈妈，你怎么啦，出什么事了吗？”

于是，我把情况对她说了：“我马上要去开会，只能让你一个人在家，我正在为你的晚饭发愁呢。”

维尼芙雷特说：“啊，原来是这样。没事没事，你赶快去吧，我知道应该怎样照顾自己。”

“真的吗？”我问女儿，“难道你一个人在家不怕吗？妈妈可能会很晚才回来啊。”

“不怕，我可不是个胆小鬼。”女儿可爱地比画着。

“可是，你的晚饭怎么办呢？”

“我有巧克力面包啊，再说，我现在已经会用火炉了，我可以自己煮牛奶。”

“可是……”

“没关系的，妈妈，你要去工作，我照顾好自己就是帮助你，这是我的责任呀。你不是经常告诉我，要有责任心吗？”

听了女儿的这一番话，我真的有些感动，我想女儿真是长大了，懂得体谅我了。

鼓励女儿做个勇敢的孩子

我们知道，勇气对一个人来说是非常重要的，所谓“狭路相逢勇者胜”，只有那些有勇气的人才能够在竞争中胜出，才能够开创一份属于自己的事业。因此，在培养子女的时候，勇气也是一个不可忽视的方面。

记得有一次，维尼芙雷特因为着凉患了感冒，吃了一些药后仍然没有效果，后来甚至还发起了高烧。我赶紧去请了大夫。大夫说女儿需要打针，否则高烧有可能引起肺炎。大夫在说话的时候显得很平静，因为他每天都要给无数个病人打针，而我却有些担心了，不由自主地皱紧了眉头。

虽然那时候维尼芙雷特还是第一次听说“打针”这个词，但看到我紧张的样子，再看看忙碌中的大夫在摆弄针头、药品，心里突然害怕了，“哇”的一声哭了起来。我知道这个时候女儿非常害怕，但是没有办法，只有打针才能让她的病情有所好转。因此，我不顾女儿的哭闹与挣扎，配合大夫把她按住，等到大夫将注射器准备好一针扎下去后，女儿顿时哭得更厉害了。医生走了之后，女儿才渐渐止住了哭泣。

后来，我想了想，女儿之所以害怕，大概是因为看见了我担心的表情，因为我的表情告诉她，这是件很严重的事情。并且我转而又想，如果女儿连打针都害怕，怎么能成为一个勇敢的人呢？想到这里，也为自己当时的担心而感到脸红。因此，当维尼芙雷特第二次打针的时候，我采取了另外一种态度。

第二天，大夫按照约定的时间到了我家。维尼芙雷特一见大夫进门，立刻躲进了自己的房间。大夫看到她这个样子，一下子就笑了出来，逗她玩说：“啊，小姑娘害怕了。喂，小机灵鬼儿，不要怕，我可不是个大坏蛋，我是来帮你治病的。”

“维尼芙雷特，快点出来，大夫是来给你治病的。”我对女儿说，但她对我的话装作没有听见，仍然躲在房间里。

于是，我只好把大夫带进她的房间。这一次，我采取了非常平静的态度，对她说：“维尼芙雷特，打针并不可怕。不是吗？昨天你刚打过，并没有什么呀？”

“可是我害怕，疼……疼……”女儿苦着脸，躲在床边的角落里。

“真的没有什么好害怕的，妈妈小时候曾经打过无数次的针。更何况，为了治病忍受一点疼痛又有什么关系呢？我相信你是个勇敢的孩子。”我不断鼓励她。

维尼芙雷特一听到“勇敢”这个词，似乎顿时忘记了害怕，从角落里走了出来，乖乖地让大夫帮她打针。这一次，虽然在她的眼神中仍然流露出了一丝害怕，但为了做一个“勇敢”的孩子，女儿一声也没有哭，等她打完之后，还不停地与大夫说这说那。

经过这次的事情之后，我发现锻炼孩子的勇气，常常对父母自己的勇气也是一个考验，如果父母自身就对困难或对带有一些危险的活动感到害怕，那么这样的父母培养出来的孩子就不可能有勇敢的精神。在现实生活中，有些父母总是一味地为孩子的安危而担忧，却没有想到已经牺牲了锻炼孩子勇气的机会。我认为，这样做事实上是很自私的，因为这些父母更多地是为了保护自己的感情免受伤害。

另外，还有一种情况，对于孩子勇气的培养也是不利的。有些父母为了让孩子听自己的话，往往讲一些可怕的故事进行威胁，这会让孩子逐渐变得非常胆小，长此以往就会影响到孩子的个性发展，缺乏独立性，甚至会导致某些心理障碍及性格病态的发生。

对于一些胆小的孩子，父母也不能采用训斥的方式，说孩子是“胆小鬼”，甚至给予处罚，这些都会对孩子的自尊心造成极大伤害。这不仅改变不了孩子的胆小状况，反而可能使孩子的惧怕心理加重。一位儿童心理学家说过："儿童产生惧怕心理的原因与成年人一样，关键的问题是成年人懂得如何去应付恐惧，而孩子们却还不知道。"因此，父母应细心观察，找出孩子产生恐惧的原因，并帮助他们消除恐惧，从而培养孩子的自信心和勇敢的品质。

只有当孩子感到你承认他们害怕的东西是客观存在的时候，他才会相信你对解除他的害怕所做的解释。做父母的要正确对待孩子所害怕的事物。一种非常有效的方法是教给孩子关于某些事物的知识。如有的孩子害怕猫、狗等小动物，父母就可以给孩子讲一些有关这些动物的小故事，并告诉他们这些动物一般不会伤害人，但要学会与它相处的方法。这样，就可以帮孩子增强安全感。

另外，孩子特别爱模仿自己父母的言行，因而，父母的榜样作用对孩子影响极大，父母应该以自己无所畏惧的形象来影响孩子。父母还应该坦率地承认自己也曾害怕过某些东西，但现在已经不再害怕它们了。这样，孩子就会明白，他并不是世界唯一害怕这些事物的人。从你的身上他可以知道，这些事物并不那么可怕，是可以被征服的，恐惧的心理便会得到克服。

作为父母，还要鼓励孩子自己去面对困难，克服其依赖性，使他们感到自己的能力、有办法应付遇到的问题和困难。不要对孩子过分呵护，要相信他们自己能够做到很多我们认为他们难以做到的事情。

总之，要培养出勇敢的孩子，父母们就要从自身做起，并经常与孩子进行沟通，了解他们的真实想法，有意识地锻炼他们的独立性。坚持下去，你就会发现自己的孩子正渐渐成为一个勇于面对困难的勇敢的孩子！

让女儿具有节俭的美德

在商店里，时常会发生这样的情景：孩子跟在家长身边，任性的要求买这个要买那个，父母试图制止，结果遇到孩子更强烈的抗议，有的时候还会满地打滚，引来很多围观的客人，让人觉得这一家人似乎过得比较拮据，不肯给孩子买东西。在这种局面下，有的父母为了顾及面子，总是很快妥协，给孩子买了他想要的东西；而有的父母则不得不用暴力来解决，结果导致一场闹剧。

我认为，孩子从小就应该养成节俭的美德，不能因为他们一时兴起就随便买东西。在遇到孩子无理取闹非要买的时候，只要运用恰当的方法给他们解释，我想孩子一般都是很讲道理的。

有一次，我陪着来访的朋友一家去逛商店，维尼芙雷特也跟我一起去。在商店里，我看见毛巾正在减价，想起家里的毛巾该换了，就选了几条，并对女儿说："你也选一条自己用。"

于是，维尼芙雷特就选了一条。

这时候，朋友的女儿米娜见了，也走上来说："我也要一条毛巾。"

我见朋友不说话，便忍不住问米娜："你缺毛巾吗？"

"不缺。"

"那么，你要买毛巾带回去吗？"

"也不是。"

"那你为什么想要买毛巾呢？"

"因为维尼芙雷特买了一条。"米娜指着我的女儿说。

"哦，是这样啊。那么，你知道我为什么要买毛巾吗？因为我们家的毛巾该换了，这里又正好在减价，所以才会买，但我不明白你为什么要买。"

我曾经听说，米娜是一个平时稍不称心就会在母亲面前大哭大闹的孩子，而这时却出乎意料地讲理，什么话也没说就把毛巾放了回去。对于这件事情，朋友感到很惊讶，因为她从来没有说服过女儿把想买的却没有什么意义的东西放回去，她问我为什么会有这么大的能力。于是，我便问她，为什么如此放纵孩子的购物欲。她对我说："你不知道她闹起来有多厉害，她想买就买吧，免得她吵，而且我觉得她挺可怜的。"

我知道朋友的意思。她和丈夫已经分居好几年了，到现在还经常发生冲突，她不希望孩子再在其他方面受到伤害。但不管怎么样，我还是认为朋友的做法是不对的。因为物质并不能弥补孩子在情感上遭受的伤害，反而会使受伤的心灵变得扭曲。孩子是聪明且敏感的，她能感觉到父母心中的内疚，因此会毫不客气地利用这种心理，养成一些很坏的习惯。更加糟糕的是，父母的这种心态会对孩子产生恶劣的影响，会使她夸大自己的不幸，从而更加觉得自己可怜。

我认为，孩子都是很懂道理的，关键在于父母如何去引导。如果在孩子心里认为自己可以毫无顾忌地购物，只会使他们养成不良习惯，并形成一种观念，就是无论他想得到什么，父母都有责任予以满足。而这样做确实是非常愚蠢的。对于女儿的教育，我从来不采用这种方法，我认为有必要让女儿懂得，节俭是一种良好的品质，一个人无论多么富有，这种节俭的品质都不能丢。

有一次，我和维尼芙雷特在街上散步，正好路经一个文具店，就顺便带她进去看一看。这时候，女儿被一套漂亮的画笔吸引住了，看了又看，不肯离开。

女儿对我说："妈妈，我想买那套画笔。"

我便问女儿："为什么呢？"

女儿回答说："因为它们很漂亮。"

"可是，你不是已经有一套这样的画笔了吗？"

"那是两个月前买的，已经很旧了。"

"什么？两个月前买的，现在就旧了？我听说，有一位伟大的画家，一套画笔用了十来年还不舍得扔掉。再说，画笔旧不旧有什么关系呢，只要能用就行了。"

"哦，妈妈，你真小气。"维尼芙雷特努着小嘴说道。

"维尼芙雷特，妈妈不认为节省就是小气，节省是对的，省下的钱可以买别的有用的东西。"说着我便拉着女儿的手离开了文具店。

在我看来，从孩子很小时起就应该教他们节俭。在生活中，有这样一些父母，虽然自己很节俭，却不惜在孩子身上浪费。虽然这体现了对孩子的爱，但绝不是一种明智的爱。我说的不是那些衣食无着的贫穷人家，而是那些家境殷实的人家。那些孩子消耗了过多的物质，浪费了太多的钱财，这无疑是一种罪过。这不仅是在浪费自己家的钱，也是在浪费人类共有的资源。

我认为，节俭是一种美德，无论是在困难年代还是富裕年代，我们都应该崇尚节俭。从小的方面看是为了居家过日子打算，从大的方面看则是为人类后代节约资源，无论从哪个角度看，都应该崇尚节俭的好习惯。在生活中的每个小细节上，我都要教育女儿养成节俭的习惯。我常常对女儿说，不能随便地浪费东西。我要让她知道，一切东西都来之不易。

在我的影响下，女儿逐渐养成了节俭的品质。我想，她已经真正懂得了节俭并不等于吝啬，而是一种宝贵的人生态度。

勤劳的孩子最受欢迎

维尼芙雷特从小便对人友善，并且乐于助人。因而，在她六七岁的时候，便已经和别人相处得很融洽，是一个十分受人欢迎和喜爱的孩子了。大家都说她是一个很勤快的孩子。

自从维尼芙雷特取得了一些成就之后，便有很多年轻的父母来向我请教关于孩子教育方面的问题。很多时候，他们向我表示，令他们惊讶的不仅是维尼芙雷特的学习能力，更重要的是她那些好习惯。在他们当中，也有不少孩子是出类拔萃的，具有超乎同龄人的诸多能力，但在习惯方面与维尼芙雷特相比，就差得太远了。他们时常问我，像这么小的孩子居然那么懂事，那么勤快，是不是天生的呀？他们总会问我维尼芙雷特在家里受到了什么样的训练，有什么秘诀没有。面对这些问题，我有时真的不知道应该如何回答。不过，有一点我可以告诉大家，那就是我时常鼓励维尼芙雷特自己做力所能及的事。

一般来说，只要是维尼芙雷特自己能做的事情，我一定不会去帮她做。我认为，如果什么事都帮她做，就等于剥夺了她自己动手的机会，并且还会让她养成对自己的行为不负责任和万事都依赖别人的坏习惯。我时常对女儿说：能够摆脱对外界依赖的人，才能有信心做独立而骄傲的人。实际上，我对她进行这样的要求，就是想要让她养成独立自主和勤劳的好品德。

在维尼芙雷特两岁时，有一天在客厅中东摸摸，西看看，仿佛对一切都有浓厚的兴趣。忽然，女儿手里的点心不知怎的掉在了地上。她没有去理会它，自顾自地摇摇晃晃向前走，似乎没有看见。我用手指着垃圾桶，示意她把点心放到那儿去。女儿好像没有弄明白是什么意思，好奇而吃惊地看着我，但就是不按着我说的那样去做，一动也不动。

“你听见妈妈的话了吗，宝贝？”我再一次对她说。

这时，维尼芙雷特的爸爸走过来插话了：“小维尼芙雷特还这么小，什么事都不懂，干吗非让她去做？”

“还是我来吧。”家里的保姆赶忙走了过来，想去拾起那块点心。

我用手臂挡住了她：“安娜，别这样，让她自己来，她可以的。”

维尼芙雷特望了我一眼，向前挪了挪身子，似乎要试一试忽视我的要求我会怎么办，看样子她想立刻离开。

“维尼芙雷特，”我立刻走了过去，蹲在女儿身边，温柔地对她说，“这是你掉的点心，应该自己捡起来，知道吗？好孩子就应该做自己的事。”

女儿望着我柔和但坚定的眼神，终于妥协了，慢慢蹲下去，捡起那块点心，又摇摇晃晃地向我指给她的垃圾桶走过去。

很多父母低估了孩子的能力，往往认为孩子太小，不能解决自己遇到的问题。实际上，我认为父母应该信任孩子的能力，相信孩子自己会做好许多事情，只不过有时候需要我们指导而已。只有给孩子锻炼的机会，孩子才会乐于做一些自己该做的事，从而养成勤劳的好习惯。因此，父母应该陪伴和指引孩子一同探索，不能让孩子永远躲在成年人的后面，而应该让孩子去适应生活，找出孩子在父母的指导下能承受的事情，使他们有机会去体验生活，锻炼自己的能力。

在成长的过程中，孩子的兴趣是不断改变的。在最初的时候，父母可以通过各种方式激起孩子对于劳动的兴趣，让他们主动去做一些力所能及的家务。然而，伴随着孩子的不断成长，他们在慢慢学会做许多事情后，家务事会被认为是既没有新鲜感也没有学习新东西时的乐趣，于是家务事就成了他们的负担。由于孩子没有了做事的主动性，那么培养孩子勤劳的艰巨任务就落在了父母身上。

这个时候，父母不能像以前那样无论什么事都顺着孩子，而应该有意识地使孩子认识到做家务事的重要性，告诉孩子只有把小事做好，才能干出一番大事。不过，当孩子对做家务事有所排斥的时候，父母也不应该命令他们，否则只会引起孩子的反感。孩子需要的是弄明白道理，而不是父母“去做这个，去干那个”的命令。如果由于孩子不愿意做家务就大发脾气，大加训斥，这就更是错上加错。因为，这种强制孩子做事的结果，往往就是孩子干脆什么也不会做，宁可被父母训斥，也不会再去做一丁点儿的事。

在维尼芙雷特只有两三岁的时候，常跑到厨房中来帮助我做一些事，虽然这些事算不了什么，但她仍然兴致勃勃地帮我的忙。因为对她来说，这实在是一种兴趣。就像我前文所说的那样，她是在满足自己的好奇心和求知欲，甚至也可能是她的一种别出心裁的玩法。而等到她五六岁的时候，她对这种做家务的“游戏”便完全丧失了热情，甚至有时会“偷懒”，故意不做我给她安排的事。我知道，这时候应该教给她勤劳的道理了。

有一天，我看见维尼芙雷特躺在床上看一本有插图的书，房间里乱糟糟的，她的袜子扔在地板上，手绢也胡乱地放在桌子上面。

“维尼芙雷特，我不是告诉你要把房间收拾好，并洗干净自己的袜子和手绢吗？”

“知道了，我等一会儿就去收拾。”女儿仍然在看书。

“还要等一会儿吗？我可是早上就对你说了，你也答应了呀。”

“妈妈，我现在在看这本书，没有时间，等会儿我去叫安娜帮我收拾吧。”

“不行，你自己的事怎么能让别人帮你做呢？”听见女儿说要保姆安娜帮她做事，我真是有些生气了。我想，任何一个母亲面对这样的情况都会不由自主地生气吧，即使你的孩子在其他方面都非常优秀，但还是会在一些细节上让你着急。不过，我当时并没有像大多数母亲那样发泄自己的怒火，因为我知道，那样只会让事情更糟。我决定采取另外一种方法。

“维尼芙雷特，这样吧，反正你也不想干活，我干脆给你讲一个故事吧。”

女儿一听说我要给她讲故事，立刻来了兴致，她从床上跳了起来，坐在我的身边。于是，我便开始了我的故事：

“在很久以前，有一位母亲非常非常爱她的两个儿子，从来都不让他们做任何事，担心他们受累。”

我才开了个头，维尼芙雷特就打断了我，对我说：“你看，别人的妈妈多疼爱孩子，只有你，总是让我干活。”

“你别打岔，先听我把故事讲完再说。那两个儿子中，哥哥很乐意接受妈妈的关心，什么事都不做，整天在床上睡觉，长得白白胖胖。但弟弟呢？似乎不愿意整天就这样待着，常常帮妈妈做很多很多的家务事。慢慢地，他学会了很多东西，会做饭，会洗衣服，还会自己做一些有用的工具。”

“后来，两个孩子都长成了大人，妈妈也去世了。由于他们都是大人了，于是兄弟俩就分开来生活。弟弟每天在外面辛勤劳动，挣了许多的钱，还娶了妻子，开始过上幸福的生活。而哥哥呢，还是和小时候一样，整天在家里睡觉。”

“有一天，弟弟有事去找哥哥，发现他仍然住在以前的旧房子中，而且破破烂烂的，老远就闻到一股臭味。当弟弟推开门时，你猜他看见了什么？”

“一定是那个哥哥已经死在了床上。”还没等我的话音落下，女儿就回答了我。

“没错，但你是怎么猜出来的呢？”

“因为那个哥哥太懒，整天在家里睡大觉，不知道自己养活自己，只能被饿死喽。”

“那么，你想不想以后被饿死呢？”

“我才不会呢！”说着，女儿就开始收拾房间了。

“你不要干活嘛，躺着多舒服。”我看到女儿开始动手收拾房间，心里非常高兴，但嘴上却在逗她。

“妈妈，你别以为我有那么傻，这些道理我都知道，你以前说过的话我也记得很清楚：一个人最好的品德就是勤劳。”

养成良好的生活习惯

我认为，让孩子从小养成良好的生活习惯，尤其是形成较强的时间观念非常重要。在生活中有这样一类人，他们在独身时很有时间概念，把自己的生活安排得井井有条，但是成家之后就完全没有了头绪，特别是在有了孩子之后，家庭成员多了起来，时间就显得不够用了，于是整天忙得不可开交，生活变得一团糟，慢慢就变成了一个毫无条理的人。

我想，这样的父母是不可能让孩子形成时间观念的，因为父母一会儿要求孩子这样，一会儿要求孩子那样，一会儿说饿了就去吃，一会儿又说必须按时进餐，没有一定的规律，孩子就会如坠入云里雾里，不知道应该如何是好。这样一来，孩子就会在心理上松懈，逐渐发展到对什么都觉得无所谓，见了好吃的东西拿起来就吃，不喜欢的书就随意撕毁。这样的孩子，是不可能养成良好的生活习惯的。

我认为，父母必须从小就告诉孩子，哪些东西对爸爸来说很重要，不能动；哪些东西是妈妈的，孩子不能随便拿，如果弄坏了将会有什么样的后果，弄脏或弄乱了又会有什么样的后果。如果孩子仍然不知道这样做的重要性，父母就应该明确声明，孩子同样要尊重父母的权利。这样一来，不仅可以省掉父母的很多麻烦，更重要的是，还可以帮孩子规范自己的生活，而不至于养成像我说的那样任意而为的坏毛病。

为了使维尼芙雷特养成良好的生活习惯，我和丈夫从一开始就拿出了足够的耐心对女儿进行教育。在我看来，只有父母坚持不懈地保持良好的习惯，孩子才有信心坚持下去，否则孩子是不可能自己长期坚持下去的。虽然这些习惯常常是很小的事情，如饭前洗手、睡觉前向爸爸妈妈道晚安等，但如果不能够坚持下去，就可能使孩子养成生活无序的恶劣状态。

一般来说，当小维尼芙雷特刚学会一种东西的时候，往往会兴奋得手舞足蹈，总是很积极地加以实践，但一段时间后她那股新鲜劲儿就过去，因此也就不想再坚持了，而又是再寻找另一种有吸引力的东西。每当这个时候，我总会非常注意教女儿坚持每一个好习惯，我要让她明白，好习惯不是学会就算结束了，而是要不断地坚持下去，并且只有坚持下去才会成为习惯。当然，维尼芙雷特对这个道理是心知肚明的，并且也知道我希望她保持良好习惯的迫切心理，但有时候她却会顽皮地尝试一下，看看她不遵守规则的后果是什么样子。

在养育维尼芙雷特的过程中，我把培养她养成良好的生活习惯放在了非常重要的位置，并且在日常生活中时刻对她进行教育。因为我知道，一个人只有形成健康的生活方式和习惯，才有可能充分发挥自己的潜能，取得一定的成就。

有一天，我发现维尼芙雷特在房间里坐立不安，一会儿干干这个，一会儿干干那个，显得非常焦躁。

“维尼芙雷特，你怎么了，有什么事情吗？”我问道。

“唉，真是太烦人了，我的事情太多了，我不知道该怎么办才好。”

“什么事把你烦成这样啊？”

“我要学语言，要做数学题，过一会儿还要练琴，可我的时间根本就不够用。”

“怎么，你在房间里学习了那么长时间，功课还没有做完吗？”

“没错，我是在这儿做了很久了，但是却什么也没有做完。”

“这是为什么呢？”

“我刚学了一会儿语言，又想到数学题还没做呢，于是又想去做数学题，可回过头来语言课又该怎么办呢？”

我知道，维尼芙雷特一定是把学习的程序搞乱了，使她做起事来没有头绪，导致心情恶劣。事实上，当一个人心情烦躁的时候，是根本不可能做好任何事情的。因此，我觉得有必要让她先把情绪平静下来，然后把自己的时间好好安排一下。

“我看这样吧，你还是先休息一下，然后给自己制定一个计划，把要做每一件事的时间都仔细安排一下，想一想哪些先做，哪些后做，这样可能会好一些。”我对女儿说。

女儿采纳了我的意见，休息了一会儿，并按我的提议对自己的功课作了比较详细的安排。没过多久，我发现女儿的功课已经做完，并开始愉快地练琴了。

“维尼芙雷特，现在感觉怎么样，还心烦吗？”

“妈妈，真是奇怪，我现在好多了。等我把功课做了安排后，果然没用多长时间就做完了，你教给我的方法真管用。”

“是呀！维尼芙雷特，今天的事就是给了你一个经验，以后无论做什么事，都应该先有一个合理的安排，这样效果才会好，无论是学习还是生活都应该这样，否则就会越忙越乱。你要记住，有计划的工作才会有好的成绩，有规律的生活才会让你幸福。”

我认为，孩子非常需要一种合理的生活节奏，一张一弛，掌握某种合理的方法，学会制订计划，知道什么时候做什么，怎么做。对孩子的成长来说，这是非常重要的。并且，孩子只有明白了这个道理，才能逐渐养成一种良好的生活习惯。

让女儿成为一个有爱心的人

在我看来，维尼芙雷特之所以能得到别人的赞赏和喜爱，不仅仅是由于她在知识与才能的突出表现，更主要的原因是她具有关心别人的良好品质。

在女儿很小的时候，我就时常对她讲，一个没有爱心和同情心的人，永远也不会得到别人的尊敬和爱戴。我还告诉她，一切事物都是相辅相成的，如果一个人只懂得关心自己，那么也就得不到别人的关心。在我的不断影响之下，维尼芙雷特从懂事起，就明白了这个道理，并懂得一个人具有爱心是多么重要。但尽管如此，维尼芙雷特有的时候并不能把这种意识完全应用到现实生活中，每当这个时候，我就会针对具体的事件对她进行教育，让她明白爱心的真正意义。

有一天，我从外面回来，刚进家门口就看见维尼芙雷特正和邻居的孩子吉姆用石块打一只从房屋旁经过的小狗。在两个孩子的石块下，小狗发出了凄惨的叫声。于是我赶紧走过去制止了他们。

“你们为什么要打那只小狗？”我问道。

“那只狗长得太难看了，一点都不招人喜欢……”吉姆说道。

“我害怕它咬我，所以想把它打跑……”维尼芙雷特指着小狗跑开的方向说，“我想它再也不敢来啦！”

“那只狗咬你了吗？”我问维尼芙雷特。

“没有，我只是担心它会咬我……而且，它从院子外面经过的时候，看了我一眼……”女儿说道。

“是啊，它还在院子外面，并没有进来，怎么会咬你呢？而且，我看那只狗那么小，躲避你们两个还来不及呢，怎么敢过来咬你呢？”我有点生气地说。

“可是，它太难看了……”吉姆还很不服气地说。

“我看你才太难看呢，你看看你自己，满脸都是灰尘，衣服也搞得这么脏。”

经我这么一说，吉姆看了看自己身上的衣服，不好意思地笑了。

我又对两个孩子说：“吉姆，那条小狗可能无家可归，所以才那么脏，你不但不帮助它，还那样欺负它，不觉得害羞吗？还有你，维尼芙雷特，你那样打它，它不咬你才怪呢。你想想看，如果有人欺负你，你会怎么样呢？”

听完我说的这一番话，两个孩子都哑口无言，都不好意思地低下了头。不过，我觉得维尼芙雷特并没有真正意识到自己的错误，她甚至可能觉得我有些小题大做了。我想，只是单纯的告诉她要做一个有爱心的人，对她来说作用不是很大，要想从她的性格中培养爱心，还需要采取一些其他的方法。

第二天，我为维尼芙雷特买回了一只小猫。那是一只非常可爱的小白猫，浑身洁白如雪，只有脑袋上有一小块的黑色。维尼芙雷特一开始就非常喜欢它，时常抱着它走来走去，把它当成一个亲密无间的小伙伴，对它的喜爱甚至超过了那些娃娃。当然，我买这只小猫，并不纯粹是为了给女儿玩，主要是借此来培养她的爱心。

果然，我的方法有效果了。有一次，那只小猫不小心摔伤了腿，维尼芙雷特焦急地大哭起来，并要求我去给小猫找医生。医生请来后，小维尼芙雷特不停地向医生介绍小猫受伤的情况，样子特别关切，就像她生病时我对她那样。

医生看到女儿的表现，赞许地对我说：“我从来没有见过像你女儿这么有爱心的孩子。很多孩子都喜欢欺负小动物，可你女儿却对小动物那么关心，的确是非常少见啊。”

其实，只有我心里最清楚，在不久之前，维尼芙雷特还和那些孩子一样，曾经欺负过小动物，只是经过和小猫这一段时间的接触，培养了她对小动物的爱心罢了。不过，当着女儿的面，我并没有向医生陈述她那次用石块打小狗的行为。我想，她已经从内心深处认识到了什么是爱心。因为，从那次用石块打小狗的事件之后，维尼芙雷特就再也没有欺负弱小动物的举动。不仅这样，她连小草小花都不会任意践踏，用她的话说：“它们都是有生命的，都需要别人的爱护。”

我想，让孩子拥有一颗爱心是非常重要的，不仅是让孩子得到别人的欢迎，与他人构建良好的关系，最重要的还是让孩子用正确的心态来看待这个世界，这关系着他们自己人生的幸福。然而，培养孩子的爱心并不是一件简单的事，关键在于怎样去引导她，用什么样的方式去培养她。一般来说，单纯的说教是不太管用的，一定要让孩子具有实实在在的感受。

第十一章

不替孩子做任何他力所能及的事

作为父母，如果替孩子们做他们能做的事，实际上是对他们积极性的最大打击，因为这样会让他们失去锻炼和实践的机会。这样做的后果就是，让孩子丧失自信与勇气，也使他们感到不安全，因为安全感是建立在能够用自己的能力去对付处理问题的基础之上的。可以说，正是父母们自以为无私的包办代替行为，剥夺了孩子发展自己能力的权利，影响了孩子的健康成长。

自信是人生的基石

自信心对人一生的发展都有着决定性的作用，这在智力、体力，还有处世能力上都有体现。一个缺乏自信的人，也就缺乏发展各种能力的积极性，而这种积极性又对人的各项感官功能和综合能力的发挥起着非常关键的作用。这个道理看起来并不复杂，几乎世界上所有的父母都明白，但真正把它应用到孩子教育当中的父母，我想并不是很多。

据说，曾经有位教育专家做过这样一个试验：他选择了两个班级，一个班级学习成绩较差，而另一个班级的学习成绩相对来说则非常优秀，刚开始的时候这种差距还是相当明显的。然后，他又从其他地方请来了一些老师，并且把原来成绩较差的班级对老师说成是优秀的班级，而把原来优秀班级当成差生班来教。经过一段时间之后，人们发现原来成绩相差很远的两班学生，在测验当中的平均成绩已经基本相当。根据这位教育专家的分析，造成就种现象的原因很简单，就是不明真相的老师对差班的学生给予了鼓励，从而使他们的学习积极性空前高涨；相反，原来的优秀班的学生在老师的怀疑态度影响下，自信心大受挫折，以至于学习不积极，学习成绩也就因此降下来了。由此可见，自信心对孩子的成长是多么重要。

可以说，自信心能将人的一切潜能都调动起来，将各部分的功能提升到最佳状态。而高水平的发挥在不断重复的基础之上，逐渐巩固成为人的本能的一部分，从而使人的能力达到一个新的高度。试想，如果一个人能以这样积极的方式成长，那么这种效果的累积该多可观！在许多伟人身上，我们都可以看到这种超凡的自信，正是在这种自信心的驱使下，他们才敢于对自己提出更高的要求，并在失败中看到成功的希望，从而激励自己不断努力，最终获取成功。另外，在杰出人物辈出的国度里，从那些伟人、名人身上，我们同样可以看到自信心的作用，而在我们身边的优秀人才身上，也同样不断散发着自信的光彩。

作为一个母亲，我认为孩子的自信心必须从小就开始培养。这就给父母提出了很高的要求，需要父母随时反省自己对待孩子的方式，绝对不能以爱子女为理由溺爱孩子，不能什么事都包办。因为，孩子们需要一定的成长空间去锻炼自己，学会如何应付危险，更重要的是从做事中树立起自信心。教育专家告诫我们：“不要替孩子做任何他能做的事。”如果我们做得太多了，那么孩子就失去了发展能力的机会，这等于取消了他们树立自信心与自立的机会。

说实话，刚开始养育维尼芙雷特的时候，我也像大多数父母一样在这方面有过严重的失误。如果维尼芙雷特是个男孩，我想情况可能会好一些，但正因为她是个女孩，我总是怕她受到伤害，担心她的安全，总是想尽一个母亲的全力去保护她。我丝毫没有意识到，这并不是在爱女儿，而是在害她。我想，大概每一个父母刚开始都是这样的吧。直到在一次旅行途中，我看到了一个女孩的表现，这才幡然醒悟。

那一次，我准备带着维尼芙雷特去加勒比海度假。我们坐上了豪华游轮，安顿好之后，就扶在船舷边，向送行的亲友们挥手告别。这时候，乘客们有的还在陆续上船，个个都背着旅行袋，在佛罗里达的阳光下兴致勃勃，浑身散发着活力。

这时候，我的目光被一家人吸引住了。那是一对夫妇带着 4 个孩子，孩子们都是中学生模样，其中有个女孩的腿是瘸的，并且还瘸得非常厉害，让我不由自主地多看了几眼。不过，如果仅仅是她的残疾，并不会让我感到多么惊讶，因为在这个世界上残疾程度比她严重的人还有很多。让我感到惊讶的是，女孩背上还有一个硕大的旅行包，包里显然装着她的旅行用品。如果她是一个人旅行，那倒也罢了，奇怪的是她的全家人都在，居然没有一个人过去帮一帮她。在女孩身后，她的三个兄弟都长得很高大，他们轻松地背着自己的包，坦然地跟在女孩后面走上船来，好像根本没有意识到女孩走路困难。我再看女孩的父母，他们也只顾彼此说笑，丝毫没有要照顾女儿的意思。

当时看到这个情景，我不禁为这个女孩感到委屈，我觉得这家人实在是太冷酷无情了，怎么能这样对待一个身有残疾的人呢？更何况还是自己的家人。我甚至猜想，这个女孩平时在家里一定备受嫌弃与冷遇。我的同情心顿时极度膨胀，如果不是碍于她的父母在旁边，很可能马上过去帮忙了。那时候维尼芙雷特才两三岁，她也注意到了那个女孩，因而拉住我的衣角，满怀同情地恳求道：“妈妈，你看那位姐姐多可怜呀，我们过去帮帮她，好吗？”

当时，我也确实有点忍不住了，不过最后我还是没有去帮忙。我倒不是顾忌女孩的家人会对我不友好，而是女孩那自信的神情阻止了我。尽管女孩背着一个大背包，走起路来一瘸一拐的，非常吃力，但是她丝毫没有埋怨和沮丧，相反，她的脸上带着愉快的微笑。她满怀自信地走在最前面，还不时兴奋地回过头去，跟身后边走边闹的三个兄弟打招呼：“哎，你们都快点跟上，可别走丢了。你听到没有，尼基？你总是不听话，待会儿走丢了我还得去找你！”

这时，我感觉有些心潮澎湃，赞许地点了点头，并对维尼芙雷特说：“你是个很有同情心的孩子，好孩子就应该这样。不过你看，那位姐姐多么勇敢，她并不需要我们帮忙。”

可以说，这件事给我的震撼相当大。我发现，培养孩子的独立生活能力是最重要的，过分地呵护孩子，不仅会使孩子失去很多锻炼和进步的机会，而且还会使孩子觉得自己缺乏能力，因而对自己丧失信心，对生活失去勇气。对于一个有残疾的孩子来说，自信心更容易受到伤害。试想，假如这个家庭对腿脚不便的女孩给予特殊的照顾，生活起居全都由他人帮忙，尽量避免她在体力上的不便，这样虽然满足了家人对她的不幸进行补偿的愿望，但是从长远来看，这对她漫长的人生来说，无疑是有害无利的。如果是这样，我想女孩是不会有那样自信的笑容的。

经过这件事之后，我开始反思自己在对待女儿的态度上出现的失误。跟那个家庭相比，我过去对维尼芙雷特自信心的培养确实太不重视了，为她做了太多她力所能及的事，这是我早期教育中的一个重大的缺陷。想到这里，我不禁惊出了一身冷汗，由于我这个失误，也许会给女儿以后的生活带来很多麻烦，严重的话，甚至还会毁了女儿的一生。

在接下来一周的海上旅行中，我格外留心地观察那一家人的行动，发现他们确实在培养孩子自信心这方面做得不错。尽管那女孩行动不方便，但几乎所有的事情都是她自己做，从不用其他人帮忙。不仅如此，她还要负责看管好三个活泼好动的弟弟，尽量不让他们打扰到其他的乘客。当然，也总会有那些好心的乘客，觉得那个女孩可怜而试图帮助她，这时候她的父母就会很礼貌地阻止：“谢谢您的好意，我想我女儿自己可以应付。”而且，如果当时父母不在身边，那个女孩自己也会很礼貌地谢绝别人的帮助。我发现，那个女孩是船上最有活力的孩子，到处可以看到她的身影，她在船上走来走去，为自己和家人办理所有的事务。看来在她的心里，一点都没有把自己当成残疾人，而是完全像个正常的孩子。

女孩的出色表现让我对她的父母产生了崇拜之情，因此我特地去和他们进行交谈，并向他们请教教育孩子的方法。女孩母亲的一番话让我深受启发，她说：“对于一个身体有残疾的孩子来说，很容易产生自怜的心理。由于身体的缺陷，他们会对自己的未来感到悲观失望，甚至产生恐惧。如果家人再对她进行特别的照顾，只会让她的这些感觉更加强烈，对自己更没有信心。我想，在这种心态下长大的孩子，已经不仅仅是生理上的残疾了，更糟糕的是心理上也有了阴影。事实上，心理残疾往往比生理残疾更让人头疼、更加难以痊愈。正是由于我和她的父亲明白了这个道理，我们才放弃了最初的格外照顾，放手让她自己照顾自己。因为不论是我们，还是她的兄弟，都不可能陪着她过一辈子，我们不希望日后女儿发现自己离开了我们就没有办法自立。在过去，女儿是我们最为担心的孩子，而现在，她成了我们最能干的孩子，看到她这个样子，我们不仅放心了，同时也为她感到骄傲。”

听了那位母亲的话，让我突然产生了这样一种想法：家人的特别关怀反而会对孩子的成长造成不利的影响，父母最明智的做法是松开对孩子的束缚，让孩子自己去做，勇敢地去探索。作为父母，我们要努力配合孩子，使孩子对生活充满信心，让他们根据自己的条件，尽情地发挥自己的能力，最终使自信心和能力都得到快速的发展。

从那件事以后，我再也不谨小慎微、过分地呵护女儿，而是放手让她去做自己力所能及的事。不仅如此，只要她可以，我还让她帮我做各种家务，并处理外面的事务。由于女儿已经习惯了父母的帮助，心理上形成了一种依赖，所以刚开始的时候我们遇到了一些困难。

早上到了，维尼芙雷特仍然习惯性地躺在床上，等着我来帮她穿衣服。我告诉她，必须学着自己穿衣服，否则就一直躺在床上别吃早饭好了。我要她自己系鞋带，她系了好半天也没系好，于是就撒起娇来："我不会系，妈妈，你来帮我系吧。"我不为所动，而是告诉她不穿好鞋子就别想出去玩。

我知道，那段时间维尼芙雷特过得很艰难，由于很多事情都做不好，她几乎对自己失去了信心。当时，看到女儿那沮丧的样子，我心里真的是非常的愧疚。由于我的失误造成的苦果，却要由女儿来承担。如果一开始我就让女儿自己干，就不会这样艰难了。但正因为如此，我不能一错再错，这更加坚定了我培养女儿独立生活能力的决心。

当维尼芙雷特因为缺乏自信而哭闹着不肯做事的时候，我就用那个在游船上看到的残疾女孩来鼓励她："维尼芙雷特，你想想看，那天我们在船上遇到的小姐姐什么事都是自己做，而且做得是那么好。难道你不想和她一样能干，做一个人人夸赞的好孩子吗？"

"想啊，"维尼芙雷特一边哭，一边说，"但我太笨了，什么都学不会。"

"不对，维尼芙雷特，你怎么会笨呢？那个小姐姐的腿那么不方便都能把事情做好，你自己手脚都很健康，难道还不如一个残疾的孩子吗？我想，只要你有信心，肯努力去做，一定会比那个小姐姐做得还要好，比她更能干。"

"真的吗？"女儿半信半疑地问我。

"当然了，妈妈相信你！但你也要相信自己才行呀，不要动不动就哭，你见那个小姐姐哭过吗？"

"没有，她总是笑着。"

"对呀，你也要像小姐姐那样才好。"

于是，维尼芙雷特停止了哭泣，擦干眼泪，仰起小脸蛋对我说："妈妈，你说得很对我一定会努力的。"

在克服了最初的困难之后，维尼芙雷特很快就养成了凡事自己动手的好习惯，而不再动不动就要别人来帮忙。她发现，原来自己的能力远比想象的要强得多，因此也越来越有自信，甚至主动要求帮我干家务。这样一来，她又从中体验到了为家庭做贡献所带来的自豪与自信，感觉这样才真正地成为家庭的一分子。等到维尼芙雷特五六岁的时候，她不仅能够自己照顾自己，还会在聚会时主动去照顾那些比她小的孩子。

于是，我终于可以像那个残疾女孩的父母一样，自豪地对亲友们说："我为我的女儿感到骄傲。"

孩子，你可以做到！

我想，大家从我对维尼芙雷特的教育中可以发现这样一个事实：作为父母，如果替孩子们做他们能做的事，实际上是对他们积极性的最大打击，因为这样会让他们失去锻炼和实践的机会。这样做的后果就是，让孩子丧失自信与勇气，也使他们感到不安全，因为安全感是建立在能够自己去对付处理问题的基础之上的。可以说，正是父母们自以为无私的包办行为，剥夺了孩子发展自己能力的权利，影响了孩子的健康成长。

因此，我要求年轻的父母们必须注意：孩子们能自己做的事，就让他们自己去做，千万别替他们去做。对于这个原则，我已经强调了很多遍，而我之所以这样再三地强调它，就是由于很多父母常犯这样的错误。由于父母对自己的孩子怀着强烈的爱，往往会让情感超越了理智，保护孩子的欲望压倒一切，结果让他们成了温室里的花朵，无法到外面的大自然中茁壮成长。在现实生活中，这样的例子真是太多了。

哈里森太太是我的一个老同学，在上学的时候我们的关系一直很好，然而很不幸，她的丈夫因意外去世了。由于他们住在东海岸，与我相距甚远，所以等我得到这个消息的时候，已经是事情发生的两年之后了。

对此，我感到十分歉疚，于是我处理了一下手边的事，便立即出发去看望她。

来到哈里森太太家后，我发现她表面上已经平复了丧夫之痛，但实际上却并非如此，她只是把这份感情转移到了儿子大卫身上。在我看来，哈里森太太对大卫的疼爱实在太过分了。那时候，大卫已经是 4 岁的孩子了，还整天让妈妈喂他吃饭，帮他穿衣穿鞋。她寸步都不离开大卫，到哪里去都要带着他。为了防止大卫再出意外，她还禁止大卫到外面去玩。由于她的缘故，小朋友们都不敢来找大卫，大卫几乎没有一个朋友，因而变成了一个无能、孤僻、内向的孩子。当我刚到他的家时，他甚至连话都不敢和我说。

对于哈里森太太这种教育孩子的方式，我实在没有办法忍受，花费了几天时间说服她将大卫送去幼儿园。我想，如果大卫离开妈妈，到一个比较健康的环境里去，一定会有所改变的。在我的不断劝说下，哈里森太太终于答应了，但是去了还不到两天，幼儿园的老师就把我们叫去谈话了。

老师告诉我们，大卫不会自己吃饭，不会自己穿衣服，不会自己穿鞋，甚至连扣扣子也不会，而和他同龄的孩子都能把这些小事做得非常好。与其他孩子相比，大卫总是显得手忙脚乱，一副可怜的样子。当幼儿园的老师教大卫这些穿鞋戴帽时，大卫怎么也不肯做，只是一味地吵着要妈妈。于是，老师向哈里森太太建议，从此以后不要再帮大卫做这些事了，要让大卫自己学着去做，否则他们的努力就全无效果。要知道，对于一个 4 岁的孩子来说，如果连这种最基本的生活技能都不能掌握的话，实在是可悲。

然而，对于幼儿园老师的建议，哈里森太太却拒绝了，她竟然说："大卫就是我的一切，我愿意为他做出任何牺牲。"于是，大卫便闹着不肯再待在幼儿园，结果无论我怎样劝说，哈里森太太还是把他领回了家，又继续过去的生活。

可能有的人会认为，这是一个特殊情况下的极端例子，但事实并非如此，在我们周围，像哈里森太太这样的母亲随处可见，并且母亲的这种自我牺牲精神也往往受到广泛的称赞。然而，当我们称赞母亲的这种奉献精神时，有没有考虑过这样做对孩子的成长有什么副作用呢？根据我的经验，许多在这样的环境下成长起来的孩子，确实很难有所作为。这究竟是什么原因呢？

我认为，母亲对孩子的过度照顾，首先是向孩子传递了错误的信息。由于孩子没有机会去学习照顾自己，因而对自己缺乏信心，认为自己没有能力照顾自己，从而只能依赖母亲才能生活下去。而且，如果一个孩子从小就缺乏自信，便很难在长大之后成为一个勇于探索的人，也很难有所作为。哈里森太太的关怀使大卫感到，自己在妈妈心中的位置牢不可摧，这样固然会让他有安全感，但如果妈妈不再这样照顾他，他便会感到失落，产生怨恨，而这一天早晚都会来临。

在我看来，哈里森太太对于大卫过分溺爱的行为其实是非常自私的，因为她没有为大卫自身成长发展的需要而克制自己的情感表现，从而成了大卫健康成长的障碍。要知道，一个真正疼爱孩子的母亲，最应该关注的是孩子将来是否能自己应付外面的世界，而将一个在同情庇护下的、毫无自我生存能力的青年推入未来的社会是最为残忍的事，也是作为母亲最不忍心看到的局面。因此，作为母亲，要想让自己的孩子能成功地走入社会，就必须从小开始培养他的自立与自信，如果我们替孩子做完所有的事，剥夺他们锻炼自己的机会，就不可能达到这个目的。一般来说，在父母的溺爱中成长起来的青年，虽然外表可能坚强，但内心却总是畏畏缩缩，缺乏勇气。

虽然我竭力向哈里森太太讲明这些道理，但她还是不为所动，认为我只作为一个旁观者来看待这件事情，不能体会到她的感受。为了让哈里森太太有一个更直观的认识，我邀请她带着大卫和我们一起，到我姐姐的夏季别墅里去度假。结果，这种方法终于取得了成效。

看到与大卫同岁的维尼芙雷特什么事都能做，哈里森太太简直惊讶极了。开始的时候，她一看到维尼芙雷特自己在厨房热牛奶喝，就会惊叫着冲过去帮忙，并且还责备我说："你这妈妈是怎么当的？怎么能让这么小的孩子去做这种事，万一烫伤她可怎么办呢？"但后来，当她对比着维尼芙雷特的自信独立与大卫的畏缩无能的时候，渐渐明白了哪一种教育方法对孩子更好。

一个下午，我们带着大卫、维尼芙雷特和姐姐的孩子们去海边游泳。这原本是孩子们最喜欢的活动，但大卫却根本不敢下水，只是在沙滩上坐着。另一边，维尼芙雷特和6岁的阿莉森很熟练地穿上了游泳衣，而3岁的艾伦却撅起了小嘴巴，站在那里生闷气。

"快一点儿，艾伦，穿上游泳裤。"他母亲着急地催促道。

这时候，艾伦的父亲和其他孩子已经下水了，但艾伦还是站在那儿，无动于衷。他的母亲见他长时间不肯过来，就回来找他。

"艾伦，你傻站在那儿干什么呢，爸爸已经下水了，快穿上游泳裤。"

"我不会穿。"艾伦理直气壮地回答。

他母亲只好说："过来小宝贝，我帮你穿上。"

这时，阿莉森笑着对维尼芙雷特说："你看我弟弟那个笨样儿！"

我急忙上前去拉住姐姐，让她别为艾伦穿游泳裤。艾伦是家里最小的孩子，从以往的经验里，他知道自己不穿，就可以获得母亲的额外关注。与此同时，阿莉森也非常高兴母亲这样做，因为这样一来，她就可以在父母面前表明自己比弟弟能干。显然，我姐姐并没有意识到她的行动对两个孩子的意义，她为了让艾伦高兴，替他干了他自己能干的事情。然而，正是由于她的尽心服务，却使得艾伦丧失了发展自己独立能力的机会。

在此之前，我已经和姐姐谈起过这个问题，并告诉她艾伦需要鼓励，他需要找到自己的新位置，他需要妈妈尽心的鼓励，而不是服务。所以，我姐姐这时候也意识到，艾伦自己是能穿上游泳裤的，她不能总是娇惯着他。现在，她必须退一步，给艾伦学习和发展的空间，如果她能再等一会，也许就解决问题了。

这时候，艾伦走过来，而我姐姐并不替他穿游泳裤，只是一边指导示范，一边等着艾伦自己做好这一切。她不再催促他“快点”“快点”，而是慢慢地说：“你可以自己穿上的，艾伦，慢慢来。别忘了，你现在已经是个大孩子了，你要学会做自己该做的事情。”

这时候，艾伦还在坚持着说自己不会穿。我姐姐不理会这些，继续鼓励着：“你肯定能自己穿上，妈妈闭着眼睛数十下，看你能不能穿好。”

艾伦还在坚持着，但由于没有信心，又看到爸爸带着其他孩子在海里玩得非常高兴却没有他的份，便呜呜地哭了起来，索性坐在地上不做任何努力了。在过去，艾伦的这招是非常管用的，但今天却不行了，使他不能和大家一起游泳，他母亲也不会给他穿上游泳裤。这时候，我早已经将姐姐拉到海滩上晒太阳去了。

当艾伦发现他没有办法和大家玩，又没人同情他的所谓不幸之后，终于改变了主意，尝试靠自己解决难题。没过多久，艾伦便自己穿上游泳裤，走出来和大家一起玩，而且玩得很开心，完全忘记了刚才的不愉快。

看到这一切，哈里森太太领悟到应该怎样对待孩子了，并且开始改变自己过去错误的方式。当天晚上，孩子们由于玩了一天，都早早上床睡觉去了，我们几个大人在花园里喝着咖啡聊天，只有大卫还在桌边磨蹭着，我们的谈话稍一停顿，他马上就轻声对妈妈说：“妈妈，我想让你同我一起去睡觉。”

如果在过去，哈里森太太肯定会立即抛开一切，来满足儿子的要求。但是这次，她只是平静地说：“妈妈还要和叔叔阿姨们说会儿话，你自己先去睡吧。”

“我害怕。”大卫不肯善罢甘休。

“用不着害怕，妈妈就在这儿。”

“我不能自己去睡，我要你和我一起睡。妈妈，你答应我嘛，你知道我怕黑。”大卫开始撒娇了。

在我们鼓励的眼神中，哈里森太太耐心地说：“亲爱的，你已经是个大孩子了，从今以后都要一个人睡觉，明白吗？去吧，别害怕。”

在撒娇无效的情况下，大卫开始使出另一招“撒手锏”，大闹了起来。他号啕大哭，拼命跺脚，最后甚至躺在地上滚来滚去。哈里森太太看了看他，不再说话了。大卫闹了一会儿，发现没有人理睬他，而他也确实又累又困，只好爬起来自己去睡觉了。

经过这件事，哈里森太太对儿子的态度发生了转变，因为她学到了正确教育孩子的方法。大卫从小就失去了父亲，母亲当然加倍疼爱他，所以过去大卫说什么，哈里森太太都会照办，而现在，哈里森太太则开始注意自己的行为，让大卫尽量地学会独立。

在几天之内，大卫发现妈妈的态度改变了，他靠发脾气已经不能再调动妈妈了，就像他那天晚上又哭又闹，却没有效果一样。当妈妈拒绝听从他的调动，大卫就想用发脾气来使妈妈重新为他服务，而妈妈坚定而亲切地拒绝了他。最后，大卫在走向独立的道路上迈出了第一步。

几年之后，当我再次见到大卫的时候，他已经成长为一个坚强的大孩子了，不仅能够照顾自己，还能照料寡居的母亲。可以预想，他日后必将成为一个独立自主且对社会有所贡献的年轻人。

培养孩子自信心的锦囊妙计

作为父母应该注意到，在一个孩子的成长过程中，用鼓励的方式来使其产生自信心是一种非常重要的方式。事实上，每个孩子都需要不断地鼓励，这种鼓励对孩子来说，就像植物不断需要阳光雨露一样。据我所知，很多儿童教育家都在强调鼓励的作用，认为鼓励是孩子最重要的成长因素。记得有位著名的教育家曾经说过："孩子离开了鼓励就无法生存。"由此可见，鼓励对孩子自信心的形成是多么重要。

当孩子刚刚出生的时候，面对着这个繁杂的世界，他们会常常感到无能为力。不过，他们仍然有勇气进行各种尝试，并努力地学习各种方法，以使自己适应和融入这个世界当中。然而在这个时候，成年人却在无意中常常给孩子设置许多爱的障碍，而不是对他们非凡的勇气和努力进行恰当的鼓励。这样一来，孩子固然受到了保护，但同时也丧失了很多锻炼自己的机会。

在我看来，产生这一现象最根本原因就是，父母不相信孩子的能力。在我们的头脑中，其实早已形成了一些偏见。比如，如果一个两岁的孩子主动帮助母亲收拾桌子，当他拿起一个盘子的时候，母亲马上就会说："别动，宝贝，你会把它打碎的。"结果，我们固然可以保护好那个盘子，但这一举动却在孩子的内心深处留下了阴影，从而推迟了他某种能力的发展，甚至也许我们已经在无意中阻止了一个小天才的产生。

在教育孩子的过程中，大人们会时常不经意地向孩子们炫耀自己多么有能力、有魄力、有权威。比如，我们经常会说诸如"你怎么把房间搞得这么乱七八糟的""你为什么把衣服穿反了""这么简单的题你都不会做"之类的话。然而，我们却没有想到，其实每一句话都在向孩子们表明他们是多么无能，多么没有经验。这样一来，就会使孩子逐渐丧失自信心，失去自己去探索、去追求、去锻炼自己的自觉性，并忘记只有通过各种大胆地闯荡才能使自己成为一个有价值的人。

我们总是认为，孩子只有到了某个年龄段才能做某种事情，否则他不可能完成这类事情。然而，这只是父母的一种先入为主的观念，事实上孩子在那个年龄往往是可以做得很好的，而我们却人为地推迟了他们学本领的时间。更糟糕的是，我们这种做法还会使孩子丧失自信，对自己的能力产生怀疑，进而削弱了他们的进取心。无疑，这种错误做法将会对孩子的一生产生不良影响。

在我看来，孩子和成人一样，应该有犯错误的权利。作为父母，面对孩子的错误，我们自己首先就不能灰心丧气或失去信心，而应该鼓励孩子，帮他们建立起自信。不仅如此，我们还应当鼓励孩子敢于犯错误，敢于面对失败，并想方设法维护他们的自尊心和自信心。

当然，对父母来说，要抓住鼓励孩子的时机并不是件容易的事，所以每一个做父母的都应该仔细地研究和思考如何鼓励孩子，甚至养成经常反思自己教育方法的习惯。我们应当学会从孩子的行为中看出他的自信程度，从而帮助他重新树立自信心。一般来说，如果孩子对自己的能力缺乏自信，那么表现出来就是做事效率低，缺乏做事的积极性，他不会通过积极参与和奉献来获得自己的归属感。这时候，如果得不到父母及时的帮助，他可能就会在错误的道路上越走越远。

在维尼芙雷特还不会系鞋带的时候，每当鞋带松开之后，她总是弄不好，于是便坐下来等我过去帮忙。到了后来，她干脆不自己动手了，只要遇到这种情况就会大声喊妈妈。这个时候，如果我很有耐心地为她系好鞋带，一次又一次；或者大声训斥她，说她是个笨蛋，系鞋带这么小的事情都做不好。那么，维尼芙雷特会有什么感觉呢？她可能会觉得自己确实太笨了，而妈妈真是有神奇的魔力，能那么轻松就把鞋带系好。这样一来，她可能会想，算了吧，我没法跟妈妈比，我也不用努力了，以后不仅鞋带需要妈妈来系，衣服也让她给我穿吧，这样也许会更省事一些。

不过，值得庆幸的是，上述两种方法我都没有采用，而是一次又一次鼓励女儿自己学着系鞋带。而且，只要她做得稍好一点，我就大声表扬：“这次系得非常好，让我们再来一次吧，你肯定能干得比上次还要好。”我就是用这种鼓励的方法，终于在女儿 3 岁的时候教会了她系鞋带。

当然，要找到鼓励孩子的最有效的方法，关键是要深入地了解自己的孩子。每一个孩子都有自己的特点，这就要求每位父母所采取的方法必定要有所不同，并且需要父母花时间去找出这种差异。只有这样，我们才能更有效地鼓励孩子，帮孩子树立自信心，使孩子对自己有正确的认识，而不是终日怀疑自己的能力与价值。

我认为，有自信的孩子是不需要别人对自己的好坏做出评价的。我们应该鼓励孩子把幸福掌握在自己手中，相信成功是自己努力的结果，但与此同时，还要给孩子自主选择的机会，使孩子看到正确的结果，这才是培养自信心的最好办法。

记得有一年复活节，我们邀请了很多朋友到家里来做客。当时，我们每个人都在为这次盛宴忙个不停，维尼芙雷特也非常兴奋，跟在人们后面在各个房间里走出走进，很想帮上点什么忙。然而，所有人都嫌她在跟前碍手碍脚的，不时有人对她喊“让开，小家伙！”“放下！你能干什么？自己出去玩吧。”由于不断受到呵斥，维尼芙雷特只好闷闷不乐地坐在楼梯上发呆。

我想，在这种情况下女儿的自尊心是很容易受到伤害的，如果能鼓励她积极参与进来，效果可能就会大为不同了。于是，我就把维尼芙雷特叫到厨房里来，让她帮忙做蛋糕，我知道，她最喜欢吃蛋糕了，这会激发她的兴趣的。维尼芙雷特的具体工作很简单，就是把厨师调好的原料推进烤炉里，然后守着，时间一到就通知忙得团团转的厨师来取。由于维尼芙雷特极力想证明自己的价值，因此特别卖力，是个非常合格的助手。

等蛋糕做好之后，我又把维尼芙雷特叫到餐厅，让她在我的指导下，把鲜花摆在恰当的地方。到底摆在哪里合适，她还提出了自己的看法，而我则很高兴地采纳了。然后我又告诉她，由于她干得很出色，所以现在把摆放餐具的工作也交给了她。我先给她做了一个示范，然后她就把餐具整齐地摆到了餐桌上。她干得确实不错，我后来只纠正了她两三个小错误。

晚宴开始之后，我首先向客人们介绍了维尼芙雷特一天的工作成果。

告诉大家，点心是维尼芙雷特亲手烤的，餐厅是她布置的，餐具也是她摆放好的。当朋友们向维尼芙雷特鼓掌致谢时，她显得又害羞又兴奋，小脸蛋红红的。我想，维尼芙雷特在这一天一定收获很多。在这种实践中，让她深深感到自己是一个有用的人，她也有资格参与，也可以做出贡献，可以和别人合作，可以帮别人把事情做得更好。

我认为，鼓励的重点就在于使孩子认识到自己是群体中的一分子，是家庭中的一员。我们可以用鼓励的方法使孩子明白，人生真正的乐趣在于让我们周围的人感觉到我们的存在。除此之外，鼓励还可能使孩子认识到，不必要求自己完美无缺，只要敢于尝试，就会找到无穷的乐趣。这样一来，孩子的自信心就会在无形中得到锻炼。

自信心的嫩芽从何时诞生

在现实生活中，父母们往往会有一种错误的认识，觉得孩子需要的是教育，而教育的内容无非就是训话和惩罚，因而总是忘了鼓励孩子，忽视了鼓励对孩子的重要性。在我看来，与惩罚相比，鼓励无疑对孩子来说更有帮助。

在维尼芙雷特两岁的时候，有一次我带着她去看望祖母。那时候祖母正在浇花，维尼芙雷特非常专注地看了一会儿，然后便蹒跚着走过去，很小心地拿起水壶，想要帮助祖母浇花。不料，祖母却赶紧抢过水壶说：“不要动，小维尼芙雷特，你看看，把水洒到身上了。这些事要等到你长大了之后才能做，你现在还小呢。”

祖母不知道，实际上她已经在无意中打击了维尼芙雷特。她让维尼芙雷特觉得自己是那么渺小，降低了维尼芙雷特对自己能力的认识。其实，两岁的孩子也是可以浇花的，就算把衣服弄湿了、弄脏了又有什么关系呢？孩子一旦能够识别各种各样的花卉，并亲眼看到自己浇的花开得更加漂亮，她会感到由衷的自豪，并对这个世界产生更浓厚的兴趣。我想，我们应该给孩子这样的机会。

还有一次，我在姐姐家里度假，我们正好要赶时间出门去看演出。那时候维尼芙雷特刚3岁，别人都已经收拾好了，只有她自己坐在大门口的凳子上穿鞋，过了好一会儿都没有穿好。我姐姐一着急就说："过来，小维尼芙雷特，姨妈帮你穿，你自己穿得太慢了。"于是，她抱过维尼芙雷特，三下两下就干净利索地帮她把鞋子穿好了。结果，维尼芙雷特看到我姐姐的手法如此熟练，感到非常灰心，于是就完全放弃了努力，伸出另一只脚，也让她帮忙给自己穿上。

我发现，大多数父母其实都像我姐姐那样，不肯采取正确的方法来教育孩子，鼓励孩子自力更生。他们总是喜欢用自己的言行向孩子证明，他们不能干，没有经验，跟大人们简直就没法比。实际上，如果让孩子自己去穿鞋，第一次可能穿不好，但多穿几次之后就会穿得又快又好了，到时候再顺势表扬她几句，她就会觉得自己又学会了一种技能，这对以后处理别的事情也会非常有好处。

在孩子的成长过程中，父母们总会遇上这样的矛盾：他们非常希望自己的孩子成为最出色的青年，但又不允许孩子们用不同的方式去发现自己的能力，而是怀疑和限制他们的发展。比如，当孩子要帮妈妈收拾桌子时，妈妈往往会夺过盘子说："小宝贝，你会把盘子打碎的。"为了不让盘子打碎，结果却打碎了孩子的自信心，这实在是得不偿失的。

尽管在孩子们小时候尚处于学习的初级阶段，但他们都愿意努力去发现自己的长处和能力。他们总想试着去干这干那，好奇心会驱使他们一次又一次地接受挑战，这本来是一件很好的事情，这也正是孩子在刚开始的时候总爱跟在大人身后，亦步亦趋地学大人做事的原因。然而，我们却总是朝他们喊"你穿错了，穿反了"，当他们自己尝试着吃饭的时候，我们又说"你看看你，把衣服弄得多么脏啊"，然后一把抢过勺子喂他们。就是这样，我们剥夺了孩子尝试的机会，打击了他们的积极性，让孩子发现自己是多么的无能。如果孩子不乐意我们喂，坚持要自己来，我们还会大发脾气。我们没有意识到，这些事会严重打击孩子的积极性。可能很多父母都有这样的经历，孩子小时候不好好吃饭，他们喜欢紧紧地闭着嘴，甚至把刚喂到嘴里的食物全都喷出来，而且还好玩似的大笑起来。我觉得做父母的这个时候既不要生气，也不要无奈，而应当好好反思一下，在此之前是否曾经打击过孩子的自信心。

我认为，孩子做事的主动性完全是天生的，他们在很小的时候就认为自己有能力做事了。假如，维尼芙雷特总是跟在我身后说“我要浇花”“我要打鸡蛋”“我要洗盘子”，等等，而我则永远回答“小宝贝，你还小呢，去玩吧。”那么，等到女儿10岁的时候，我说：“维尼芙雷特，来帮妈妈打扫一下房间。”她可能会说：“妈妈，我还没玩够呢。”这时候，我一定会很生气，觉得她是一个非常懒惰的孩子。然而，我也许还不知道，正是我在之前的生活中把女儿教育成这个样子的，她其实已经习惯了我为她做好任何事情。

除了我们上面所说的问题，其实把孩子与别人做比较，也会严重打击孩子的自信心。很多父母认为，对孩子提醒别人有多么出色，就可以有效地激起孩子的上进心，却不知道这种做法是非常有害的，只会对孩子的心灵造成打击。

每年圣诞节，我都会带着维尼芙雷特去我姐姐家。我姐姐非常喜欢维尼芙雷特，因为维尼芙雷特很愿意陪她聊天。

有一天，维尼芙雷特和姨妈在厨房里闲聊，她很自豪地告诉姨妈，自己除了科学是B，其余的科目都是A。

“你可真是个好孩子，成绩总是这么好。”我姐姐突然想起了自己的女儿，于是就叫了起来，“哦，我还没见到阿莉森的成绩单呢，阿莉森，你过来一下。”

其实，阿莉森已经在楼梯上听到了厨房里的对话，正犹豫着不愿出来，听见妈妈叫了她好几声，才极不情愿地走了出来。

我姐姐问她："阿莉森，你这次考得怎么样？成绩单呢？给我看看。"

"在我的房间里。"阿莉森迟疑地回答。

看到阿莉森垂头丧气的样子，我姐姐便不由自主地有些生气了，她提高嗓门说："是不是又要告诉我坏消息？把成绩单拿来，让我看看。"

阿莉森磨蹭了半天，才终于把成绩单拿了出来，大部分科目都是C。

"我真为你感到害羞，阿莉森。"我姐姐忍不住大声训斥起来，"为什么你的成绩总是这么差？你看看维尼芙雷特，学习总是那么好！你怎么就不能像她一样呢！你说你的学习条件哪一点不如她？啊？我看你就是懒，总是不集中精力去学，不专心听讲。你简直是我们这个家的耻辱！回到你的房间去好好想一想，再来和我谈。赶紧走！我不想见你这个样子，听到了没有！"

我姐姐的怒气终于发泄完了。阿莉森虽然已经不是第一次在维尼芙雷特面前挨训了，但还是很下不了台，她泪眼婆娑地走回了房间。

阿莉森比维尼芙雷特还要大两岁，但由于表妹的成绩非常出色，阿莉森总觉得自己像个丑小鸭，她多么渴望得到鼓励啊。然而，由于她从小就感受到了来自维尼芙雷特的压力，觉得自己事事不如表妹，而这时妈妈不但没能给她鼓励，反而使她更加泄气，因为妈妈总是夸奖维尼芙雷特，而批评她。

在这件事情上，我姐姐有几个失误严重地打击了阿莉森。首先，她还没看到成绩单，就断定阿莉森的成绩一定很差，表明她对阿莉森根本没有一点信心；然后，她又告诉阿莉森，她为阿莉森感到羞愧，使阿莉森更认为自己是一个毫无价值的孩子，在妈妈心目中一点分量也没有；最后，姐姐又拿阿莉森与维尼芙雷特比较，致使阿莉森对自己的能力更加怀疑。

或许姐姐是想用激将法让阿莉森发奋起来，同时把她和维尼芙雷特作比较可以促使她俩形成竞争，以此来提高阿莉森的学习成绩。然而，这种办法对一个自幼缺少鼓励和自信的孩子来说，只能使她变得更加灰心。

因此，面对这种情况，唯一有效的方法就是关注阿莉森的每一点微小的进步，让她明白，无论她的学习成绩怎样，只要努力了，就是大家喜爱的好孩子。我认为，每个孩子都是独一无二的，他没有必要做别人的复制品，每一个孩子只有从自己的实际基础上发展，才能以独立的自我和充分的自信去面对生活。

第十二章

孩子需要鼓励，如同植物需要阳光

我认为，鼓励能够为孩子提供实现自我的机会，是一种培养孩子自信心的方式。鼓励可以让孩子认识到，他完全有能力在自己感兴趣的领域做出贡献，可以对周围的事物及自己的生活产生影响，可以对自己感兴趣的事做出积极的反应。同时，鼓励也能使孩子学会基本的生活技能，有了这种能力，孩子才能在个人生活与社会交流中如鱼得水、从容自若。

给孩子一点温暖更有效

我曾经接触过不少年轻的父母，发现他们通常不明白什么才是鼓励，甚至简单地认为鼓励就是说一些好听的话，夸奖一下孩子。在我看来，这种认识是错误的，完全没有理解鼓励的真正内涵，同时也没有认识到鼓励对于孩子成长的重要性。

我认为，鼓励能够为孩子提供实现自我的机会，是一种培养孩子自信心的方式。鼓励可以让孩子认识到，他完全有能力在自己感兴趣的领域做出贡献，可以对周围的事物及自己的生活产生影响，可以对自己感兴趣的事做出积极的反应。同时，鼓励也能使孩子学会基本的生活技能，有了这种能力，孩子才能在个人生活与社会交流中如鱼得水、从容自若。

事实上，父母的固执和不合理的教育方式，往往是导致教育失败的罪魁祸首。有的父母认为，想要纠正孩子的错误，只有惩罚才可以奏效，于是孩子根本就得不到什么鼓励。然而，大量事实证明，在这种教育下长大的孩子，往往没有多大的作为。相反，只有那些在小时候得到父母充分而正确的鼓励的人，才具有超强的勇气来为自己的人生开拓一片天地。

可能很多父母会觉得，鼓励孩子是一件很麻烦的事。但却我认为，鼓励可以用非常简单的方式进行，比如，给孩子一个拥抱，他就会感到一些安慰。孩子们的情绪是变化无常的，他们经常会哭闹，有时也会忧愁，或者闷闷不乐地嘟囔，似乎什么都不能使他高兴起来。在这种情况下，父母通常会感到很生气，甚至会打孩子，以为这样就可以制止孩子的无理取闹。其实，这是非常不明智的做法，根本起不到任何积极的作用。相反，给孩子一个拥抱，向他传达你对他的理解，让他感到温暖，往往会收到良好的效果。

在维尼芙雷特小时候，也经常喜欢哭闹，但我从不用责骂的方式来制止她，而是经常留心她的表现，给她一些温暖。我会把女儿抱在怀里，对她讲她是一个多么可爱的孩子，我多么喜欢她。这个时候，女儿一般会停止哭泣。我认为，要想制止女儿的哭闹，最关键是要了解她真正需要的是什么，很多时候她的哭闹可能只是想引起我的注意，所以给她一些温暖很容易就会让她安静下来。

另外，作为父母，学会掌握鼓励孩子的时机也是非常重要的。以维尼芙雷特为例，根据我的观察，对她进行鼓励的最佳时机就是在她冷静之后，尤其是当她的目的是在显示权威或报复时。因此，当和她发生冲突时，冷静处理是非常有效的方法。如果当时的情况无法冷静下来或不允许走开，起码也要友好地表明自己的感情与目的，而不是急于说出伤人的批评及责备。

在培养维尼芙雷特的过程中，我总是把鼓励她和充分肯定她的优点放在首位，我会尽量避免伤害她的自尊心。记得在她 3 岁的时候，有一段时间似乎对画画失去了兴趣。对于这一情况，我感到很奇怪，因为女儿对画画一向很有热情。为了帮助女儿恢复以往的热情，我专门找她谈了一次。

“维尼芙雷特，我发现你已经好几天没有画画了，这是为什么呢？”

女儿听到我的问话后，并没有马上回答，而是低下了头，嘴里不停地嘟囔着什么。

“告诉妈妈，你现在是不是已经不喜欢画画了。没有关系，如果你真的不想画了，妈妈是绝对不会强迫你的。”

“不是，妈妈，我喜欢画画。”

“那为什么我现在很少见你画呢？”

“因为……因为我总是画不好。”

“不会吧？我看你一直都画很好啊！”

“不，就是画不好。”

“那么，把你的画拿给我看一看好吗？”

“不行，那些画一点都不好。”

“没有关系，给妈妈看又不是给别人看，说不定妈妈还会帮一帮你呢。”

于是，女儿把她的画全都拿了出来，看上去显得有点难为情。

“哇，多美啊！这么好的画，你怎么还说画得不好呢？”看了女儿的画，我立即表示了自己的赞叹。

“可是，那个太阳没有画圆。不知道为什么，我画圆的东西总是画不好，像小球呀、苹果呀什么的，我总是画不好。”

“可是，这些东西都没有必要画得那么圆呀！”

“卡特就画得非常圆，他还总是嘲笑我呢。”

“维尼芙雷特，我不是带你看过画展吗？你想一下，有哪位大画家把苹果、太阳这些东西画成正圆的？”我逐渐开导她。

“没有。”女儿想了想回答道。

“是呀，那些大艺术家都不这样做，为什么你非要画得那么圆呢？依我看，好的画应该是生动的、有感情的，而不是追究哪根线画得直不直，哪个苹果画得圆不圆。只有绘图员才会那么画，而你又不是绘图员，对吧？”

维尼芙雷特似乎没有听懂，只是奇怪地看着我。于是，我给她讲了画家和绘图员有什么不同，我还告诉她，卡特对她的评价是不对的，并且还从她的每幅画中找出了优点。维尼芙雷特睁大了眼睛听着，心头的疙瘩顿时解开了。从那以后，维尼芙雷特又恢复了对绘画的兴趣，并且由于消除了心理上的障碍，她画得越来越好了。

在我看来，对于维尼芙雷特这样小的孩子来说，画得好不好根本不重要，重要的是让她有信心画下去。当然，在鼓励孩子的时候，再向他们传授一些正确的知识，那就更好了。

从我的经验来看，当孩子感到内心痛苦或没有信心的时候，严厉的指责是最愚蠢的做法。假如父母能给孩子一些温暖，并不失时机地鼓励他们，那么他们做不好的事情会在鼓励之下做好，做得好的事也做得更好。

夸孩子也得讲究方法

我认为，真正的幸福是不能依靠别人的注意得到的，它产生于自己的独立活动之中。因此，一个只有得到别人注意才会高兴的孩子，不是一个真正幸福的孩子。但是，在我们的社会中这样的孩子却不在少数，他们总是想尽各种方法来获得大人的夸奖。诚然，孩子听从大人所教导的那些道理是值得让人高兴的，但问题在于这些孩子只是为了让大人高兴而去做事，并没有把这些道理作为自己生活的准则，所以也不能使这些品质成为其人生道路上的助力。这是什么原因呢？我想，在很大程度上是由于父母错误的夸奖方式造成的。

从维尼芙雷特一来到这个世界上，就表现出了强烈的参与欲望，希望能够加入到人群之中，和别人一样做很多事情。在我看来，这种欲望就是学习的动力，是一种可贵的探索精神。当然，后来在与其他父母的接触中我才逐渐发现，并非只有维尼芙雷特才有这种参与世界的欲望，这几乎是孩子的一种天性。作为父母，只需要将这种欲望进行正确的引导，就能够培养出一个优秀的孩子，而这种引导在很大程度上取决于父母的夸奖和鼓励。

有一次，我正在收拾房间，并为一个好看的玻璃花瓶的底部铺上一层小石块，以此作为装饰。这时候，维尼芙雷特走了过来。

“妈妈，让我来帮你吧。”说着，女儿就抓起了一把小石子。

“不用了，维尼芙雷特，会打破花瓶的，你在旁边看妈妈铺，好吗？”

“不，我是不会打破花瓶的。”女儿仍然坚持要给我帮忙。

于是，我一下子就抓住了她的手，对她说：“到别的房间去玩玩具，否则妈妈就要生气啦。”

看到我的样子，维尼芙雷特顿时有些失落，她无精打采地离开了客厅。这时候，我突然发现自己的做法是不对的，因为这样会抹杀掉她的好奇心及敢于探索的勇气。于是，我马上去把维尼芙雷特叫了回来。

“维尼芙雷特，我认为你帮助妈妈也是一件好事，这样吧，我来教你，好不好？”

女儿一下子变得兴奋起来，又去抓了一把小石子。

“不，维尼芙雷特。不要一次拿那么多，你应该一个一个地放，不要用力扔进去，否则会把瓶子打碎的，你要轻轻地放进去。”

在我一步步的指导下，女儿小心翼翼地把石块装进了花瓶，并且摆放得非常好看。看到女儿把这件事做得很好，我在心底里感慨万千。其实，一个玻璃花瓶的价值远远不如女儿的自信心，即使她不小心打碎了又有什么关系呢？我起初为什么那么在乎那个花瓶呢？我想，当维尼芙雷特受到鼓励后显得非常高兴，她的自信心就会越来越强。

我心里很清楚，每个人的成长都建立在自己的强项上，而不是建立在弱势上，既然成年人也会做错事，为什么我们要苛求小孩子呢？我认为，我所做的一切都是为了不断地改善自己培养孩子的方法，并不是为了一夜之间就达到尽善尽美，而且世界上也不可能有尽善尽美。

在日常生活中，我时刻都在注意女儿一点一滴的变化和进步。当看到我女儿的进步时，哪怕是微不足道的进步，我也会感到非常欣慰，并且把这种欣慰对女儿表达出来，让她受到鼓励，能够做得更好。可以说，维尼芙雷特的每一点进步，都会更加增强我的信心，使我相信能够帮助她做得更好。

在我看来，父母要想培养和鼓励孩子的自信心，首先要注意方法与时机。有的方法看似鼓励，却因使用不当而起到相反的作用。这样一来，父母对孩子的赞扬反而可能就会成为打击。也许有人会感到奇怪：这怎么可能呢？表扬孩子，怎么还会打击孩子的自信心呢？

我有一个叫爱依娜的朋友，她有个11岁的女儿。一天，爱依娜走进女儿的房间，看见女儿把房子打扫得干干净净，而且正坐在桌子旁边，很安静地写作业。她禁不住内心的喜悦，说道："宝贝，你真是个好孩子！妈妈没有要求你去这样做，你却做了。妈妈太爱你了。"

可是，在后来的几天里，爱依娜并没有每天表扬女儿的这个行为，这才发现女儿并不像自己想象的那么乖，因为她再也没有主动地打扫房间。这能怪谁呢？只能怪爱依娜自己。其实，这就是爱依娜的方法有问题。女儿很有可能这样想：妈妈之所以会爱我，就是因为我打扫了房间，如果我没有这样做，她是不是还会爱我呢？可以说，这样的夸奖会对孩子的认识产生错误的引导作用。孩子可以得到这样的印象，即他们自身的价值完全依赖于自己怎样做能够满足妈妈或其他什么人的要求，怎样做才能得到别人的赞扬。孩子可能会认为，如果得到了赞扬，他们的个人价值就会上升，但如果他们的房间非常乱或做了其他什么错事，就会遭到妈妈的斥责，让他们的个人价值和在妈妈心目中的地位下降。

在这样的环境中成长的孩子，等他们走入社会后，将会如何发展和表现自己呢？这时，他们能否适应外面的世界，将在很大程度上取决于别人对他们评价。当别人赞扬他，并告诉他做得很好时，他的自我感觉良好的意识就会上升，工作更努力；然而，一旦别人告诉他他做某件事不对，或者因忽略了某件事情而没有赞扬他的时候，他的自我评价就会极度低沉，甚至失去自信心。

因此，对孩子的赞扬也是有选择的。在维尼芙雷特的成长过程中，当她有很大进步的时候，我会直接夸奖她。但是，对于有些她一直做得很好的事情，我则只会在心里面说：女儿，你真行。却不会表现出来。

女儿，你应该表现自己！

在我的意识当中，认为教育孩子一定从小就培养独立的生活能力。因此，在维尼芙雷特很小的时候，我就教她自己做自己的事情，比如自己吃饭、穿衣服、洗脸、上卫生间，等等。事实上，女儿不仅可以把这些事做得很好，而且还会为自己能够做好这些事感到自豪，这让她不断相信，自己完全能够照顾好自己，能把自己弄得干净利索，并不断学习新的技巧。

从幼儿时期开始，维尼芙雷特就表现出强烈的自己动手欲望。当她自己去抓勺子时，是想自己喂自己饭吃，在这种情况下，别的父母可能就会怕孩子把衣服和桌子弄脏而禁止孩子，但是我从来不会这样。因为我知道，如果不让她动手，就会挫伤她的积极性，使她对自己的能力产生怀疑，而这样的损失可能是无法挽回的。在我看来，把脏成一团的孩子洗干净，比帮她重新树立起勇气要容易得多。一般来说，只要女儿表现出要为自己做点儿事情时，我都会支持她、鼓励她放手去做。

当孩子很小的时候，尤其是当孩子有困难的时候，父母似乎觉得帮助他们是一种不可回避的责任。因此，父母对孩子总是不放心，什么也不敢让他做，而自己则整天为孩子忙碌。在我看来，父母最好应该控制自己的这种冲动，因为父母只是在习惯性地帮助孩子，却没有意识到有些帮助其实大可不必，孩子们也许很早就已经掌握了那些技能，只是我们不去认可罢了。有的时候，父母为孩子做事情还会受到孩子们的抵制，他们可能会说:“让我自己来。”这时，做父母的与其费尽力气地违逆孩子的愿望，倒不如听从他们的建议：让他们自己来。

事实上，每个孩子起初都有表现自己能力的欲望。如果他们有表现的机会，如自己照顾自己，帮父母做事，他们就会为自己有能力而感到自豪。这样的孩子长大成人后，自然会很愿意为自己做事情，并且也乐于为他人做事。

直到现在，维尼芙雷特小时候的一些事还时常在我的眼前浮现：当女儿看到父亲在写字的时候，她也会找来一支笔写写画画；当看到我浇花的时候，她也会提着一个玩具桶过来帮忙。我想，这是一种参与的欲望，也是一种表现能力的欲望，我从来没有对她的这类行为采取禁止的态度。但是，我发现在大多数家庭中，孩子的这种愿望可能会被担心、呵护和父母的包办所挫伤。由于父母可能会担心孩子受伤、损坏东西，或者担心孩子太费力，从而不顾一切地对他们进行制止。在这种情况下，孩子们往往会受到打击，认为自己没有足够的能力，从而使自信心在不知不觉中减退了。

由此可见，正是父母常常低估孩子的能力，夸大了他们的无能，才使得孩子本来应该具有的勇气逐渐消失得无影无踪。在我看来，给孩子尝试的机会，使他们相信自己的能力，并对他们进行必要的鼓励，非常有利于他们潜力的开发。这样，也会很容易培养出孩子获取成功的自信心。

在维尼芙雷特 3 岁的时候，我从一位朋友那里得到了一个消息，说是我们所在的城区将举行一次儿童朗读比赛。听到这个消息之后，我认为这可能是一个锻炼女儿的好机会，于是就和她商量。

“维尼芙雷特，我听说有个儿童朗读比赛，你愿意参加吗？”

“当然愿意，可是……”

“可是什么？如果你愿意参加，妈妈明天就去给你报名。”

“可是，我有点儿害怕。”

“为什么害怕？我觉得你的朗读一直都是很棒的啊。”

“我想，到时候一定会有很多人，他们都会看着我。”

“那有什么关系呢？你不是害怕自己会输吧？”

听到我这样说，女儿沉默了。看到女儿这个样子，我决定让她鼓起勇气，不要因为害怕而放弃一个能够表现和锻炼自己的机会。

“依我看，你还是参加吧。因为你的朗读真的很不错，不管能不能得第一，这也是一个锻炼自己的好机会。你如果怕别人看你，你就别去看他们，把注意力完全放到比赛中就好了。再说了，就算他们看着你也没有关系，说不定还是件好事呢！你想想看，人们只会看自己喜欢的人，如果没有人看你，可能说明别人不喜欢你。不过，我想别人一定会喜欢你的。况且，你把自己的朗读能力展现给喜欢你的人，又有什么不好呢？不过，这件事还是由你自己来决定，我只是告诉你我的想法。”

在我的引导下，维尼芙雷特犹豫了一会儿，最终同意让我去给她报名了。但是，第二天当我给女儿报完名后把报名表递给她的时候，女儿的眼中没有露出喜悦的光芒，而是显得有些忧心忡忡。

“怎么了，维尼芙雷特，你后悔了吗？”我关切地问她。

“没有，可是我不能获胜。”女儿小声说道。

听到维尼芙雷特这样说，我觉得有必要给她讲讲这次比赛的目的和意义，以便打消她的顾虑。于是，我对她说："维尼芙雷特，我认为举办比赛是为了让小朋友们一起参与一个有意义的活动，让你们相互认识，相互了解和交流，并能在交流中学到更多的知识。其实，参加比赛并不是为了得第一名，而是为了锻炼你的能力和意志。在妈妈看来，你如果赢了，能得第一固然是一件好事，但如果没有得名次也没有关系，我和爸爸都不在乎这些。因为我们始终认为，你是个有能力的孩子，这一点并不需要靠比赛的名次来证明。"

听我这么一说，维尼芙雷特顿时开朗起来。我知道，维尼芙雷特非常聪明，但就是有点胆小，她不敢想象自己站在台上，面对那么多观众大声朗读会是一种什么样的感觉。但我想，任何一个孩子在最初面对这种情况时都会有些胆怯，如果不参加积极的锻炼，那么就可能直到长大后一直是这个样子。我让女儿参加这个比赛，就是为了让她的视野更加开阔，从小学会面对生活，并通过这个大好的机会来锻炼自己。

朗读比赛是在一所学校里举行的，那天来了很多人，其中有一些是当地热心于教育事业的人士，而更多的则是来参加比赛的孩子和他们的家长。

轮到维尼芙雷特上场的时候，她冷静地从座位上站起来，向比赛的讲台走去。在她站起来的时候，回过头看了我一眼，似乎想和我说点什么。于是，我轻轻地握了握女儿的手，小声地对她说："亲爱的，你是最棒的！你应该表现自己！"

比赛的结果正如我所预料的那样，维尼芙雷特最终得了第一名。那天，女儿真是太高兴了，她不停地拥抱我，亲吻我。

虽然这是维尼芙雷特第一次登台，却为她以后的人生道路打下了坚实的基础。维尼芙雷特自此便不再像以前那样胆小了，她敢于在任何场合发表自己的意见，并畅快淋漓地表现自己。后来，在维尼芙雷特 5 岁的时候，她能够用世界语演讲并到处宣传世界语。我想这与她在那次朗读比赛中获得的信心是分不开的。

收获美，就是最好的奖励

由于维尼芙雷特的出色表现，附近的很多年轻的母亲都喜欢到我家来，和我一起交流教育孩子的经验。当我把自己的方法告诉她们后，她们常常会如获至宝，马上应用到自己的教育当中。不过，有些情况下，她们只是看到了表面，而没有看到实质，采取了一些错误的方法。

记得有一次，我的邻居安斯特丽太太专程来到我家，激动地对我说："斯托夫人，今天我按照你的教育方法鼓励了儿子。"

我表现出极大的兴趣，忙问道："真的吗？那太好了，能说来听听吗？"

于是，安斯特丽太太就向我描述了那天她鼓励儿子的过程：

安斯特丽太太从外面回到家，一进门就发现房间的地板擦得干干净净，房间里的东西也全都收拾得整整齐齐。当她得知这一切都是9岁的儿子吉姆所为的时候，她心里感到由衷的欣慰，因为她没有事先要求儿子这样做。而且，吉姆的这一行为可以说是有生以来第一次，过去他一直被认为是一个非常邋遢的孩子。

安斯特丽太太激动地亲吻了儿子，并表扬他说："吉姆，你做得太好了，干了这么多活，我真的是没想到。那么，哥哥有没有帮你做呢？"

吉姆骄傲地说："哥哥到外面去了，只有我一个人在家。这些全都是我自己做的。"

"噢！真是太好了，吉姆。你现在已经是个懂事的孩子了，妈妈以前说你太懒了，真是错怪你了！我多么喜欢你啊，我想，如果你哥哥也能像你一样勤快就好了。"

母亲的过度反应甚至让吉姆有些不好意思了，他说道："这不算什么，妈妈，反正我今天也没有什么事。"

安斯特丽夫人说："这样吧，因为你今天的表现，我多给你一些零花钱。"

听完安斯特丽夫人的叙述之后，我简直快晕过去了。虽然她是那么兴奋，以为自己对孩子进行了正确的教育，却不知道自己已经犯了一个非常严重的错误。她虽然曾经听过我是怎样鼓励维尼芙雷特的，但我想她并没有明白鼓励的真正含义。

我为什么会这样说呢？诚然，吉姆在没有人帮助的情况下主动做了分外的工作，并且完全是出于自愿，母亲表扬他、夸奖他是个好孩子，并表示了对他的喜爱，以至于希望别的孩子也和吉姆一样，勤快爱干活，这些都是合情合理的事。但安斯特丽夫人的错误之处，就在于她把所有的好评都用在吉姆身上，把吉姆本人的好坏与他所做的事联系起来，与自己的爱联系起来。安斯特丽夫人这样的夸奖，会让孩子无法肯定母亲是由于他做了这件事才爱他，还是即使他不做事也仍然爱他。

除此之外，吉姆在做了好事之后受到母亲的大加赞赏，会对自己的行为感到满意，并充满自信，并认为自己的每一点努力都应该得到别人的赞赏。然而，在现实生活中，是没有人时时刻刻表扬他的。有时候，即使做了很好的事，也不会有人表示赞赏。如果当他面对冷酷的现实时，又会有什么反应呢？他这时可能会认为生活不公平，可能会想：我真可怜，我这么努力却没有人欣赏；我做了那么多的事，可谁也看不见。这样一来，很容易使他在现实中感到心灰意冷，不断抱怨生活，甚至连自己本来应当做的事也不愿意去做了。

最后，也是很重要的一点。因为吉姆做了好事，母亲就多给他零花钱，这也是非常不应该的。这容易使吉姆错以为，做了分外的事就一定会得到报酬。这样的话，在以后的生活中，他就会有意识地期望别人给他物质上的奖励。这与现实生活是冲突的，孩子不可能做每一件事都能得到金钱上的回报。试想，假如母亲由于太忙而忽略了吉姆所做的好事，或者忘了给他钱，他会有什么样的感受呢？这样，他的积极性很可能受到沉重的打击，并很有可能由此失去做好事的热情。

在我看来，对孩子进行鼓励和赞扬应该把注意力放在孩子的行为上，而不应该把孩子本身的好坏与所做的事情联系起来，更不能把自己对孩子的爱与这件事情联系起来。事实上，表扬只有针对孩子所做的事情，才会使他有满足感、成就感。

我在教育维尼芙雷特的过程中也时常遇到这类事情，维尼芙雷特经常帮我干一些家务，偶尔也会做一些分外的事情。每当这个时候，我也总会对她表示鼓励和赞赏，但在方式上和安斯特丽夫人有很大的区别。

记得一个星期天，当我从外边回到家时，发现维尼芙雷特已经把屋外的花园收拾得干干净净了。她不仅自己动手铲除了花园里的杂草，还清扫了那些从树上掉下来的枯叶，并为花园里的植物浇了水。在此之前，我便已经打算安排时间把花园清理一下来，没想到维尼芙雷特自己就把花园收拾得如此干净，看到这个情形，我心里有说不出来的高兴。

“维尼芙雷特，有人把花园打扫干净了，你知道是谁吗？”我故意逗她说。

“猜猜看。”维尼芙雷特脸上一副抑制不住的喜悦。

“哦，让我想想。如果不是仙女干的，那就一定是你。”

“当然是我了。”女儿自豪地对我说。

“干得不错。你是怎么干的？跟妈妈说说。”

于是，维尼芙雷特便兴致勃勃地向我讲述了她如何扫地，如何清落叶，如何除杂草，如何提着小水桶去浇花。我高兴地牵着女儿的手，和她一起来到了花园。

“哦，真是太漂亮了，我以前还从没见过咱们的花园有这么好看。”

“真的吗？”女儿兴奋地仰着头问我。

“那当然，我以前还以为咱们家的花园很不好呢，甚至前几天还在和你爸爸商量要不要把它拆了，可是现在我改变主意了。”

“是吗？”女儿听了我的话更加高兴了，她自豪地说，“我们家的花园是最漂亮的，我才不允许有人破坏它呢！”

我拍拍维尼芙雷特的肩膀说：“当然，它现在变得这样漂亮，我也不会让人来破坏它。不过说真的，这都是你的功劳，你今天做得棒极了，我真为你感到高兴。”

“那么，有什么奖励吗？”女儿歪着小脑袋说。

“奖励？”我愣了一下。

“吉姆做了好事都是有奖励的，他妈妈会给他零花钱。”

“维尼芙雷特，你想想，还会有比得到美丽的花园更好的奖励吗？”

女儿是个非常聪明的孩子，她立刻明白了我这句话的含义，高兴地跳了起来：“妈妈，我知道了。美就是最好的奖励。”

尽管我们不断地教育孩子，要做一个对社会和人类有用的人。但是，由于没有具体的事情来鼓舞和激励他们，这些目标就会显得空洞，缺乏实际的意义。而如果一个孩子没有责任感，看不到真正的价值，看不到自己在社会中的地位与重要性，就会感到迷惘，从而失去创造的动力。这样一来，就很容易为那些物质性的、轻浮的事物所吸引，沉溺其中而不能自拔。

我们都知道，家庭是对儿童进行教育的最有效的地方，因为通过日常生活中的点点滴滴更能使他们对某些事情有正确的看法，并认识到良好品德的重要性，从而树立正确的人生观。在此，我想再次提醒年轻的父母们：一定要用鼓励的方法来对孩子进行教育，与此同时，鼓励也需要有正确的方法，错误的鼓励方法所带来的危害，甚至不亚于对孩子进行惩罚。

千万别拿孩子之短比他人之长

我想，每一位母亲都忘不了孩子走出第一步时的激动。而且，如果细心的父母留心孩子发展的每一个阶段，那么这样为孩子感到骄傲的场面就不知道会有多少次。因为，在孩子成长发展的其他方面，都如同让孩子迈出第一步那样，这个过程在不断地重复着。

在刚刚学步的时候，孩子会一步一步地向母亲靠近，只要母亲退一步，孩子就会进一步。这时，母亲会用各种方式来鼓励孩子往前走。母亲非常乐于给孩子空间，让孩子尽自己的努力向前走，最终怀着激动之情扑到母亲的怀中。在那时，孩子每向前走一小步，都会得到父母的赞赏，每向前挪动了一点都会得到父母的鼓励。

在我看来，父母鼓励孩子进步的方法有很多种，但最有效的就是对孩子所做的每一点努力都有所反应，就像孩子在刚开始学步那样。这种敏感的反应能够表示出父母对孩子成长的关注。虽然事情可以很小，反应也可以很简单，但效果通常都会非常明显。然而让人遗憾的是，有不少这样的父母，他们时常埋怨自己的孩子进步太慢，并把自己的孩子与其他的孩子进行比较，用自己孩子的缺点去和别的孩子的优点相比，试图来激发孩子成长的动力。这样一来，非但不能使孩子得到良好的发展，反而会使他永远停留在原地，甚至还会退步。

威利布尔的父亲是一个大学教授，自从威利布尔一生下来，就被众人的赞扬包围着。人们都说，威利布尔不仅长得漂亮，而且还很聪明，学东西特别快。然而，等到威利布尔 8 岁的时候，人们却渐渐发现这个孩子显得异常忧郁，并时时处于一种不安的心理状态之中。这是什么原因造成的呢？

原来，正是由于威利布尔的父亲是一位大学教授，在他的学生中有许多是极具才华与学识的，于是父亲就时常将那些大学生和自己的孩子进行比较。正是这种比较，不断打击着威利布尔的自信心，让他觉得自己简直一无是处，并渐渐变成了一个性格沉闷，不愿和别人交流的人。

“威利布尔，你是真没出息。”有一天，父亲回到家就对威利布尔这样说。

“怎么啦？”刚刚 8 岁的威利布尔迷惑不解地问道，他不知道自己又犯了什么错误。

“最近，在我的学生中，有一个14岁的孩子。你知道吗？人家14岁就已经上大学了，而且成绩还非常好……”

威利布尔知道，父亲又开始责怪他了，于是心灰意冷地低下了头。

“你怎么不说话，你不是很有本事吗？依我看，你什么都没有，你只会吹牛……”

诚然，威利布尔平时的学习成绩不是很好，但他并不想这样，他一直都在努力想要成为一个优秀的孩子，想要向父亲证明自己没有丢他的脸。并且，有时候他为了得到父亲对自己的关注，还向父亲保证一定要努力学习。但是，现在听见父亲这样说自己，他的自尊心受到了严重的打击，他的内心深处立即产生了反叛心理。

“好啦！我就是没有本事，那又怎么样呢？还不是你没有教好。”威利布尔终于忍不住了，向父亲回了一句。

“怎么？你居然还敢顶嘴！我就从来没有见过你这样没出息的孩子，明知自己不行还一副不得了的样子。”

“我就是这样，怎么了？你如果不喜欢，就不要管我好了。”

“我不管你谁管你，我是你的父亲！”

“哼，我的父亲？我不需要你这样的父亲！”

不久之后，威利布尔就开始和外面的那些坏孩子混在了一起，有人时常看见他在街头与他们一起吸烟、打架，骚扰路过的人。于是，威利布尔的父亲就更加断定，自己的儿子是一个没有出息的人，父子之间不断发生矛盾，并最终导致他对儿子的彻底绝望。

难道威利布尔真的就是个天生不听话的孩子吗？难道他天生就是一个笨蛋吗？我不这样认为。在我看来，威利布尔的父亲才是个天生的笨蛋呢。尽管他是一名大学教授，我仍然这样认为。事实上，正是由于他没有采取正确的态度来对待儿子的缺点，也没有采取正确的方法来对他实施教育。当儿子失意的时候，他非但没有用爱心鼓励孩子，让孩子树立自信，逐渐走上成功的道路。反而拿自己的学生和儿子进行比较，不断打击儿子的自信心，并最终导致儿子自暴自弃，终于走上了另一条令人惋惜的道路。

我觉得，威利布尔的父亲最大的问题就在于，他没有给孩子一个足够的向前迈步的空间，也没有给孩子弥补自己缺点的时间。作为一位大学教授，他本应该是一个有智慧、有涵养的人，更何况他还是从事教育工作的人。然而，他并没有用合理的方式来教育自己的孩子，从而使孩子走上了一条错误的道路。事实上，他才是导致威利布尔人生失败的罪魁祸首，而他却把责任推到儿子身上。我觉得像这样连自己的孩子都教育不好的人，完全没有资格做教授，这样的人只会误人子弟。

作为父母不仅应该尽自己的爱心培养孩子，同时也有责任帮助孩子从不良的状况中走出来。而帮助孩子最好的方式就是鼓励他，给他能够自己面对失败的勇气。

有一次，维尼芙雷特一个人坐在房间中的桌子边发呆。当时，我感到很奇怪，因为维尼芙雷特一向是个开朗的孩子，而今天却一反常态。我想，女儿一定是遇到了什么不顺心的事，于是便走过去问她："怎么啦，维尼芙雷特？"

"我觉得自己太笨了。"

"为什么呢？你怎么会有这样的想法？"

"今天，我和小朋友们一起玩游戏，在追逐之中，我发现他们都比我跑得快。"

"那么，你是和谁一块儿玩的？"

"卡特、吉姆、科斯特，还有米娜……"

"哦，我还以为是什么大不了的事情呢。"我听女儿这样说，差点笑出声来。

女儿看到我的样子，几乎有点生气了："有什么好笑的，本来就是嘛，他们都比我跑得快。特别是科斯特，他总是跑在最前面。而我呢？总像个小尾巴似的跟在他们后面。”

“但是，你有没有想过，他们为什么会比你跑得快呢？”

听见我这样说，维尼芙雷特还没有明白我的意思，只是迷惑不解地看着我。

“还不明白吗？事实上，他们比你跑得快是很正常的事，因为他们都比你年龄大，而你只是一个 4 岁的小姑娘。我知道，科斯特今年已经 7 岁、卡特 6 岁、吉姆 5 岁、米娜也快 6 岁了。你想想，如果他们还没有你这个只有 4 岁的小姑娘跑得快，那么他们岂不是太笨了吗？”

“噢！原来是这样啊。”维尼芙雷特这才恍然大悟，舒了一口气。

“当然是这样，你如果这么小就比他们跑得快，那么他们不就连一点自信心都没有了吗？依我看，你也不要太难过了，给人家一点信心好不好！”

听完我的话，维尼芙雷特一下子就从悲观的心境中挣脱了出来，又恢复了以往的笑容。

妈妈从来不打我！

有些父母把惩罚和奖赏当成管教孩子的绝招，在他们看来，只要懂得充分运用惩罚和奖赏这两种手段，就一定会教育好孩子。当孩子有好的行为就要奖赏，有坏的行为就要受到惩罚，只有这样，孩子才会服从大人的权威，很快乖乖地听话，不再顽皮。

另外，在一般的父母眼里，惩罚孩子最直接、也是最有效的方法就是打孩子。那么，这种办法就真的那么有效吗？我看却未必。

有一天，哈里斯夫人满脸困惑地对我说：“我的儿子莱恩太调皮了，一点儿也不听话，打了他几次都不肯改，真是拿他没办法。你说，我应该怎么办呢？”

“怎么？你打孩子啦？”我惊讶地问。

“当然，如果不打他，还不知道他会闹成什么样子呢。”

为什么要打孩子呢？我不禁产生了疑问。哈里斯夫人这才满脸怒气地把事情的原委对我说了一遍。原来，4 岁的莱恩在吃饭的时候很不老实，他总是把饭菜撒到桌子上，有时甚至还故意把桌子抹得一团糟。有好几次，他这样做的时候被妈妈发现了，每次妈妈都很生气地揍他的屁股。哈里斯夫人一边打他，一边高声训斥道：“莱恩，我和你说过多少次了，不要这样，不要这样，可你就是不听。”然而到了第二天，莱恩仍然把饭菜倒在桌子上。

听哈里斯夫人说完，我真不知应该怎么说才好。为什么莱恩挨了那么多次的打，就是不肯改正错误呢？难道是他年龄太小，不明白妈妈为什么打他吗？我想不是。其实，莱恩完全知道自己在做什么，他一定是故意那样做的。他在用行动对母亲的暴力进行反抗：我偏要这么干，看你能把我怎么样!

在我看来，用惩罚来表明父母的权力，把自己的意志强加在孩子身上，只能使孩子幼小的心灵产生厌恶之情，从而采取对抗的态度。因此，在管教孩子过程中，最好用相互尊重与合作来取代惩罚。我从不对维尼芙雷特施行过多的惩罚，而是用合理的方式来管教她。因为孩子毕竟是孩子，需要得到父母的正确引导。如果孩子知道父母尊重他们，他们是很愿意接受教育的。虽然他们年龄很小，但心理是健全的。他们一天天长大，越来越明辨是非，只不过他们需要的是更具说服力的道理，而不是以权威的姿态实施的压制与惩罚。我想，父母需要不断学习和掌握更有效的方法来激励孩子朝着正确的方向发展，而不是过多地管制和惩罚。

不过，在教育孩子的过程中，把约束和惩罚区分开并不是一件容易的事。很多时候，这两者之间的差别是非常微妙的，父母必须把握好分寸。在我看来，惩罚针对的主要是孩子本身，而约束则偏重于有效地纠正孩子的行为。前者会激起孩子的反抗，而后者则不会。

我认为，约束孩子就是通过讲清道理，设定并实施行为规范来教育孩子。我们要让孩子认识到，每个人的行为都要受一定的行为规范的限制，不能无视别人的利益为所欲为。这样一来，往往能让孩子乐于接受约束，从而达到惩罚不可能达到的效果。

记得有一次，我和丈夫正在客厅里商量事情，5 岁的维尼芙雷特走过来大声嚷嚷，一定要我给她讲故事。这时，我严肃地对她说："对不起，维尼芙雷特，我现在正在和爸爸商量事情，你能不能等一会儿？"

不过，女儿对我的劝告并没有理会，她依然大声嚷嚷，还不时地打断我和丈夫的谈话。

"维尼芙雷特，我已经说了，你应该等我们商量完之后再来找我。如果你愿意，可以在旁边听我们说话，否则我就要请你离开这个房间。"

可是，维尼芙雷特仍在继续捣乱。于是，我不再说话，而是很平静地把她带到另一个房间。等和丈夫说完话之后，我找到女儿，并对她说："好了，现在我可以给你讲故事了。"

"太好了！快讲，快讲。"

维尼芙雷特似乎并没有因为刚才的不愉快而心生怨恨。于是，我就给她讲了下面这个"故事"：

"我认识一个小朋友，年纪和你差不多大。有一天，圣诞节快要来了，爸爸妈妈正在计划这一年圣诞节怎么过，并且还打算给这个孩子买一棵很大很大的圣诞树。这时，孩子走过来打断了爸爸妈妈的谈话，吵着要去公园玩，妈妈不停地对他说，等一会儿，等他们商量完事之后再带他去玩。可是，这个任性的孩子就是不听，而且大哭大闹了起来。结果，妈妈实在没办法，只好放弃了商量正经事带他出去玩。可是，第二天圣诞节到了，妈妈突然发现自己忘了给孩子买圣诞树。就是这样，这个孩子在那个圣诞节没有得到礼物。你说，这要怪谁呢？"

"当然怪那个孩子了，谁让他打断了爸爸妈妈……"说到这里，维尼芙雷特突然捂住了自己的嘴，不好意思地笑了。

显然，这时候维尼芙雷特已经明白了，不应该在爸爸妈妈商量事情的时候打扰他们这个道理。看来，这种循循善诱的方法，要比惩罚孩子好得多。它不仅更容易让孩子接受，也不会伤害孩子的自尊心。

有一天，维尼芙雷特在门口遇见了哈里斯夫人，很有礼貌地向她问好。哈里斯夫人早就听说维尼芙雷特是个懂事的孩子，便友好地和她交谈起来。

哈里斯夫人问："维尼芙雷特，你真是个好孩子，这么守规矩，你妈妈打过你吗？"

维尼芙雷特奇怪地说："为什么要打我？我妈妈从来不打我啊。"

第十三章

理解是教育成功的金钥匙

很多自以为了解孩子的父母并不是真正地了解孩子，因为他们不愿花时间在这方面多下功夫，只是凭着臆想去判断自己的孩子。他们宁可花时间去和别人诉苦，诉说孩子不听话、不老实，也不愿去和孩子耐心地谈一谈。我认为，这样的父母是没有责任心的父母，他们的做法简直愚蠢至极。

必须相信自己的孩子

对于孩子，父母总是持有一种怀疑的态度，好像孩子天生就有一种撒谎的本能，为掩盖自己的错误，总是欺骗家长。这种态度真的是太恶劣了。想一想，你事先已经把孩子假设成一个不诚实的人了，他还能变成一个做事光明磊落的人吗？不仅如此，更严重的是，这样还会让孩子对父母失望，产生逆反心理。这样一来，要想对孩子实施好的教育就非常困难了。

有一天，我的好友伊丽贝莎告诉我，她在 11 岁的儿子房间里发现了一支烟斗，所以很担心儿子染上恶习。她向我叙述了那天的情况：

“这是什么？”伊丽贝莎拿着那支烟斗走到儿子面前问道，口气非常严厉，似乎并不需要听儿子解释就准备开始进行更深地盘问和训斥。

“这是一支烟斗。”

“从哪儿来的？”

“捡的。”

“在哪儿捡的？”伊丽贝莎用怀疑的眼神看着儿子。

“就在门外的路上，今天早上我一出门就发现了它。”儿子似乎有些胆怯了。

这时，伊丽贝莎用极不信任的口吻说：“你别跟我耍小聪明，老实告诉我，这究竟是怎么回事？是不是跟那些坏孩子学会抽烟了？”

“没有，我才不抽烟呢。”

“真的吗？你以为我会相信？”伊丽贝莎说道。

这时，儿子终于忍不住生气了，大声嚷道：“信不信由你，反正我已经说了没有！”

说完，儿子就走进了自己的房间，把门“砰”的一声狠狠地关上了。对于这样的反应，伊丽贝莎感到非常恼火，她认为自己完全是为了儿子好，可儿子却不领情。

在我看来，出现这样的结果，是由于伊丽贝莎的说话方式和语气让儿子觉得很不舒服。事实上，这些话并没有表现出她对儿子的关心，而只表现出了自己的愤怒和对儿子的不信任，进而刺伤了他的自尊心。

我对伊丽贝莎谈了我的看法，并建议她站在儿子的角度来考虑这件事。于是，她决定认真考虑这件事，反思自己的态度，意识到是自己先入为主的观念和怀疑的态度使儿子的自尊心受到了伤害。于是，她决定找儿子好好谈一谈。第二天，儿子放学一回来，伊丽贝莎就对儿子说：“我们谈一谈，好吗？”

“谈什么？”儿子似乎很冷淡。

伊丽贝莎做好了准备，仍然保持着镇定：“我想，昨天妈妈因为怀疑你学会了抽烟而向你发火，你一定认为我根本不关心你，而专门挑你的毛病，对吗？”

这句话正好说到了孩子的伤心处，儿子顿时委屈地哭了起来，抽泣着说：“是的，你那样的态度，让我觉得我只是你的一个负担，我觉得你并不关心我，只有我的朋友才真正关心我。”

“你这么说有你的道理，当时，我的态度确实不好，当时我充满了恐惧和愤怒，我仿佛看到了你和一群坏孩子在一起了，甚至还学会了抽烟，所以一时失去了理智。在这样的情况下，你当然感觉不出妈妈的爱。”

这时，儿子的情绪逐渐缓和了下来。

伊丽贝莎继续说：“昨天，妈妈不该没弄清情况就向你发那么大的火，我真的很抱歉。”

“没什么，妈妈，那只烟斗确实是我在外面捡的，我觉得你应该相信我。”

“好吧，儿子，我相信你，我只是担心你会做出什么伤害自己的事来，这种担心有时候会让我反应过度，你给我一个机会好吗？让我们重新开始交谈，一起来解决这些问题。”

谈话的结果让伊丽贝莎非常高兴，因为建立在信任与爱的基础上的气氛完全改变了他和儿子之间的关系。她让儿子明白了，母亲的询问是出于对他的关心，而不是故意要侵犯他的权利。而母亲也认识到，应该信任自己的孩子。我想，母子之间有了这种相互信任的态度，对孩子的教育才能有一个良好的开端。

父母在与孩子相处的过程中，出于对孩子的深切希望，常常会让他们对孩子的态度过于激烈、过于偏颇，这种态度会让孩子产生一种冷冰冰的感觉。在父母发火的那一瞬间，孩子会觉得父母充满了敌意，甚至感觉不到一点儿温情。孩子的这种感觉会将他们推向抵触的边缘，使他们觉得父母对自己不信任、不关心。这样一来，父母与孩子之间的矛盾在不自觉中就被激化了。

我认为，父母应该以一颗宽容的心来对待孩子，这样才能使孩子感觉到父母的信任。而只有当孩子认为父母是信任他的时候，才会完全向父母敞开自己的心扉。只有这样，父母与孩子才有可能进行良好的交流与沟通。一旦父母与孩子之间能进行很好的沟通，相互信任，即使孩子真的有了什么不良习惯，经过父母的提醒和指导，孩子也可以很容易地改正。

总之，要想把孩子培养成一个优秀的人，必须首先给孩子足够的信任，这是教育的前提条件。成年人之间也只有在相互信任的情况下，才能建立起友谊和良好的合作关系，更何况是孩子呢？在这里，我要建议广大的父母们，我们一定要相信孩子的能力，相信孩子的才华，相信孩子的品德，只有给孩子信任，才能帮助他们走好漫漫人生的第一步。

学会走进孩子的内心世界

当孩子还没有出生的时候，父母就像等待自己亲手塑造的作品一样，怀着忐忑不安甚至带着一丝焦灼的心情期盼着即将出世的孩子。将要成为母亲的女人，在怀孕的过程中经历了焦虑、怀疑、肯定、欣喜、解脱等不同的心理感受，等到孩子平安地降临到这个世界后，又要看着孩子一天一天长大。也许，对每个母亲来说，这是一生中最幸福的感受了。自从有了孩子之后，年轻的父母也逐渐成熟起来。从此，帮助孩子、教育孩子长大成人，就成了他们义不容辞的责任。

伴随着孩子一天天的成长，年轻的父母们每天通过观察、体验和揣摩，逐步了解、认识自己的孩子，一点一滴地熟悉他的一切，一刻也不会放松，直到他羽翼丰满、长大成人。然而，当孩子长大懂事之后，父母们是否就真正地了解他呢？我想，对于很多父母来说，在这一方面做得还很不到位。

确实，要想真正地了解一个孩子，哪怕是自己亲生的孩子，也不是一件容易的事情。要知道，孩子的性格都各不相同，有的生性腼腆、内向，有的则活泼开朗；还有的孩子胆小，有的则从小天不怕地不怕；有的孩子喜欢运动，整天不知疲倦地蹦蹦跳跳，而有的则温顺得像只小猫，整天都不怎么活动。在我看来，作为年轻的父母，除了对孩子给予各方面的关心和照顾之外，还要注意从细小的方面观察自己的孩子，走进孩子的内心世界，然后采取不同的方法进行指导、帮助，以便更好地培养孩子。

在不同的家庭环境中，孩子就会受到各不相同的教育。而且，尽管每个父母都力求教育自己的孩子从小懂事、勤奋好学，但由于使用的方法不同，也会形成不同的结果。比如，有的孩子很少被父母肯定，那么他的自信心就可能被逐渐摧毁，从而失去做事的主动性和积极性；有的父母会过分地保护孩子，生怕他吃亏，结果却使孩子总是生活在大人的羽翼下，能力得不到充分的发展。这种过分的照顾，往往会使孩子从小就得不到锻炼，从而变得保守、软弱。

在我看来，每个父母都应该针对自己孩子的性格，采取不同的教育方式，而不应该只听取旁人的意见，别人怎么教育，你也就怎么教育。因为，或许别人的教育方法适合自己的孩子，而却不适合你的孩子。因此，父母就应该通过各种方法，充分地了解自己的孩子，以便进行合理的教育。

一般来说，那些对孩子了解得不太准确的父母，就会使孩子不能默契地领会父母的教导。这样一来，很容易造成许多不必要的矛盾。特别是当孩子犯错误的时候，应该怎样来教育孩子，这确实是父母们经常会碰到的难题。诚然，在这种场合下，合理地运用各种教育方法，及时纠正孩子的错误非常重要，但若不能对孩子有一个正确的认识，不了解他的内心世界，那么这种教育也就无从谈起了。而如果不能采取正确的方法进行针对性的教育，那么教育的结果不仅无法使情况变得更好，反而会变得更糟。这种情况在世界各国的家庭教育中都非常普遍。

每个父母都担负着帮助孩子、教育孩子长大成人的责任。真正地了解孩子是一件很不容易的事情，很多的父母总是只听别人怎么说，对自己的孩子并不了解，这样会造成许多不必要的矛盾，特别是孩子犯了错误的时候，应该怎样去教育孩子，及时纠正孩子的错误虽然很重要。只有走进孩子的内心世界，我们才能真正与之交流，帮他解决问题。

我有一位朋友，她的儿子已经上小学了，最近却遇到一件烦恼的事，下面就是她的讲述：

开学不久，他的班主任布朗老师就向我讲，孩子在学校比较霸道，有时要和同伴打架，喜欢做小霸王……以至于自己交不到好朋友。了解到这个情况，我先是感到很意外，而后就着急起来了，孩子没有好朋友那多孤单呀！原先孩子在幼儿园除了上课好动外，上述情况从没有出现过。

有一天，儿子放学回家，一进门就对我说："妈妈，小朋友都不和我玩，我想去培德小学，我的好朋友都在那里读书。"我一听更着急了。孩子产生这种想法可不好！于是，我就对儿子说："好朋友是慢慢交的，同学们在一起不可能一下子就成了好朋友。只要你会帮助别人，不和小朋友吵架，学着让一让人家，小朋友会喜欢你的。还有，你要多学本领，能干的孩子更有人喜欢！妈妈相信你会有好朋友的。"过了几天，我和孩子一起做了一些简单的手工作品，请布朗老师帮忙，利用她开班务会的时间，把手工作品送给小朋友们，给孩子一个轻松的交往机会。其实孩子在和我一起做手工的时候，已认识到自己不对的地方，通过布朗老师给他的这个机会，孩子与同伴交往很轻松很自然地进行着，效果还不错。不久儿子再也没提起找原先的好朋友了。

大多数的父母工作都比较忙，在对待教育孩子的问题上没有太多可以借鉴的经验，对于孩子，往往是让他吃得最好，穿得最舒服，仅此而已，但是对于孩子心里到底在想些什么，孩子到底需要些什么，做父母的往往不能深入的了解和洞察。您是不是经常遇到这样的问题："你这是在干什么呀？快把地上的玩具捡起来。""就是不捡。""怎么这么不听话。""就是不听话。"听着孩子这样说，您的心里有什么感受？您是否会听到宝宝在他房间里大叫，不时地将东西乱扔，房间里传来了很大的响声，抑或是孩子忧伤的哭声？那这时候您又该做些什么呢？是愤怒地冲到孩子的房间对其责骂，或者是温柔地抱起孩子，深感无助地用漫无边际的话语安慰他？收到的效果是怎样呢？或者您自己都不知道。我建议您还是静下心来，听听孩子的心声吧。让孩子依偎在您的怀里，一边哭一边告诉您怎么也想不到的问题："妈妈，你怎么总是不陪我玩……"您可能会说："怎么会呢？妈妈不是每天都陪着你吗？""可是，你总不理我，成天上班，一点都不在乎我……"

孩子也有自己的情感，孩子也有自己的自尊心，您用什么样的方式对待他，他的心里最清楚，他虽然无法用成人的方式表达自己的需要，但是他可以躲在自己的房间里摔东西，他可以用自己的方式与爸爸妈妈对抗。孩子的心是很脆弱很敏感的，当他的安全感和爱的需要得不到满足时，他会感到非常痛苦。您是否设身处地地为孩子想过呢？

我认为，父母除了对孩子给予各方面的关心和照顾之外，还要注意从细小的方面观察自己的孩子，走进孩子的内心世界，然后采取不同的方法去指导、帮助和更好地培养孩子。很多自以为是的父母并不是真正地了解孩子，因为他们不愿花时间在这方面下功夫，只是凭借自己的臆想去判断孩子，他们宁愿花时间和知己倾诉，诉说孩子不听话、不老实，却不愿去和孩子进行耐心的交谈，我认为这样的父母是没有责任心的，这样的做法非常愚蠢。

敞开心扉与孩子交流

孩子的内心是敏感的，他们很快就能分辨出大人在说话时所要表达的意思。但是，父母们似乎并不敏感，或者低估了孩子的理解能力，意识不到自己在和孩子说话时语气的变化。比如，很多父母在与孩子交谈时，当孩子问“你生气了吗？”或“你不高兴啦？”时，父母就会板着脸说“没有”。当孩子关切地问“妈妈，您怎么啦”时，有的母亲会很不耐烦地说：“不关你的事。”表情和语气都表明父母是在生气。事实上，不要以为孩子什么也不懂，他们已经从这种语气体会到父母的怨气，从而对他们自身也带来了极为消极的影响。

很多人都有这样的认识，认为孩子应该受到尊重，大人应该与他们交流。然而事实上，却很少有人能够做到与孩子真正地交流，因为他们不能把孩子放在与自己平等的地位上。在和孩子说话的时候，父母总是用教训的口气、哄的口气或引诱的口气。这样是不可能与孩子进行平等交谈的，即使孩子表示愿意配合，也往往不是发自内心的。因此，采用这种方式与孩子进行沟通，不可能使孩子完全信任父母，也不可能让孩子说出自己的真心话。

在我看来，只有父母从内心去改变自己，以平等的、对待朋友的方式来对待孩子，才能顺利地走进孩子内心的世界，与孩子进行思想的交流。一般来说，父母与孩子谈话，总是想利用一切机会向孩子灌输某种道理，但这种硬灌的道理根本不可能被孩子所接受。而且不仅如此，这种强硬的方式还会引起孩子极度的厌恶和反感，结果让他们背道而驰。事实上，这样的父母总是盼望孩子凡事听自己的，对孩子提出种种要求，却不告诉孩子为什么要这样。这样一来，不仅无法让孩子听从自己，还会使他们产生反叛情绪，抵制父母的要求。

从某种意义上来说，好的交流也是一门艺术。在此，我建议各位年轻的父母，和孩子交谈一定要注意采用合理的方式。事实上，要想做到这一点，就必须理解与尊重孩子的想法和认识。在教育维尼芙雷特的过程中，我正是在这个前提下敞开心扉与她进行交流的，而且每次她采纳我的建议，也正是基于这个前提。

曾经有一位妈妈向我抱怨她的儿子不听话，每次她必须得把自己的要求重复几遍，他才慢吞吞地去做。

于是，我便问她：“你为什么总是要求孩子去做，为什么不让他自己主动去做呢？”

她奇怪地看着我：“命令他都不听呢，哪会主动去做？”

像这样的母亲，是绝对没有办法和孩子敞开心扉进行交流的。

在现实生活中，孩子当然不会主动去做穿衣服、洗澡、做功课、做家务、练习等诸如此类的事情，作为家长要耐心地去教导他们，但是一定不要唠唠叨叨，这样只会增加他们的逆反心理。此时，不妨用提醒的口吻去说。

因为唠叨让人很厌烦，易招来怒气，提醒的语气听起来则有帮助的意味，表示你和孩子站在同一边。

避免唠叨还要给孩子提供自由选择的空间。“记住在晚餐前将你的房间清理干净。”这样的说法能给予你的孩子喘息的空间，尽可能不要经常要求孩子立即做某件事，没有人会对俯冲的轰炸机有正面回应。

没有人喜欢被控制，也没有人喜欢人家告诉他应该怎么做，特别是如果这个“吩咐”并不有趣。家长越逼迫，孩子就越抗拒，不管他年纪多大，但这并不仅是因为他不想做。

假如孩子处在被惩罚的阶段，很自然地，家长和孩子会变成敌对状态，更别去指出谁是老大。当然，让孩子明白爸爸妈妈才是老大并没有错，但是最好表现出父母是能够控制自己的人，而不是摆出我就是上帝的架势。

还有一件事相当重要，家长必须要注意，那就是孩子想要亲近你又不要太依赖你的持续内心交战。“唠叨”刚好就给了他推开你的机会，但是这是不好的开场。尽可能在降低冲突的气氛下帮助你的孩子学会独立，给孩子一些喘息的空间，有选择权的感觉会相当有帮助。

总之，和孩子交流时要充满爱心，态度要和蔼；时间最好选在吃饭时和睡觉前，因为这是孩子情绪最为平稳的时候。一个母亲，她从孩子很小时，就注意和孩子的情感交流。每天在孩子上床时都要问问他：“今天过得开心吗？”孩子长大后，就形成了在睡前和父母沟通的习惯，有什么不顺心的事也愿意告诉父母。有了这样的感情基础，孩子就容易接受你的建议和忠告。

好妈妈是孩子的心灵魔法师

在培养维尼芙雷特的过程中，我深深地体会到，只要我愿意付出时间与女儿进行交流，她就会感受到亲情的满足，并愿意把自己的心事说给我听。正是因为有了这种真诚和坦白，我就很容易真正了解自己的孩子，并在这个基础之上进行合理的指导。我想，这也正是维尼芙雷特如此优秀的根源所在吧。

可能有的父母会抱怨，自己不可能和孩子进行这样的沟通。事实上，女儿能够让我完全了解自己，是因为她知道我是最爱她的人。我们都知道，没有人愿意让陌生人或不相干的人了解自己，也没有人会把自己的心扉向无关紧要的人敞开。因此，对父母来说，只要赢得孩子的信任，与他们进行心灵的交流就是很简单的事。

在现实生活中，很多母亲往往是忙于家务而不能陪孩子聊天玩耍，而父亲则更多的是为了工作四处奔波，很难静下心来与孩子交流，那些事业有成的人更是如此，他们总能找出很多理由拒绝与孩子在一起共度时光。

有一天，女友米尔斯丽特太太向我讲述了她和儿子卡夫特之间发生的一件事：

那天晚上，我因为有事很晚才回家。我刚一进门，儿子卡夫特就满脸笑容地迎了上来，他兴奋地对我说："妈妈，我写的一篇有关小动物生活习性的文章在报纸上发表啦！"

这时，我发现儿子把喂猫用的那只碗打翻了，食物撒了一地。当时我非常疲倦，一看见这样的情景，顿时烦躁起来。

"知道了。"我白了儿子一眼，说，"还写什么小动物的习性呢，你都把猫的碗打翻了……你总这么不稳重……你看看自己的房间，乱得跟狗窝似的，我都跟你说了多少次……"

卡夫特的笑容一下子就消失了，没精打采地去收拾那只被打翻的碗，并灰心丧气地开始整理自己的房间。我看到儿子失望的样子，才意识到自己刚才实在是太冷酷了，可是一时又不愿道歉。到现在，他都还不怎么理我呢。

在米尔斯丽特太太看来，她的做法和说的那些话并没有什么错，当然这也是事实，但她不知道，这样的态度会让孩子多么沮丧。卡夫特本来想和母亲高兴地谈一下，或者向母亲讲一讲文章的内容，或者想发表一些自己的见解，或者想让母亲来分享他的快乐，但母亲的态度就像一盆凉水，浇灭了他心中所有的热情。

米尔斯丽特太太说儿子从那以后就不大爱理她，这也是理所当然的事。因为卡夫特会想：我有那么高兴的事你还这样对待我，那么平时就更不想跟我说话了。于是，在卡夫特的内心深处，就形成了母亲不愿和他交流的印象，那么他也自然就不会再自讨没趣了。

我曾经说过，父母要教育好孩子，首先要真正地了解自己的孩子。因此，父母与孩子进行无障碍的交流，让孩子知道父母非常爱他，就成了最重要也最基本的前提。事实上，孩子需要得到爱的保证，他们要确切地知道父母是爱他们的。只有这样，他们才能完全地向父母敞开心灵的大门。否则，在陌生与疏离的氛围中，孩子只能把父母当成管教自己的人，从而对其敬而远之。

有时候，孩子可能会莫名其妙地纠缠大人，既没有什么话要说，也没有事情要做，但他会非常殷切地望着正在忙碌的母亲，认真地问："妈妈，你爱我吗？"这时候，有些母亲可能会奇怪孩子为什么这样问，只是敷衍地说一声："我爱你，你到别处去玩吧。"结果，在这一瞬间，这位母亲就丧失了与孩子进行心灵沟通的机会，因为孩子可能会想：如果你真爱我，那为什么要让我走开呢？

我们大家都知道，父母不可能时时刻刻陪在孩子身边，而且孩子也并不需要这样。他们完全可以独自做喜欢的事情，而并不需要父母整天的陪伴。但是，他们时刻都在关心一件事，那就是父母现在想到我没有，爸爸妈妈是不是真的像他们说的那样爱我？如果他们经过验证，得到的答案是肯定的，就会让他们信心倍增；而如果答案是否定的，无疑会对他们造成严重的打击。对于这件事，很多父母都没有重视起来，甚至认为这只是孩子天真的、无理取闹的想法。具有这样的想法，的确就大错特错了，我绝对不是在危言耸听，它决定着你的教育的成败。

在维尼芙雷特很小的时候，我就非常注意倾听她说话。无论是学习上的事，还是做游戏方面的事，我都要仔细听她讲，只要是她乐意表述的东西，我都会鼓励她讲下去。而且，我会像对待成年人一样对待她，从不对她的问题或讲述的事敷衍了事。因为我知道，我对女儿的态度决定着女儿对我的态度。

小维尼芙雷特确实有很强的表达欲望，她非常愿意向我和她的父亲讲述自己的每一件小事。她常常给我们讲她一天的生活，讲她在这一天中的感受，她学到了什么，她发现了什么。这样一来，维尼芙雷特的表达能力就提升得非常快，比与她同龄孩子的语言能力要好得多。

记得有一次，维尼芙雷特用手指着天上一只向远方飞去的小鸟，对我说："妈妈，假如有一天，我像那只小鸟一样向远方飞去，你还会爱我吗？"

"当然了，妈妈就是希望有一天你能像小鸟那样自由地飞翔。"

"为什么呢？"女儿天真地问。

"因为妈妈最爱你，也最了解你。"